Liebe Leserin, lieber Leser,

dass ausgerechnet dieses Wesen die Erde erobern würde, war lange Zeit nicht zu erwarten: Es hat, verglichen mit vielen Tierarten, nur wenig Muskelkraft; sein Körper ist weitestgehend nackt und damit Hitze und Kälte ungeschützt ausgesetzt; und es verfügt weder über gefährliche Klauen noch Reißzähne, es hat keine flinken Beine und kann auch nicht fliegen.

Dennoch hat sich *Homo sapiens* so erfolgreich über unseren Planeten ausgebreitet wie keine andere Art in den vergangenen Jahrmillionen. Das lag – Sie werden es in diesem Heft im Einzelnen erfahren – an etlichen Faktoren: etwa an seinem Denkvermögen, seiner Bereitschaft, im Team zu arbeiten, sowie der schon früh entwickelten Fähigkeit, per Sprache zu kommunizieren – und somit auch bereits erworbenes Wissen an spätere Generationen weiterzugeben.

Verantwortlich für das Konzept dieses Heftes: GEOkompakt-Redakteur Dr. Henning Engeln

Diese Erfolgsgeschichte zu rekonstruieren war nur möglich, weil der technische Fortschritt die Paläoanthropologen in den vergangenen Jahren in die Lage versetzt hat, ihre Funde immer genauer zu datieren und zu vergleichen.

Trotzdem gleicht die Arbeit der Urmenschenforscher nach wie vor einer kriminalistischen Untersuchung, bei der aus extrem wenigen Indizien ein Tathergang ermittelt werden muss.

Denn die Wahrscheinlichkeit, dass menschliche Knochen als Fossilien erhalten bleiben, liegt bei eins zu einer Million. Manche Menschenarten sind nur durch ein Schädelbruchstück oder den Teil eines Fingerglieds bekannt, von anderen sind die Knochen mehrerer Individuen derart unterschiedlich, dass unklar ist, ob sie überhaupt zur gleichen Spezies gehören. Insgesamt gibt es gerade einmal 3000 Funde, aus denen sieben Millionen Jahre Entwicklungsgeschichte rekonstruiert werden müssen.

Das hat dazu geführt, dass die Wissenschaftler in ihrer Interpretation der Funde oft extrem voneinander abweichen. So glauben einige spanische Anthropologen, ein 200 Kilometer nördlich von Madrid gefundener, 1,2 Millionen Jahre alter Urmensch sei der Vorfahr des Neandertalers, während fast alle anderen Forscher davon ausgehen, dass der Ahn des *Homo neanderthalensis* aus Afrika kam.

Umstritten ist auch, von wem jener kleinwüchsige Mensch abstammt, dessen nur 12 000 Jahre alte Überreste im September 2003 auf der indonesischen Insel Flores gefunden wurden – auch hier haben Paläoanthropologen gleich mehrere Urmenschenarten ins Gespräch gebracht.

Zudem kann jeder neue Befund jahrzehntealte Hypothesen erschüttern. So ist erst vor wenigen Monaten bekannt geworden, dass es vor mindestens 80 000 Jahren zu sexuellen Kontakten zwischen dem Neandertaler und dem *Homo sapiens* gekommen sein muss – was viele Forscher bislang kategorisch ausgeschlossen hatten – und dass die meisten Menschen auf der Welt Erbgut des Neandertalers in sich tragen.

Bei Laien können all diese neuen Erkenntnisse sowie die Meinungsverschiedenheiten unter den Forschern für allerlei Verwirrung sorgen. Wir haben uns bemüht, die Fakten und Hypothesen zu ordnen, sodass sie eine nachvollziehbare Geschichte erzählen und das höchst aufregende Epos vom menschlichen Siegeszug über die Erde ebenso präzise wie anschaulich rekonstruieren.

Nach der Geschichte des Lebens in Heft Nr. 23 folgt die des Menschen

Ich wünsche Ihnen viel Vergnügen bei dieser Reise durch unsere Vergangenheit.

Herzlich Ihr

Michael Schaper

Chefredakteur

vor 7 Mio. Jahren: In Afrika entstehen aufrecht gehende Vormenschen. Zu ihnen gehört vor 2,5 Mio. Jahren *Australopithecus garhi.* Seite 8

2,5 Mio. Jahre: Der erste Mensch bildet sich heraus: *Homo rudolfensis.* Er ist größer und intelligenter als seine affenähnlichen Vorfahren. Seite 24

1,9 Mio. Jahre: Der bereits modern anmutende *Homo ergaster* bricht nach Asien auf; Nachfahren gelangen in den Kaukasus und nach Java. Seite 36

1,2 Mio. Jahre: Europa wird erstmals besiedelt. In einer nordspanischen Höhle entdecken Forscher Knochenteile eines Pioniers. Seite 52

200 000 Jahre: Ein bärenstarker, muskelbepackter Jäger entsteht in Europa und trotzt der Kälte im Eiszeitalter: der Neandertaler. Seite 64

60 000 Jahre: *Homo sapiens* bricht auf, die Erde zu erobern. Noch heute leben manche Völker Afrikas so nomadisch wie unser Vorfahr. Seite 86

55 000 Jahre: Die ersten Menschen erreichen Australien. Eine seltsame Welt aus Mythen und Geisterwesen hilft ihnen beim Überleben auf diesem fremden Kontinent. *Seite 102*

11 000 Jahre: Als Menschen auf die Idee kommen, Getreide anzupflanzen und zu züchten, bahnt sich eine Revolution an: Zum ersten Mal werden sie zu Herren der Natur. *Seite 130*

3500 Jahre: Mit Ausleger- und Doppelrumpfbooten sowie einfachster Technik gelingt frühen Seefahrern das fast Unmögliche: den Stillen Ozean zu besiedeln. *Seite 140*

FRÜHGESCHICHTE

MERKMALE DES MENSCHLICHEN

Redaktionsschluss dieser Ausgabe: 19. August 2010

Alle Fakten und Daten in diesem Heft sind vom GEOkompakt-Verifikationsteam auf ihre Präzision, Relevanz und Richtigkeit überprüft worden.

Informationen zum Thema und Kontakt zur Redaktion unter www.geokompakt.de

Titelbild: Artwork auf Grundlage eines Fotos von Dan Kitwood

Die in diesem Heft häufig verwendeten Begriffe Vormensch und Urmensch werden wie folgt definiert: **Vormenschen** sind alle aufrecht gehenden Verwandten des Menschen, die ein relativ kleines Gehirn besitzen und noch nicht zur Gattung Homo gezählt werden. **Urmenschen** sind alle ausgestorbenen Menschenformen, die ein relativ großes Gehirn haben sowie planmäßig Werkzeuge herstellen und deshalb zur Gattung Homo zählen.

Der Weg **in die Welt**

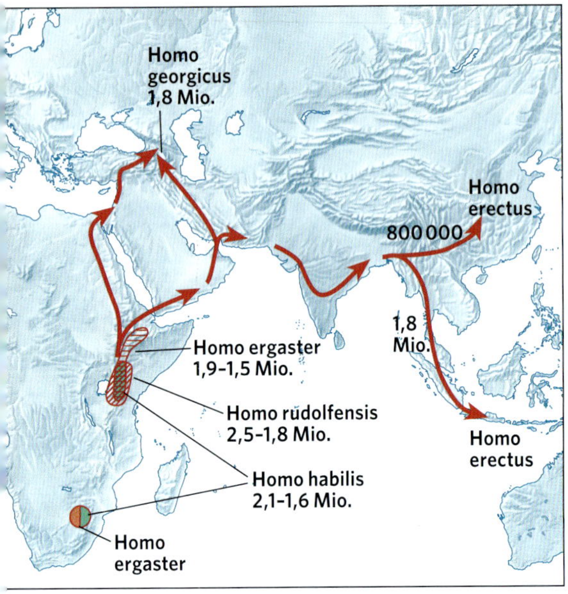

2,5 Mio. bis 800 000 Jahre: Von Afrika nach Asien Der erste Mensch, *Homo rudolfensis*, entsteht vor 2,5 Millionen Jahren in Afrika, bald danach *Homo habilis*, dann *Homo ergaster*. Der verlässt Afrika, wird zum *Homo georgicus* und *Homo erectus*

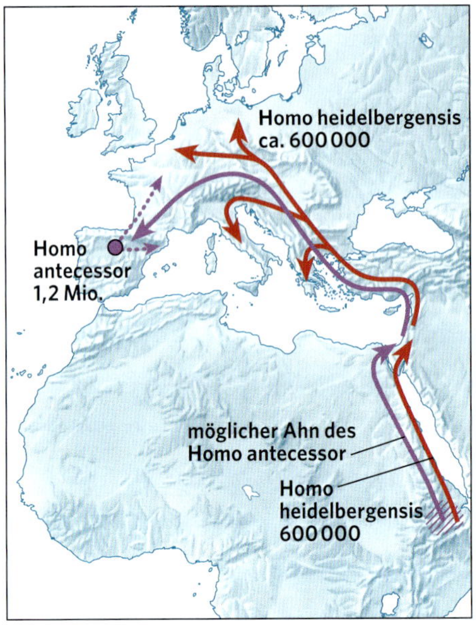

1,2 Mio. bis 600 000 Jahre: Erste Europäer In Spanien lebt vor 1,2 Millionen Jahren *Homo antecessor*, der wohl aus Afrika stammt. Vor 600 000 Jahren gelangt von dort ein weiterer Mensch mit größerem Gehirn nach Europa: *Homo heidelbergensis*

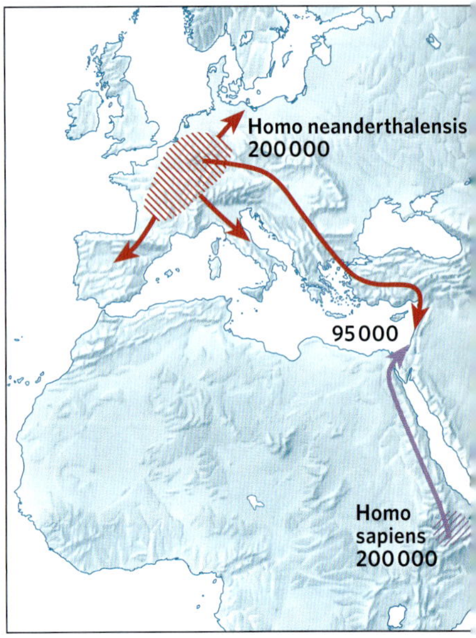

200 000 bis 80 000 Jahre: Neandertaler und *Homo sapiens* Aus Heidelbergensis entsteht in Europa der Neandertaler, in Afrika *Homo sapiens*. Im Nahen Osten begegnen sich beide vor ca. 95 000 Jahren, später zieht sich Sapiens nach Afrika zurüc

2,5 Millionen Jahre
Im Osten Afrikas lässt eine Trockenperiode die Wälder schrumpfen und zwingt den Vormenschen der Gattung Australopithecus neue Lebensbedingungen auf. Aus ihnen geht ein neuer Savannenbewohner hervor: ***Homo rudolfensis***, der erste Vertreter der Gattung Homo – der früheste Mensch der Geschichte. Während seine Ahnen einen Teil des Tages noch auf Bäumen zubrachten, ist er bereits stärker an ein Leben in offener Steppe angepasst: Die Backenzähne sind kleiner als die der robusten Menschenaffen, Arme und Beine ähneln schon sehr viel mehr denen späterer Menschen, ermöglichen eine rasche Fortbewegung und die Bewältigung größerer Strecken.

Homo rudolfensis (benannt nach seinem Fundort am Rudolfsee, dem späteren Turkanasee, in Kenia) wird fast 20 Zentimeter größer als seine Vorfahren, hat eine steilere Stirn und nur noch schwach ausgeprägte Wülste über den Augen. Zum Homo qualifiziert ihn aber vor allem sein großes Gehirn, das im Schnitt auf ein Volumen von 700 Kubikzentimetern anwächst. Und die Tatsache, dass er mit seinen Händen bereits Splitter von Steinen abschlägt, um damit zu schneiden. Erstmals stellt ein Erdenbewohner planvoll Steinwerkzeuge her und gibt sein Wissen an nachfolgende Generationen weiter. So kommt der technische Fortschritt in die Welt.

2,1 Millionen Jahre
Auf seinen Wanderungen durch die Savanne begegnet Rudolfensis wohl auch Vertretern einer weiteren Spezies der Gattung Homo: dem ***Homo habilis***, dem geschickten" Menschen. Zwar erinnert dieser zierliche Urmensch – er wiegt nur rund 40 Kilogramm und wird bis zu 1,45 Meter groß – noch an einen Menschenaffen. Doch im Vergleich zur Körpergröße ist sein Gehirn mit einem Volumen von rund 550 Kubikzentimetern relativ groß. Auch er ist in der Lage, primitive Steinwerkzeuge herzustellen. Experten sind sich uneins, von welcher dieser zwei Arten der heutige Mensch abstammt.

1,9 Millionen Jahre
Aus ***Homo rudolfensis*** oder ***Homo habilis*** geht ***Homo ergaster*** hervor – die erste von mindestens vier Menschenarten, die Afrika verlassen. ***Homo ergaster***, der „arbeitsame" Mensch, ist bis zu 1,85 Meter groß, schlank und, von der Form seines Schädels abgesehen, anatomisch dem modernen Menschen schon recht ähnlich. Kräftige Beine und gewölbte Füße erlauben ihm kilometerlange Märsche, sein Gehirn wird durch eine eiweißreiche Kost noch leistungsfähiger als das seiner Ahnen. In größeren Clans zieht er durch die Graslandschaften und überwindet erstmals große Distanzen. Einige Gruppen marschieren über Generationen Richtung Norden und wagen sich sogar bis nach Asien vor.

Im Kaukasus entwickelt sich Ergaster zum ***Homo georgicus***, in Asien zum ***Homo erectus***, dem „aufgerichteten" Menschen, der vor rund 800 000 Jahren auch bis nach Zentralasien vordringt und bis vor etwa 40 000 Jahren existiert.

1,2 Millionen Jahre
Erstmals besiedeln Menschen Europa, so im heutigen Spanien (manche Forscher halten 1,8 bis 1,5 Millionen alte Steinwerkzeuge für die Spuren noch älterer Europäer – doch diese Artefakte sind äußerst umstritten). Die rund 1,70 Meter großen Urmenschen der Art *Homo antecessor* haben eine niedrige Stirn, starke Zähne und kräftige Augenwülste. Ihre Gehirne erreichen mit 1100 Kubikzentimetern eine beachtliche Größe. Sie haben sich nach Ansicht mancher Forscher vermutlich in Afrika aus Nachfahren des ***Homo ergaster*** entwickelt.

600 000 Jahre
Die in Afrika zurückgebliebenen Populationen des ***Homo ergaster*** entwickeln sich – über Zwischenstufen – zum ***Homo heidelbergensis*** (so benannt nach dem ersten Fund bei Heidelberg). Der ist noch robuster gebaut als seine Vorfahren, rund 85 Kilogramm schwer – und macht sich erneut auf den Weg nach Norden. Europa wird ein zweites Mal besiedelt. Dort ernähren sich die Neusiedler, anders als ihre Vorfahren, immer seltener von herumliegendem Aas. Stattdessen fertigen sie Wurfspeere an, lauern Tieren auf und erfinden die Jagd.

200 000 Jahre
Aus dem europäischen ***Homo heidelbergensis*** geht der ***Homo neanderthalensis*** hervor. Mit seiner flachen Stirn, dem tonnenförmigen

In mindestens vier Auswanderungswellen sind verschiedene Menschenarten von Afrika aus in andere Kontinente der Erde gelangt – zuletzt der *Homo sapiens*, der als Einziger überlebte

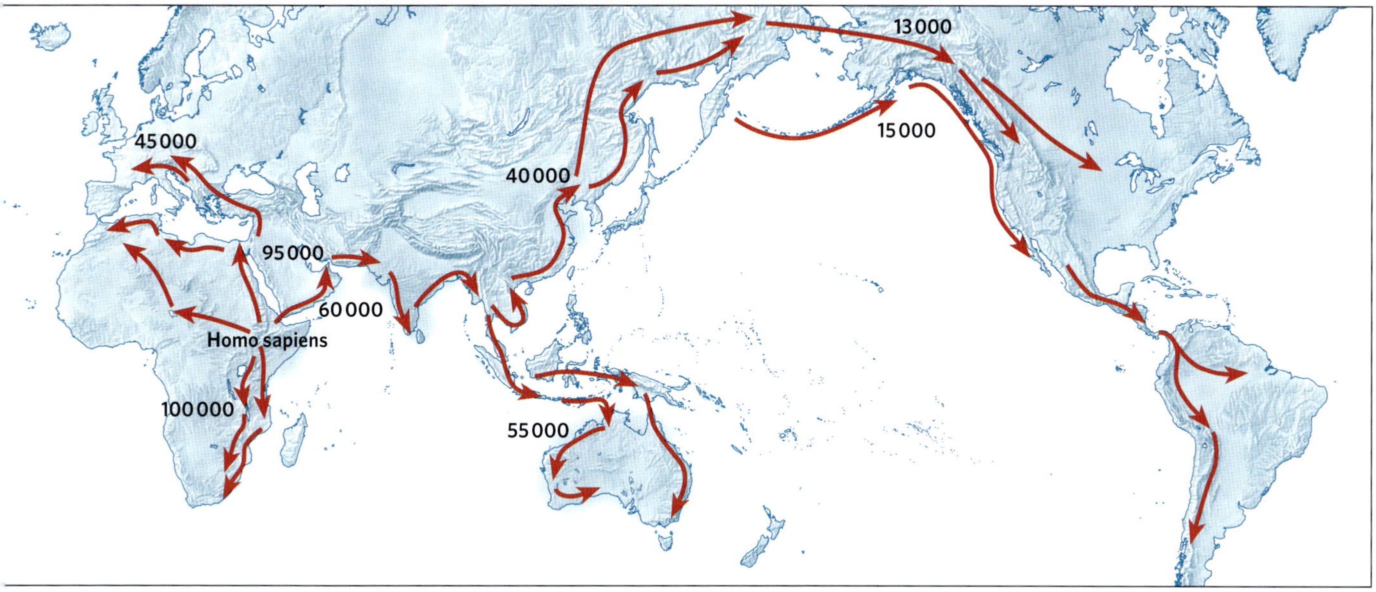

0 000 bis 15 000 Jahre: *Homo sapiens* erobert Afrika und die Kontinente
er moderne Mensch breitet sich in Afrika aus, bricht dann vor 60 000 Jahn zu seinem großen Zug über die Erde auf. Vor 55 000 Jahren gelingt es ihm stmals, mehr als 80 Kilometer Meer zu überqueren und einen unbesiedelten ntinent zu erreichen: Australien. Vor 40 000 Jahren durchwandert er Zentral- und Ostasien, verdrängt dort die Nachfahren des *Homo ergaster*, der vor 1,9 Millionen Jahren aus Afrika aufgebrochen war. Vor 45 000 Jahren kommt *Homo sapiens* nach Europa und macht dem Neandertaler Konkurrenz, der vor 27 000 Jahren ausstirbt. Als letzten Kontinent erreicht er wohl vor 15 000 Jahren Amerika – vermutlich mit Booten entlang der Nordostküste

Brustkorb und den kräftigen Gliedern gilt der in Europa und im Nahen Osten lebende Neandertaler lange Zeit als primitiv. Dabei liegt sein Hirnvolumen über dem heutiger Menschen. Und jüngere Funde belegen, dass dieser Urmensch kulturelle Bräuche pflegt, etwa seine Toten bestattet oder einfachen Schmuck herstellt. Seine kompakte Anatomie ist vorzüglich an die niedrigen Temperaturen der Kaltzeiten angepasst. So vermag er als erster Mensch bei Temperaturen von minus 30 Grad Celsius zu überleben. Vor 27 000 Jahren aber stirbt er aus – womöglich, weil er sich zu langsam vermehrt.

Ebenfalls vor rund 200 000 Jahren entwickelt sich aus afrikanischen Populationen des Heidelbergensis der *Homo sapiens* (der „weise" Mensch). Vor etwa 100 000 bis 95 000 Jahren dringt er bis in den Nahen Osten vor und trifft dort auf Neandertaler, die aus dem Norden bis in diese Gegend gekommen sind. Vor etwa 80 000 Jahren zieht sich *Homo sapiens* dann wieder nach Afrika zurück – vermutlich weil er anders als der Neandertaler mit der vorherrschenden Kälte nicht zurechtkommt.

60 000 Jahre
Erneut verlassen Vertreter des *Homo sapiens* Afrika. In seiner Urheimat hat der moderne Mensch zuvor eine immer komplexere Sprache entwickelt und gelernt, symbolisch zu denken. Zudem hat er neue, hocheffektive Distanzwaffen erfunden: Mit ihnen kann er Beute nun aus sicherer Entfernung erlegen. Auf diese Weise lassen sich immer größere Familien ernähren, die Bevölkerung wächst. Die Auswanderer gelangen an die Küste des Roten Meeres, setzen auf die Arabische Halbinsel über und siedeln bereits wenige Jahrtausende später am äußersten Zipfel Südostasiens.

55 000 Jahre
Von Indonesien aus queren einige Vertreter der Art *Homo sapiens* mit Kanus oder Flößen mehr als 80 Kilometer offenen Ozean und erreichen Australien. Die Jäger und Sammler dringen aus dem feuchten Norden in das Innere des Kontinents vor. Auf ihren Wanderungen finden sie exotische Tiere wie Riesenechsen oder Kängurus, die sie mit einer neuartigen Methode aus ihren Verstecken locken: dem kontrollierten Flächenbrand. Dadurch verändern sie weite Landstriche, ein möglicher Grund dafür, dass ein Großteil der großen Beutetiere nach und nach ausstirbt.

Dennoch bleiben die Pioniere Wildbeuter und Nomaden, kultivieren weder Pflanzen, noch züchten sie Tiere. Sie entwickeln eine reiche, spirituelle Welt aus Mythen, die sie in Felsmalereien und Gesängen darstellen. Sie hilft ihnen auch, sich in den Weiten des Kontinents zu orientieren, zu überleben und soziale Konflikte zu regeln.

45 000 Jahre
Homo sapiens erobert nun auch den europäischen Kontinent. Aus dem Nahen Osten zieht er über die rumänischen Karpaten, die Schwäbische Alb, nach Norditalien, Frankreich und den Süden Spaniens. In Höhlen hinterlässt er Spuren seiner Anwesenheit: Knochen, Steinwerkzeuge, Wandbilder und Schnitzereien. Und fast überall, wo die modernen Menschen ankommen, treffen sie auf Neandertaler, die bis dahin mehr als 100 000 Jahre lang wohl allein auf dem Kontinent existiert haben. Im Unterschied zu den Alt-Europäern entwickelt *Homo sapiens* in den folgenden Jahrtausenden immer neue Fertigkeiten, verarbeitet Feuersteine zu Klingen, Sticheln und Bohrern, fertigt aus Knochen und Geweihen Ahlen und Nadeln an. Im Laufe der Zeit verdrängt er den Neandertaler.

15 000 Jahre
Zu dieser Zeit (aber vielleicht auch schon vor 20 000 Jahren) besiedeln moderne Menschen den amerikanischen Doppelkontinent – vermutlich von Sibirien aus. Weitere Einwanderungswellen folgen in späteren Jahrtausenden. Die heutigen Indianer sind daher nicht die Nachfahren der ersten Bewohner der Neuen Welt.

11 000 Jahre
Als die letzte große Kaltzeit endet, beginnt *Homo sapiens* zunächst im Nahen Osten, später auch in anderen Zentren weltweit Siedlungen zu gründen, sesshaft zu werden, Nutzpflanzen anzubauen und Haustiere zu halten. Er wird vom Sammler und Jäger zum Züchter und Bauern.

Von nun an beherrscht der Mensch die Welt.

Text: Sebastian Witte
Karten: Stefanie Peters

Evolution des Menschen

Von einem, der **auszog**, die Erde **zu erobern**

Texte: Henning Engeln
Illustrationen: Adrie und Alfons Kennis

Vor 2,5 Millionen Jahren entwickelt sich in den Savannen Afrikas ein Lebewesen, das sich von allen anderen unterscheidet: der Mensch. Ausgestattet mit einem Gehirn, das ihn befähigt, Werkzeuge zu konstruieren, und getrieben von einer unbändigen Neugier, macht er sich schließlich auf den Weg, die Welt zu erkunden

Der erste Urmensch, der vor 1,9 Millionen Jahren die Savannen Afrikas verlässt und sich bis nach Asien verbreitet, ist *Homo ergaster*. Anders als seine primitiveren Vorfahren ist er ein guter Läufer und darin geübt, einfache Steinwerkzeuge herzustellen

Vormenschen der Art *Australopithecus garhi* leben vor rund 2,5 Millionen Jahren im Gebiet des heutigen Äthiopien, vermutlich in der Nähe eines Sees. Sie ernähren sich von einer Mischkost, zu der auch Aas gehört, das sie wohl mithilfe von scharfkantigen Steinen zerteilen

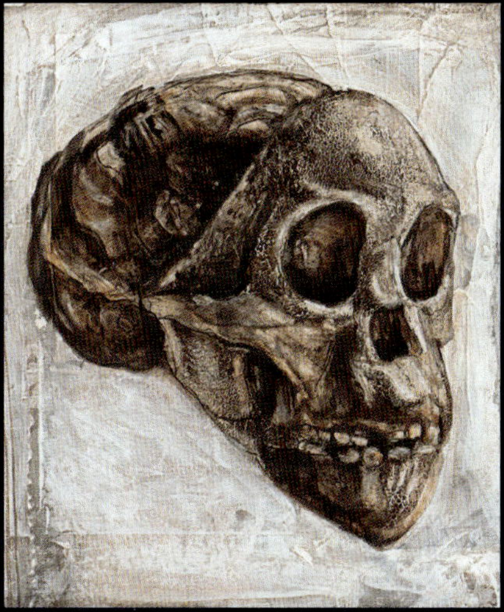

Der Ansatz der Wirbelsäule an diesem 2,3 Millionen Jahre alten Schädel belegt: Die Australopithecinen gingen einst aufrecht

Aus Affen werden Menschen

Australopithecus garhi und Homo rudolfensis

Vor rund 2,5 Millionen Jahren leben in den Savannen Ostafrikas affenähnliche Vormenschen der Art *Australopithecus garhi*, die bereits aufrecht auf zwei Beinen laufen können. Vermutlich nutzen diese Wesen schon Stöcke und Steine als Werkzeuge, ähnlich wie es heute Schimpansen tun. Parallel dazu entstehen – wahrscheinlich aus gemeinsamen Vorfahren – die ersten Urmenschen der Art *Homo rudolfensis*. Sie werden viele Jahrhunderttausende lang neben den Australopithecinen leben. Am Ende ist jenes Wesen erfolgreicher, das ein deutlich größeres Gehirn entwickelt und gezielt Werkzeuge anzufertigen vermag: der Homo.

Der erste Urmensch, *Homo rudolfensis*, entwickelt sich vor 2,5 Millionen Jahren. Mit seinem breiten, flachen Gesicht und dem durchschnittlich 700 Kubikzentimeter messenden Gehirn wirkt er bereits erheblich menschlicher als die noch affenähnlichen Australopithecinen

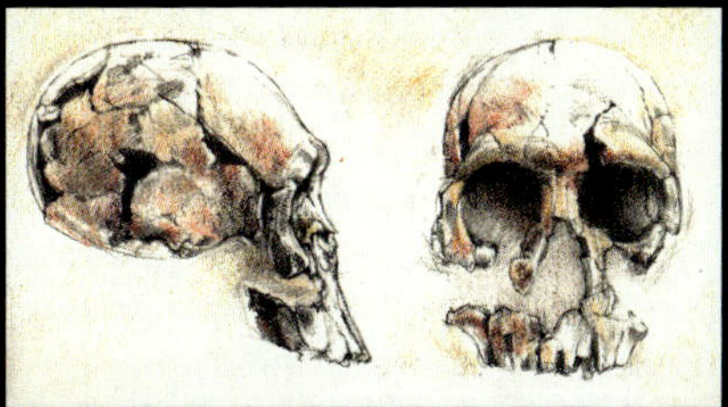

Ein Aasfresser bricht auf

Homo ergaster

Aus ersten Formen der Gattung Homo, mit noch relativ langen Armen, entsteht vor 1,9 Millionen Jahren in Ostafrika *Homo ergaster*: ein hochgeschossener Läufertyp, 1,85 Meter groß, mit Arm- und Beinknochen, die ebenso wie Becken, Brustkorb und Wirbelsäule in etlichen Details den Knochen heutiger Menschen ähneln. Das Gehirn von *Homo ergaster*, der auf der Suche nach Aas als hochwertiger, eiweißreicher Kost durch die Savanne eilt, ist mit rund 900 Kubikzentimetern weitaus größer als das seiner Vorgänger. Er ist schnell, intelligent und offenbar neugierig. Schon bald verlassen erste Trupps ihre Urheimat Afrika, wandern über den Nahen Osten bis ins heutige Georgien und an den asiatischen Küsten bis nach Java – wo sie sich zu neuen Menschenformen weiterentwickeln. Auch in Afrika schreitet die Evolution voran: Ein Nachfahr des *Homo ergaster*, der *Homo antecessor*, macht sich irgendwann auf, Europa zu besiedeln.

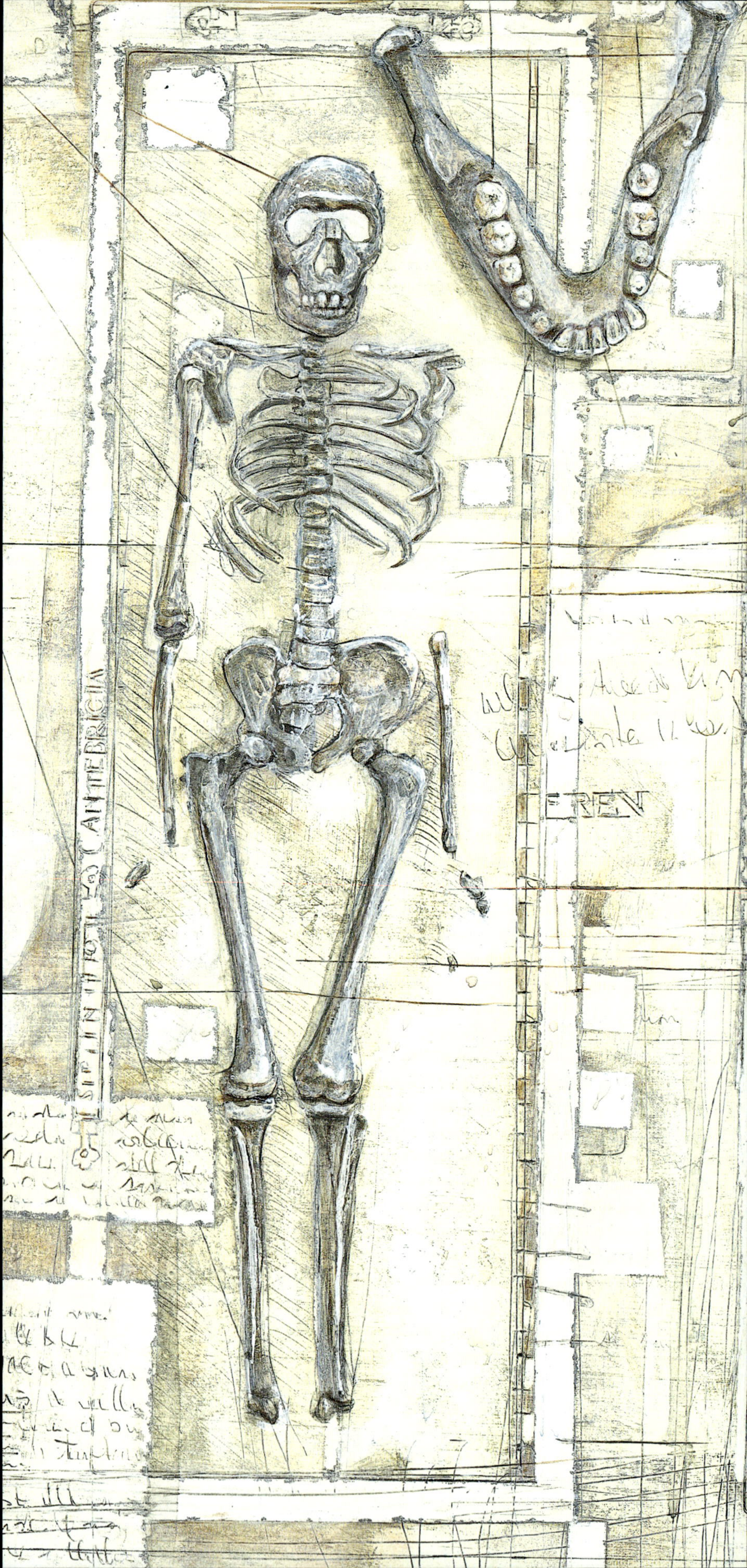

Vor 1,6 Millionen Jahren stirbt am Turkanasee im heutigen Kenia ein etwa neun- bis zehnjähriger Junge der Art *Homo ergaster*; sein Skelett wird 1984 entdeckt

KNM-WT

Der Schritt nach Europa

Homo antecessor

Vor 1,2 Millionen Jahren entwickelt sich vermutlich aus afrikanischen Vorfahren der *Homo antecessor* und besiedelt als erster Mensch Europa – darunter Höhlen und Felsspalten in der spanischen Sierra de Atapuerca. Menschen dieser Art machen wohl selbst vor ihresgleichen als Jagdbeute nicht halt, zumindest in Zeiten des Hungers. Sie zerstückeln ihre Opfer mit einfachen Steinwerkzeugen, entbeinen sorgfältig das Fleisch und hinterlassen dabei Schnittmarken in den Knochen. Ihre Werkzeuge sind noch primitiv – den moderneren Faustkeil, der zu dieser Zeit in Afrika bereits benutzt wird, kennen sie offenbar noch nicht. Auch andere Regionen im Süden Europas erreichen die Menschen bereits früh, etwa im heutigen Italien.

Mit Steinwerkzeugen zerteilen Menschen der Art *Homo antecessor* tote Artgenossen – vermutlich, um sie zu verspeisen

Homo heidelbergensis stellt bereits Speere her, mit denen er Wild erlegt – und die Beute gegen Raubtiere verteidigt

Der Mensch wird Jäger

Homo antecessor und Homo heidelbergensis

Menschen der Art *Homo antecessor*, die im Gebirgszug der Sierra de Atapuerca in Spanien leben, sind offenbar noch recht grobschlächtig und technologisch nicht besonders weit entwickelt. Vermutlich ernähren sie sich von Aas, jagen aber auch schon Wild. Vor rund 600 000 Jahren taucht ein neuer Menschentypus auf, der sich bald über ganz Europa verbreitet: *Homo heidelbergensis*. Ob er von *Homo antecessor* abstammt oder sich aus anderen, möglicherweise afrikanischen Menschenformen entwickelt hat, ist nicht genau bekannt. *Homo heidelbergensis*, dessen Knochen zuerst in der Nähe von Heidelberg gefunden werden, verfügt bereits über ein Hirnvolumen von 1300 Kubikzentimetern, verwendet Faustkeile und fertigt hölzerne Wurfspeere mit hervorragenden Flugeigenschaften. Er ist vermutlich der erste Großwildjäger.

Die Werkzeuge von *Homo antecessor* sind noch simpel; er ernährt sich vermutlich von Kräutern, Samen, Knollen, Wurzeln und nur gelegentlich von Fleisch

Die Urmenschen der Art *Homo heidelbergensis* planen sorgfältig die gemeinsame Jagd. Sie lauern Pferdeherden auf und erlegen etliche Tiere

Das Wissen um den Tod

Homo heidelbergensis

Diese Menschenart ist nicht nur technologisch und vom Gehirnvolumen her weiter entwickelt als ihre Vorgänger, sie hat offenbar auch schon spirituelle Vorstellungen. In der spanischen Sierra de Atapuerca etwa deponieren die Menschen die Körper Verstorbener in eine Felsspalte – und werfen ein Steinwerkzeug möglicherweise als Totengabe hinterher. Vermutlich ist den Urmenschen bereits bewusst, dass ein jedes Individuum – und auch man selbst – eines Tages sterben muss. Und womöglich glauben sie bereits an ein Leben nach dem Tod, an eine andere Welt, in der der Verstorbene weiterexistiert. *Homo heidelbergensis* verbreitet sich über große Teile Europas – mit Ausnahme des Nordens. Die Urmenschen nutzen schon das Feuer, doch während der Kaltzeiten müssen sie sich in den wärmeren Süden zurückziehen.

Begann mit der Deponierung Verstorbener und der Opferung von Totengaben einst die Religion?

Möglicherweise haben die Neandertaler schon Humor, doch ihr Denken ist wohl weniger komplex als das des *Homo sapiens*

Der Weg in die Kälte

Homo neanderthalensis

Vor rund 200 000 Jahren entwickelt sich aus europäischen *Homo-heidelbergensis*-Gruppen der Neandertaler. Er passt sich im Lauf der Jahrzehntausende immer besser an die Unbilden des Eiszeitalters an und kann erstmals auch in den kältesten Perioden in Europa überleben: Seine Knochen sind kräftig, die Muskeln gewaltig, der Körperbau ist gedrungen – vermutlich, um möglichst wenig Wärme zu verlieren. Er hat starke Überaugenbögen, ein Kinn jedoch fehlt, und in dem langen Schädel mit der fliehenden Stirn befindet sich ein Gehirn, das größer ist als das seines späteren Konkurrenten, des *Homo sapiens*. Der Neandertaler ist ein Großwildjäger, der sich fast ausschließlich vom Fleisch der erbeuteten Tiere ernährt.

Neandertaler haben einen kräftigen Körperbau, sind bestens an ein Leben in der Kälte angepasst, und ihr Gehirnvolumen übertrifft das des *Homo sapiens*. Dennoch sterben sie aus

5
1
2
4

So könnte sich eine Begegnung abgespielt haben: Menschen der Art *Homo sapiens* (im Bild links) beeindrucken Neandertaler (rechts) mit ihrem filigranen Schmuck

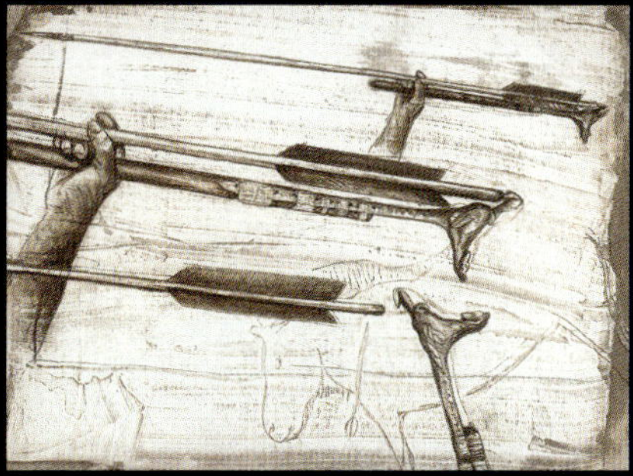

Die vom *Homo sapiens* erfundene Speerschleuder ist eine tödliche Distanzwaffe

Felszeichnungen wie diese Jagdszene sind die ersten Kunstwerke

Ein Treffen unter Vettern

Homo neanderthalensis und Homo sapiens

Zur gleichen Zeit wie der Neandertaler entsteht in Afrika der *Homo sapiens* (aus dortigen Gruppen des *Homo heidelbergensis*). Vor mehr als 80 000 Jahren begegnen sich beide erstmals im Nahen Osten, leben eine Zeit lang nebeneinander, doch der *Homo sapiens* zieht sich wieder zurück. Vor etwa 60 000 Jahren macht sich dann erneut eine kleine Gruppe von Afrika aus auf und erobert im Laufe einiger Zehntausend Jahre fast die gesamte Erde. Vor 45 000 Jahren erreichen die modernen Menschen Europa, entwickeln dort eine revolutionäre Werkzeugtechnologie und produzieren Kunstwerke. Vermutlich begegnen sie Neandertalern, doch ziehen sich die immer weiter nach Südwesten zurück. Die letzten Neandertaler hinterlassen ihre Spuren vor 27 000 Jahren auf der Iberischen Halbinsel. Weshalb sie aussterben, ist noch immer nicht ganz geklärt. Letztlich setzt sich auf der ganzen Erde nur eine Menschenart durch: der *Homo sapiens*. □

Die Modelle der hier gezeigten Vormenschen stammen von den Niederländern Adrie und Alfons Kennis und sind nach neuesten wissenschaftlichen Erkenntnissen rekonstruiert. Die Köpfe sind unbehaart, um die unterschiedlichen Schädelformen besser hervortreten zu lassen

Der lange **Weg** zum **Menschen**

Der *Homo sapiens* ist das erfolgreichste Wesen aller Zeiten: Kein Tier verfügt nur annähernd über so viel Geschick und Verstand, kein anderes Geschöpf vermag allein mit Geisteskraft so komplexe Probleme zu lösen. Und kein Lebewesen hat es jemals geschafft, sich von der Natur zu emanzipieren und so den Planeten zu erobern. Erstaunlicherweise beginnt die Geschichte dieses Eroberers aber ganz bescheiden – mit zaghaften Streifzügen durch den nächtlichen Dschungel

Text: Rainer Harf Rekonstruktionen: Adrie und Alfons Kennis

Der erfolgreichste Siegeszug in der Geschichte unseres Planeten beginnt mit heimlichen Ausflügen im Schutze der Nacht. Erst nach Einbruch der Dunkelheit wagen sich die scheuen Geschöpfe aus ihren Verstecken im Dickicht des Dschungels. Groß wie Eichhörnchen sind die haarigen Tiere, sie haben einen Schwanz, längliche Schnauzen, kleine spitze Zähne, und sie sind – vor 80 Millionen Jahren – auf der Suche nach Insekten und Spinnen. Es sind vorsichtige Jäger, stets auf der Hut vor größeren Räubern.

Und doch: Aus den Nachfahren dieser unscheinbaren Säugetiere werden einmal überaus erfolgreiche Lebewesen hervorgehen. Kreaturen, die bei Tage jagen, die in Gruppen zusammenleben, die den Schutz des Waldes verlassen, in Wüsten, Steppen und Savannen vordringen, alle Gebirge der Erde erklimmen und nicht einmal vor den Polarregionen haltmachen: die Menschen.

Die intelligentesten Wesen aller Zeiten. Und die einzigen, denen es gelingt, ihre Heimat zu verlassen und alle Erdteile zu besiedeln.

Bevor aber die Nachfahren der nachtaktiven Insektenfresser in der Lage sind, die Welt zu erobern, verstreichen Jahrmillionen, in denen die Kräfte der Evolution wirken. In denen Körper und Gehirn der kleinen Wesen eine Reihe erstaunlicher Wandlungen vollziehen.

Sie lernen, räumlich zu sehen, auf zwei Beinen zu laufen und immer geschickter mit ihren Händen umzugehen. Und ihr Gehirn wächst nach und nach zu einem Organ heran, das Probleme löst – und wundersamerweise seine eigene Entwicklung vorantreibt. Der Weg zum Menschen ist ein langer Weg.

Vor 80 Millionen Jahren jedenfalls deutet noch nichts auf den späteren

- Sahelanthropus tchadensis
- vor 7 Mio. Jahren
- Zentralafrika

Der anderthalb Meter große Primat ist wahrscheinlich der früheste Ahn des Menschen, der aufrecht zu gehen vermag. Sein kokosnussgroßer Schädel wirkt noch äffisch, das Gesicht zeigt bereits menschliche Züge.

Erfolg der schlanken Waldbewohner hin. Unsere Urahnen führen ein eher bescheidenes Dasein im Schatten anderer Kreaturen, die den Globus zu jener Zeit beherrschen: Dinosaurier haben sich über den gesamten Erdball ausgebreitet und bevölkern nahezu alle Lebensräume.

Am Tag ist es für Säugetiere zu gefährlich, auf Beutefang zu gehen; nur in der Dämmerung und bei Nacht, wenn die räuberischen Riesenechsen schlafen, huschen die gewandten Jäger durchs Unterholz. Lange Zeit bleiben die felltragenden Tiere deshalb eine Randerscheinung der Natur.

Da beschert ihnen vor 65 Millionen Jahren eine gewaltige Katastrophe eine Chance: Ein Asteroid stürzt auf den Planeten und beendet die Ära der Dinosaurier. In der von diesen Echsen freien Welt stehen den Säugern völlig neue Wege offen, sich zu entfalten.

Und so entwickeln sich aus jenen kleinen Räubern nach und nach auch unsere Ahnen, urtümliche Primaten. Zum ersten Mal vermögen diese Uraffen ohne größere Gefahr bei Tag durch den Wald zu streifen. Und statt weiterhin nachtschwärmende Insekten aufzuspüren, verlegen sie ihr Nahrungsspektrum allmählich auf Waldfrüchte, die sie mit ihren feinen Nasen erschnüffeln. Dieser Wandel in der Lebensweise bringt weitreichende Veränderungen mit sich.

> Die Uraffen lernen, Farben zu sehen, **ihre Pfoten wandeln sich zu Händen,** die Krallen zu Fingernägeln

Denn jene Baumarten, deren Samen verspeist und später andernorts wieder ausgeschieden werden, verbreiten sich schneller und haben daher einen Vorteil gegenüber anderen Gewächsen. Die Obst tragenden Pflanzen beginnen also um die Gunst der Fruchtfresser zu konkurrieren: All jene, die ihre Samen mit immer schmackhafterem Fleisch umhüllen und im wirr wuchernden Grün des Dschungels mit weithin sichtbaren Farben locken, haben einen Vorteil.

Die Uraffen ihrerseits vermögen bald schon die Reife einer Frucht nicht mehr nur an deren Geruch zu prüfen. Sie entwickeln einen ausgezeichneten Sehsinn: In ihren Augen bilden sich drei unterschiedliche Typen von Farbsinneszellen – Rezeptoren für Grün, Rot und Blau (noch heute nehmen Affen weit mehr Farben wahr als die meisten anderen Säugetiere).

Zudem rücken die zuvor seitlich am Kopf sitzenden Augen weiter nach vorn und ermöglichen es den Tieren schließlich, räumlich zu sehen. Dadurch können sie Entfernungen besser abschätzen und gewandter durchs Geäst springen.

Immer mehr passen sich die frühen Primaten einem Leben in den Bäumen an. Nach und nach verändern sich auch ihre Vorderfüße. Der Daumen spreizt sich mit der Zeit ab; aus Pfoten werden fingerfertige Greifhände, mit denen die Affen Äste festhalten und geschickt reife Früchte pflücken können. Aus den Krallen der Tiere wiederum formen sich bald schmale Fingernägel, die es ihnen zusätzlich erleichtern, kleinere Nahrung wie Samen präzise zu fassen.

Auch das Gebiss verändert sich durch die vegetarische Ernährung. Die vorderen Zähne bilden eine scharfe Kante aus, mit der die frühen Primaten nun Stücke aus größeren Früchten herausbeißen können. Die Backenzähne dagegen werden klobiger, ihre höckerige Oberseite eignet sich nun optimal, faserige Kost wie Nüsse und Blätter zu kauen und zu zermahlen.

Im Laufe der erdgeschichtlichen Epoche des Eozäns (vor 56 bis 34 Millionen Jahren) entstehen so die ersten „Echten Primaten". Einige unter ihnen ähneln heutigen Affen – etwa den Lemuren aus Madagaskar –, und sie leben wahrscheinlich schon in Gruppen.

Darauf jedenfalls deutet die Entwicklung eines besonderen Organs hin, das im Vergleich zu dem anderer Säugetiere bereits auffallend groß ist: das Gehirn.

Tiere, die in Gemeinschaft zusammenleben, müssen in der Lage sein, sich mit ihren Artgenossen zu verständigen. Nur so vermag sich jedes Gruppenmitglied im komplexen Gefüge sozialer Beziehungen zurechtzufinden. Diese Leistung wiederum – sein Umfeld zu verstehen – kann nur ein hoch entwickeltes Denkorgan erbringen.

Zwar vermag niemand mit Gewissheit zu sagen, wie genau sich die Affenhorden aus dem Eozän verhalten haben, das lässt sich aus fossilen Knochen nicht herauslesen. Vielleicht aber agieren sie schon ähnlich wie manche heutige Arten: Die Jungen rangeln, die Alten prügeln sich oder lausen einander und schließen so Freundschaften.

Und wahrscheinlich gebären die Weibchen nach monatelanger Schwangerschaft unselbstständige, hilflose Babys, die von ihren Eltern bis in die Jugendphase hinein betreut werden. Vermutlich lernen die Halbwüchsigen von den Erwachsenen unter anderem die Regeln des äffischen Miteinanders.

Am Ende des Eozäns vor 34 Millionen Jahren haben sich unsere fernen Vorfahren in zwei große Linien aufgespalten: die in Afrika und Asien lebenden Altweltaffen sowie die in Amerika heimischen Neuweltaffen. Die Spezies dieser beiden Primaten-Zweige unterscheiden sich in einigen anatomischen Details voneinander – etwa dem Bau ihres Gebisses.

Aus einem Spross der Altweltaffen geht in der folgenden Epoche, dem Oligozän, eine besondere Gruppe hervor, die alle anderen Primaten an Denkkraft und Geschick überholen wird: die der Menschenaffen.

Einer der frühesten bekannten Vertreter jener Ahnenreihe, ein Tier der Gattung Proconsul, klettert vor 27 Millionen Jahren durch das dichte Gestrüpp des ostafrikanischen Tropenwaldes, der sich zu jener Zeit wohl gleich einem dampfend-grünen Band von Osten nach Westen über den Kontinent erstreckt. Sein Gehirn hat im Vergleich zu seinen Vorfahren erheblich an Volumen zugelegt: Mit rund 150 Kubikzentimetern ist es etwas größer als ein Tennisball.

Wie alle späteren Menschenaffen hat Proconsul keinen Schwanz. Das Tier wird bis zu einem Meter lang, erreicht manchmal ein Gewicht von knapp 40 Kilogramm und kann daher – im Gegensatz zu kleineren Primaten – nicht mehr über dünnes, zerbrechliches Astwerk balancieren.

Seine Nachfahren entwickeln schließlich eine neue Technik der Fortbewegung. Statt auf allen vieren über Zweige zu klettern, halten sie sich mit ihren langen Armen von unten an Ästen fest und schwingen geschickt von Baum zu Baum.

Mitunter hocken die Menschenaffen – allein in Ostafrika leben damals mindestens zehn verschiedene Arten – in Astgabeln, um von dort nach Früchten, Nüssen oder Blättern zu greifen. Diese aufrecht sitzende Körperhaltung lässt die äffischen Wesen schon ein wenig menschlich erscheinen.

Vor 13 Millionen Jahren lebt in Afrikas Nordosten eine Kreatur namens *Pierolapithecus catalaunicus*, vermutlich einer der letzten gemeinsamen Vorfahren der heutigen Menschenaffen (Gorillas, Schimpansen und Orang-Utans) sowie des Menschen.

Das Geschöpf ähnelt einem kleinen Schimpansen, und vielleicht kann es bereits kurze Strecken zu Fuß bewältigen. Doch selbst wenn es ihm möglich ist, lange wird sich Pierolapithecus wohl nicht auf zwei Beinen halten können.

Erst ein Wandel von außen, da sind sich die meisten Forscher einig, gibt vor gut sieben Millionen Jahren unseren Vorfahren den entscheidenden Schub, immer menschlichere Züge anzunehmen und schließlich zu ausdauernden Läufern zu werden.

Damals kühlt die Welt ab. Auf der Nordhalbkugel beginnen die Gletscher zu wachsen und ihre Ausläufer in die Täler zu schieben. In der Antarktis dehnt sich die Eiskappe aus. Auch in Afrika wird es kälter – und vor allem: trockener.

Besonders im Osten des Kontinents ändert sich das Klima und damit die Vegetation. Dort verschieben sich schon seit Jahrmillionen drei Kontinentalplatten, Zentimeter für Zentimeter bricht die Erdkruste auseinander. Die Folge: Ein mehrere Tausend Kilometer langer

- Australopithecus afarensis
- vor 3,9 Mio. Jahren
- Tansania, Kenia, Äthiopien

Vermutlich lebt *Australopithecus afarensis* in sozialen Verbänden von 25 bis 30 Mitgliedern. Sein Gehirn ist etwa so groß wie das eines Schimpansen. Nachts zieht sich der Vormensch wahrscheinlich in den Schutz von Baumkronen zurück und bringt sich so vor Löwen und Säbelzahnkatzen in Sicherheit.

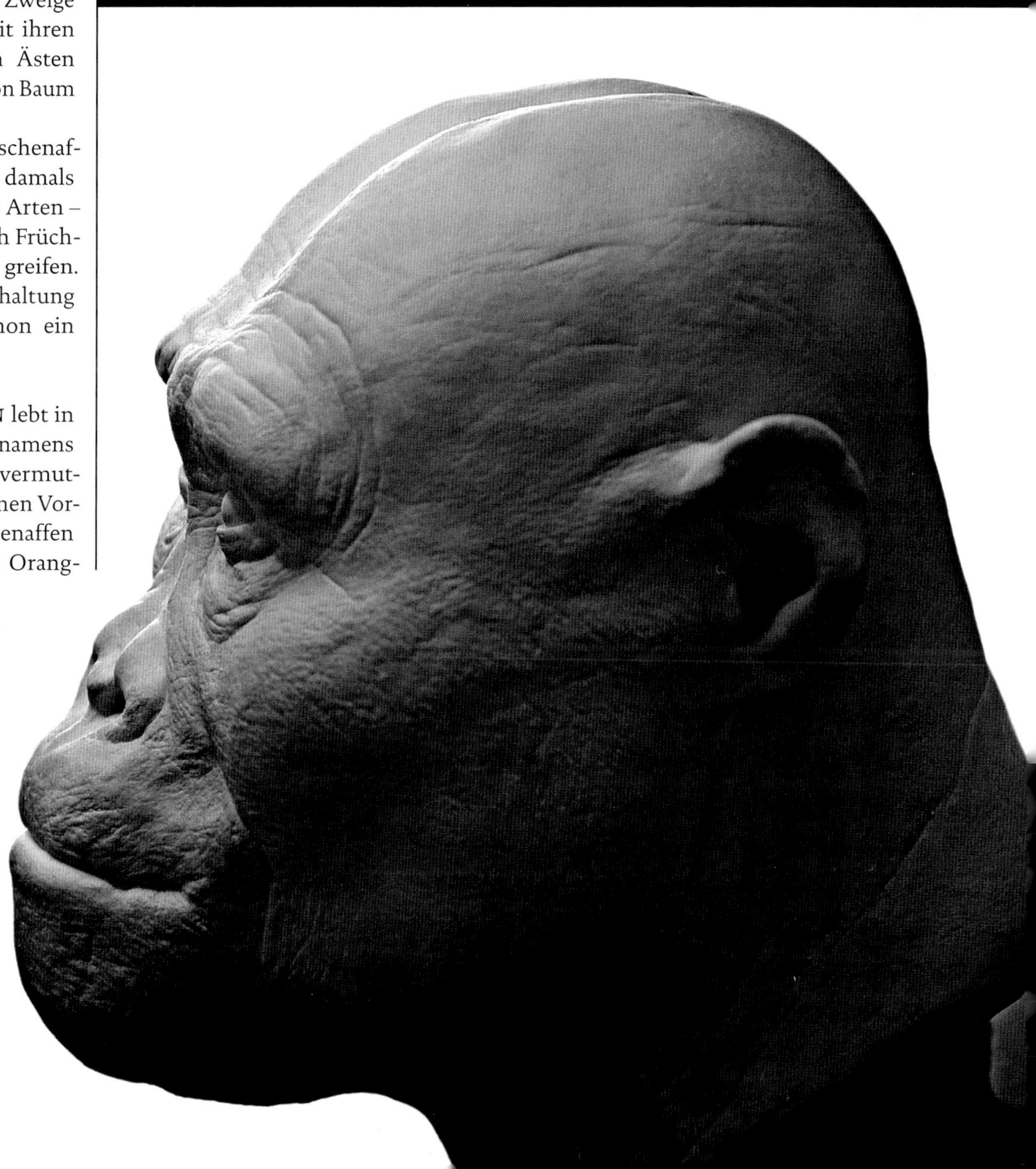

- Australopithecus africanus
- vor mindestens 3 Mio. Jahren
- Südafrika

Das Gebiss von *Australopithecus africanus* lässt darauf schließen, dass er ein naher Verwandter des ersten Menschen ist: Die Eckzähne sind klein, sie ragen nicht mehr über die anderen Zähne hinaus, und die für Affen typische Lücke zwischen den unteren Eckzähnen und den Backenzähnen ist geschlossen.

Graben, das Great Rift Valley, bildet sich. Flankiert von brodelnden Vulkanen und schroffen Gebirgsketten, erstreckt sich diese geologische Formation in Nord-Süd-Richtung vom heutigen Syrien bis nach Mosambik.

Ihre Berge bilden eine Regenbarriere: Feuchte Luft, die aus Zentralafrika herüberweht, schlägt sich an den Hängen im Westen nieder und vermag die Senke im Osten der Landmasse nicht mehr zu erreichen. Im Großen Graben wird es zunehmend trocken.

Allmählich lichtet sich dort der feucht-schwüle Dschungel. Der immergrüne, schier undurchdringliche Tropenteppich reißt auf und verwandelt sich in ein Mosaik aus Hainen, Galeriewäldern und Grasland, durchschnitten von Flüssen und Seen.

Diese neuartige Landschaft stellt die afrikanischen Menschenaffen vor eine bislang ungekannte Herausforderung. Denn die Baumgruppen stehen nun mitunter so weit voneinander entfernt, dass unsere Vorfahren ihr Revier nicht mehr allein kletternd durchstreifen

Die Welt kühlt ab. **Für die Ahnen der Menschen** bedeutet das einen Entwicklungsschub

können. Immer wieder müssen sie die Bäume verlassen und auf ebener Erde zum nächsten Stamm laufen.

Und dabei sind sie zunächst vermutlich noch ziemlich unbeholfen.

Doch mit der Zeit verändern sich die Körper einiger Affenarten, allmählich vermögen sie immer sicherer auf zwei Füßen zu marschieren. Es kommt zu einer Revolution. Erstmals tauchen in den Waldfragmenten Primaten auf, deren Bewegungsapparat es ihnen ermöglicht, längere Zeit aufrecht zu gehen: die Homininen (so nennen Anthropologen den heutigen Menschen und alle seine Vorfahren, die bereits auf zwei Beinen laufen).

Noch lässt sich nach heutigem Wissensstand nicht genau sagen, welcher jener Vormenschen der Ahnherr des späteren Menschen ist. Noch können Forscher keine eindeutige, gerade Linie ziehen von einer bestimmten Affenart über eine bestimmte Vormenschenart bis hin zum *Homo sapiens*.

Der Stammbaum unserer Ahnen (siehe Seite 33) gleicht vielmehr einem Stammbusch: Etliche seiner verästelten Zweige enden bereits vor Jahrmillionen, und die meisten Gabelungen sind noch gar nicht bekannt – denn nur wenige Fossilien haben die Zeiten überdauert, und niemand weiß, wie viele noch ihrer Entdeckung harren.

Deshalb liegt ein Großteil jener verschlungenen Entwicklungspfade in der Evolution des Menschen noch immer im Dunkeln.

Mittlerweile aber sind sich Forscher zumindest darin einig, dass es in mehreren Regionen Afrikas unabhängig voneinander zu jenen ersten Schritten auf zwei Füßen kommt.

Vermutlich leben sogar verschiedene aufrecht gehende Vormenschen zur gleichen Zeit auf dem Kontinent, manche davon wohl nur wenige Hundert Kilometer voneinander entfernt. Vielleicht haben sich die Spezies auf so unterschiedliche Nahrungsquellen spezialisiert, dass sie nicht miteinander in Kontakt treten und eine eigene Evolution durchlaufen, oder aber geographische Hindernisse trennen Populationen so weit voneinander, dass sich zum Teil mehrere Homininen-Arten parallel entwickeln können.

Vor sieben Millionen Jahren jedenfalls stapft der erste dieser Vormenschen, *Sahelanthropus tchadensis*, durch die Schwemmebene eines Sees im Norden des heutigen Tschad, einem Gebiet ähnlich dem Okavango-Delta. Es ist ein zierliches Wesen mit kokosnussgroßem Kopf und flachem Gesicht, über den tief liegenden Augen wölben sich knöcherne Wülste. Dieses Geschöpf zwischen Affe und Mensch ernährt sich vor allem von Kräutern, Blättern und den Knollen überfluteter Gräser.

Zwar ist bislang nur der Schädel eines Sahelanthropus gefunden worden. Aber die Ansatzstelle der Wirbelsäule – eine Öffnung am Hinterhaupt, durch die das Rückenmark ins Gehirn mündet – lässt auf ein aufrecht gehendes Wesen schließen: Die Aussparung liegt auffallend weit unten an der Schädelbasis, ähnlich wie beim Menschen.

Das ist ein typisches Merkmal für einen Zweibeiner: Hält ein Geschöpf sein Rückgrat senkrecht, ist es anatomisch von Vorteil, wenn das Rückenmark nicht von hinten, sondern von unten in den Schädel eindringt.

- Paranthropus aethiopicus
- vor 2,6 Mio. Jahren
- Ostafrika

Auf dem Schädeldach von *Paranthropus aethiopicus* wölbt sich ein Knochenkamm, an dem mächtige Kaumuskeln ansetzen (weshalb der Kamm auf dieser Rekonstruktion kaum zu erkennen ist). Sie befähigen den Vormenschen, zähe Pflanzen zu zermalmen. Diese Spezialisierung auf vegetarische Kost wird ihm zum Verhängnis: Seine Nachfahren sterben vor etwa einer Million Jahren aus.

Sahelanthropus steht am Anfang einer Reihe weit entwickelter Primaten, die (vermutlich sogar unabhängig voneinander) ihre Körper aufrichten und zu Zweibeinern werden: Getrieben vom Klimawandel, kommen im Laufe der folgenden Jahrmillionen immer weitere Homininen-Arten auf.

Vor sechs Millionen Jahren etwa streift *Orrorin tugenensis* durch eine offene Wald- und Savannenlandschaft im Gebiet des heutigen Kenia. Vermutlich läuft das schimpansengroße Wesen mal auf zwei Beinen von einer Bauminsel zur nächsten, dann wieder schwingt es sich mit seinen kräftigen Armen rasch ins Geäst hinauf.

Eine halbe Million Jahre später bewohnen Gruppen der Art *Ardipithecus kadabba* Wälder und überschwemmte Graslandschaften im heutigen Äthio-

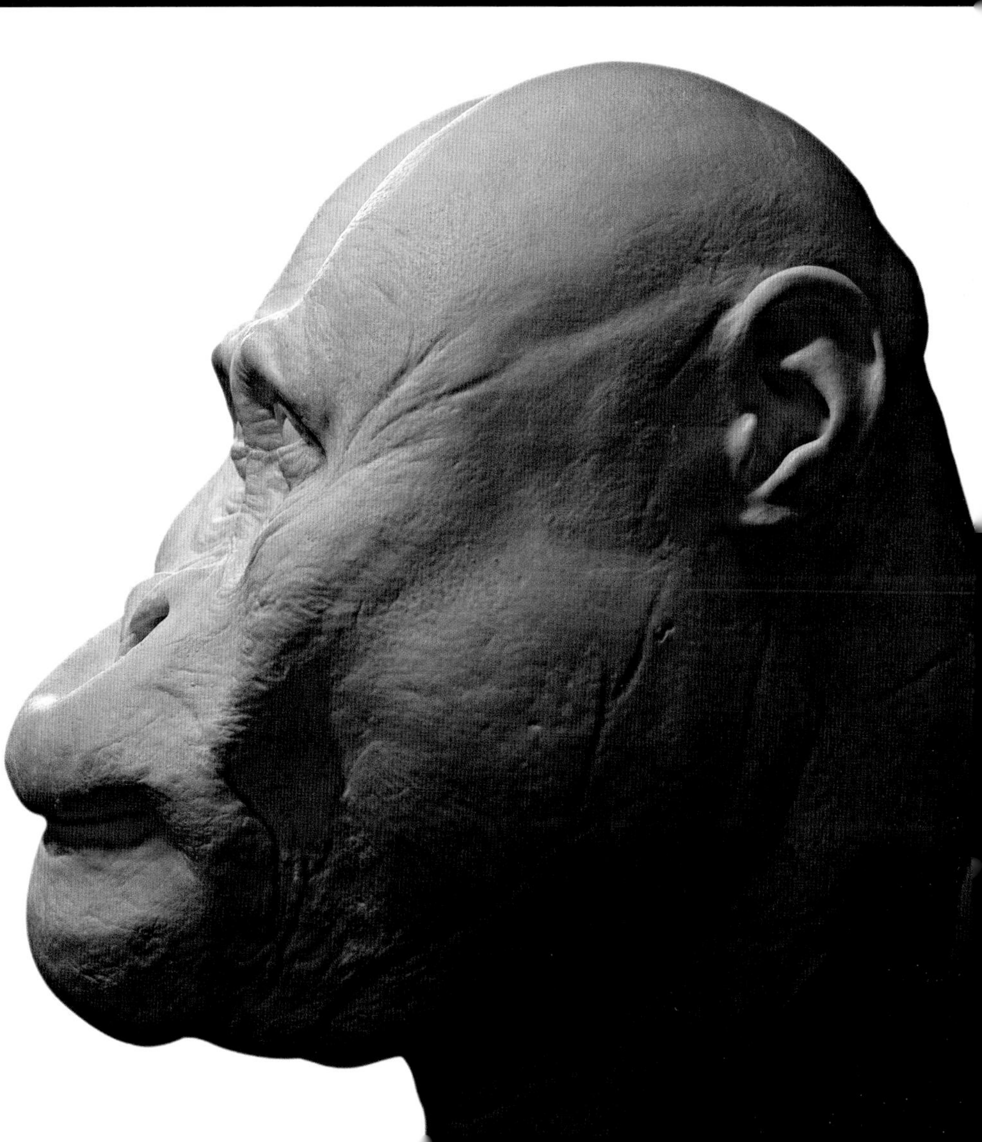

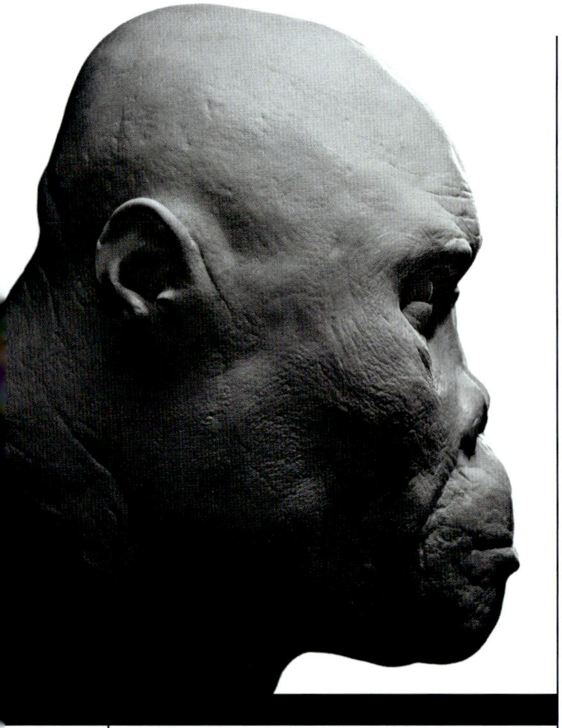

- Homo rudolfensis
- vor 2,5 Mio. Jahren
- Ostafrika

Aus welchem Australopithecus sich der »Mensch vom Rudolfsee« (heute Turkanasee) entwickelt, ist unklar. Schädel und Gehirn von *Homo rudolfensis* sind deutlich größer als die der Australopithecinen, sein Gesicht ist flach, die Stirn vergleichsweise steil. Er stellt einfache Steinwerkzeuge her, mit denen er seine Nahrung zerkleinert.

pien. Sie ernähren sich von Früchten, Nüssen, Insekten und Vogeleiern; denkbar ist auch, dass die Vormenschen hin und wieder durch flaches Wasser waten und nach Muscheln und Schnecken äugen, die ihren Speiseplan bereichern.

ABERTAUSENDE Generationen sind vergangen, bis aus den Menschenaffen all diese aufrecht gehenden Homininen hervorgegangen sind. Die Körper ihrer Vorfahren müssen zahlreiche Konstruktionsänderungen durchlaufen haben, damit die Vormenschen schließlich sicheren Schrittes auf zwei Beinen zu gehen vermögen.

Das Becken ihrer äffischen Ahnen etwa hat sich verkürzt und ist breiter geworden. Die Hüftgelenke ermöglichen es, dass die Beine nun senkrecht unter dem Körper stehen. Die Oberschenkelknochen der Homininen sind kräftiger, die Gesäß-, Bein- und Fußmuskeln stärker.

Die Knie können die Vormenschen – im Gegensatz zu Menschenaffen – voll durchstrecken, sodass sie ohne größere Kraftanstrengung zu stehen vermögen.

Wahrscheinlich ist es aber nicht allein die Fähigkeit, zwischen den Waldfragmenten hin und her zu laufen, die den aufrechten Gang begünstigt. Viele Wissenschaftler vermuten, dass auch andere Faktoren an den körperlichen Veränderungen beteiligt sind.

Wer auf zwei Beinen läuft, hat zum Beispiel die Arme frei: Auf der Suche nach Vorräten können daher die männlichen Vormenschen – so eine These – die gefundene Nahrung mit ihren Händen aufsammeln, festhalten und ohne Schwierigkeiten zu ihren Weibchen bringen. Die wiederum sind in der Lage, ihre Babys auf den Armen zu tragen und die Kleinen somit sicher und leicht von Ort zu Ort zu transportieren.

Zudem brennt einem aufrecht stehenden Wesen die Mittagssonne weniger stark auf den Körper: Wenn das Gestirn am Zenit steht, bekommt ein Zweibeiner nur ein Viertel jener Strahlung ab, die einen Vierbeiner erhitzt.

Darüber hinaus trifft der von der Seite wehende Wind auf eine größere Fläche und verschafft bessere Kühlung. So verlieren die Homininen bei der Passage schattenloser Stellen weniger Flüssigkeit als ihre Ahnen.

Und selbst jenen Vormenschen, die durch Flüsse waten, bietet der Blick von oben Vorteile: Aufrecht vermögen sie weit besser auf den Grund eines Gewässers zu blicken als ein Vierbeiner, der aus flacher Perspektive schauen muss und weit stärker von Spiegelungen auf der Wasseroberfläche abgelenkt wird.

Die Schnecken und Muscheln, die sie aus den Flüssen fischen, stärken zudem nicht nur den Körper der Vormenschen – sie sind auch Nahrung für ihren Geist: Weichtiere enthalten Fettsäuren, die für die Entwicklung des Gehirns besonders wichtig sind. Nach und nach entwickeln sich Wesen mit immer größeren, leistungsfähigeren Denkorganen. Und einem immer gelenkigeren Gang.

Möglicherweise führen all diese Vorteile dazu, dass die Evolution in Afrika gleich mehrfach Wesen zu Zweibeinern werden lässt. Anders ist kaum zu erklären, weshalb sich in so unterschiedlichen Habitaten wie sumpfigen Ebenen, lichten Wäldern und Grasländern verschiedene Homininen-Spezies parallel herausbilden.

DIE BLÜTEZEIT der Vormenschen beginnt vor etwa vier Millionen Jahren: In jener Epoche leben in Afrika mehrere Homininen-Spezies aus der Gruppe der Australopithecinen (von lat. *australis* = südlich und griech. *pithekós* = Affe).

Weitläufige Savannen und Galeriewälder aus Mangobüschen und Dattelpflaumenbäumen sind die Heimat von *Australopithecus anamensis*. Die haarigen Geschöpfe mit den dunklen Gesichtern, der breiten Nase und der fliehenden Stirn sehen noch nicht allzu menschlich aus, sie erinnern vielmehr an aufrecht gehende Schimpansen.

Australopithecus afarensis dagegen, eine Homininen-Art aus dem Gebiet des heutigen Kenia, Tansania und Äthiopien, mag uns Menschen ein wenig mehr ähneln (zu dieser Spezies gehört auch die Vormenschenfrau „Lucy", deren außergewöhnlich gut erhaltenes Skelett der wohl berühmteste Fund eines Homininen ist). Diese Wesen le-

> Immer häufiger brechen die **Vormenschen zu Streifzügen** in ihre Umgebung auf

- Paranthropus boisei
- vor 2,1 Mio. Jahren
- Ostafrika

Mit seinen Mahlzähnen, die zum Teil viermal so groß sind wie die des modernen Menschen, sowie den mächtigen Kaumuskeln kann *Paranthropus boisei* hartschalige Samen verzehren. Da sich Pflanzenkost einfach sammeln lässt, muss sich sein Gehirn im Gegensatz zu denen der Allesfresser nicht weiter entwickeln.

ben wahrscheinlich in Verbänden von 25 bis 30 Individuen, die muskulösen, 1,50 Meter großen Männer überragen die Frauen um bis zu 30 Zentimeter.

Tagsüber suchen die Menschen-Ahnen nach Essbarem. Sie klettern auf Wacholder- oder Olivenbäume, brechen Zweige ab und schälen sie mit ihren Schneidezähnen, um an das nahrhafte Mark im Inneren zu gelangen.

Hier und da graben sie Knollen und Wurzeln aus, pflücken Blätter und Früchte oder stöbern in Vogelnestern nach Eiern. Auch fleischliche Kost wie etwa Ameisen, Heuschrecken, Eidechsen und Mäuse verschmähen die Australopithecinen nicht. Und womöglich nutzen sie schon scharfkantige Steinbruchstücke, um Fleisch von den Knochen toter Tiere zu schaben.

In der Nacht ziehen sich die Vormenschen vermutlich in Baumkronen zurück. Zu gefährlich ist es, auf ebener Erde zu schlafen, denn im Dunkel lauern Säbelzahnkatzen oder Löwen. Und im Gegensatz zu jenen Menschen, die einmal ihre Heimat Afrika verlassen werden, sind unsere Vorfahren noch keine Jäger – sondern die Gejagten.

Für eine Großkatze ist ein einzelner Australopithecine leichte Beute: Er ist nicht besonders stark, er kann zwar aufrecht gehen, aber noch nicht ausdauernd rennen (unter anderem wegen der noch fehlenden Fußwölbung), und seinem Gebiss fehlen die wehrhaften Reißzähne eines Raubtieres.

Erst in der Gruppe sind unsere Vorfahren stark: Gemeinsam vermögen sie wohl selbst einen Löwen in die Flucht zu schlagen, indem sie Steine werfen und mit Stöcken auf das Tier losgehen.

VOR ETWA 2,5 Millionen Jahren erreicht die trockene Kälteperiode in Afrika ihren Höhepunkt: Dichte Wälder sind im Süden und Osten des Kontinents fast gänzlich verschwunden. Um die wasserarme Zeit zu überstehen, bilden die Pflanzen zähere Blätter aus und produzieren immer härtere Samen.

Eine Gruppe von Australopithecinen stellt sich auf die veränderte Nahrung ein, verlegt sich schließlich ganz auf vegetarische Kost und entwickelt sich mit der Zeit zu robusteren, grobknochigen Typen mit ausladendem Gebiss, mächtigen Kaumuskeln und gewaltigen Mahlzähnen. Der monströse Beißapparat versetzt sie in die Lage, selbst härteste Nüsse zu knacken.

Doch wahrscheinlich wird gerade diese Spezialisierung den Homininen aus der Gattung Paranthropus („Nebenmenschen", von griech. *para* = neben und *ánthropos* = Mensch) zum Verhängnis: Denn sie haben ihre Ernährung so stark auf die zähe Pflanzenkost ausgerichtet, dass sich ihr Gehirn nicht weiterentwickelt – es wird mit einem Volumen von gut einem halben Liter

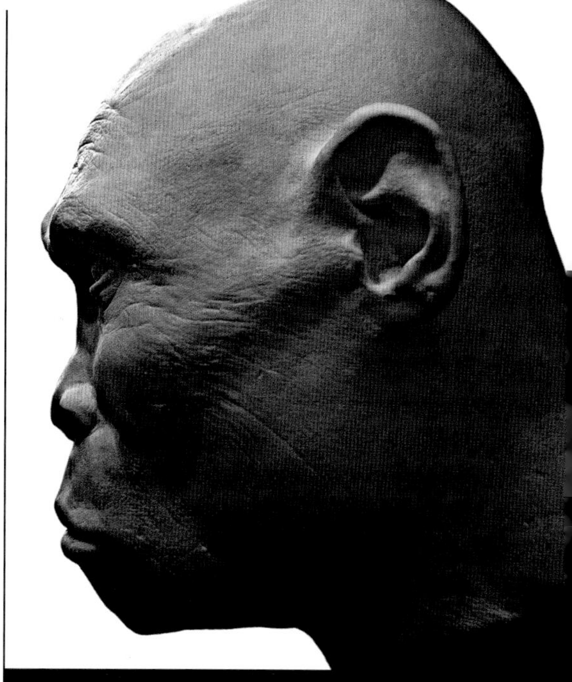

- Homo habilis
- vor 2,1 Mio. Jahren
- Ostafrika

Seinen Namen verdankt der »geschickte Mensch« der mutmaßlichen Fähigkeit, Steinwerkzeuge zu nutzen. Denn seine Handknochen erinnern an die späterer Menschenarten, nicht an jene der Australopithecinen. Die Extremitäten sind jedoch noch affenähnlich. So ist umstritten, ob *Homo habilis* der Ahn späterer Menschen ist.

nicht viel mehr erreichen als rund 40 Prozent des menschlichen Denkorgans.

Die Lebensweise der Nebenmenschen führt zudem in eine weitere evolutionäre Sackgasse: Immer wieder kommt es zu Klimaschwankungen – mal trocknen Täler aus, dann bilden sich wieder Feuchtgebiete –, sodass sich die Flora ständig wandelt. Die kräftig gebauten Vegetarier aber sind nicht flexibel genug, sich diesen Veränderungen ihrer Umwelt anzupassen.

Und so sterben die Nebenmenschen vor 1,1 Millionen Jahren aus.

EINE WEITERE Gruppe von Australopithecinen schlägt zu jener Zeit vor mehr als 2,5 Millionen Jahren, als die

- **Homo ergaster**
- **vor 1,9 Mio. Jahren**
- **Südafrika/Ostafrika**

Das herausragende Merkmal des *Homo ergaster* ist seine Größe: Mit etwa 1,85 Meter übertrifft er jeden seiner Ahnen. Zudem ist er ein exzellenter Langstreckenläufer, sein Gehirn ist mit etwa 900 Kubikzentimetern mehr als doppelt so groß wie das von *Sahelanthropus tchadensis*. Er ist bereit, Afrika zu verlassen und die Welt zu erobern.

Entwicklung zu Paranthropus beginnt, einen anderen evolutionären Weg ein. Vermutlich sind es entfernte Nachfahren von *Australopithecus afarensis*, die sich mit dem Verschwinden der vegetationsreichen Lebensräume und der schwerer zu zerkauenden Samen und Nüsse zunehmend auch auf fleischliche Nahrung konzentrieren.

Immer häufiger brechen diese – im Vergleich zu den Nebenmenschen – grazilen Gestalten zu Streifzügen in die Umgebung auf. Sie verlassen den Schutz der schmalen Galeriewälder und wagen sich hinaus in die Savanne. Dort suchen sie nicht nur nach Früchten und nahrhaften Knollen, sondern auch nach Aas: von Löwen gerissenen Antilopen, Urzebras oder Gnus, an denen sich die Raubkatzen bereits satt gefressen haben.

Vielleicht halten diese Australopithecinen auch Ausschau nach Geiern, die über den grasigen Ebenen kreisen und sich in krächzenden Schwärmen genau dort niederlassen, wo ihre scharfen Vogelaugen einen Kadaver erspäht haben. Gierig mögen die Vormenschen das letzte Fleisch von den Gebeinen des Wildes schaben und die Knochen mit Gesteinsbrocken zertrümmern, um das fettige Mark aus den gesplitterten Röhren herauszupulen und zu verschlingen.

Dieses unstete Leben als Allesfresser stellt die Australopithecinen vor weitaus größere geistige Herausforderungen als das ihrer genügsamen Vettern, der grobknochigen Vegetarier. Folglich nehmen ihre Gehirne im Verlauf von Jahrzehntausenden an Masse zu, sie werden immer leistungsfähiger, brauchen daher aber auch immer mehr eiweißreiche Kost – also noch mehr Fleisch.

So setzt ein Kreislauf ein, der die Entwicklung dieser Australopithecinen vorantreibt.

UND GENAU in jenem Spannungsfeld aus Jägern und Gejagten, aus zunächst zaghaften Vorstößen in die weite Welt und Rückzügen in den sicheren, aber schwindenden Wald, entsteht vor 2,5 Millionen Jahren ein Geschöpf, das geistig in völlig neue Welten vorstößt. Es ist ein Wesen, das seine Evolution schon bald gleichsam selbst in die Hand nehmen wird: Homo – der Mensch. Der erste Primat, der in der Lage ist, seine Umwelt nach einem abstrakten, geistigen Plan zu gestalten.

Zwei Menschenarten leben zur gleichen Zeit in den Savannen Ostafrikas

Anders als seine Vorgänger überlässt es der Mensch nicht mehr nur dem Zufall, mit welchen Materialien er einen Kadaver bearbeitet. Er sucht nicht mehr einfach nur nach geeigneten Felsen, um Markknochen aufzuschlagen oder Fleisch zu zerlegen.

Vielmehr nimmt Homo die Natur als Ausgangsmaterial, auf das er seine Gedanken projiziert: Wenn er etwa keinen geeigneten Stein findet, um die Haut eines Tieres aufzuschneiden, schlägt er von einem stumpfen Brocken scharfe Splitter ab. Er stellt sein Messer also eigenhändig her.

Der Mensch und seine Verwandten

Eine Reihe aufrecht gehender, aber noch recht affenähnlicher Vormenschen existiert ab sieben Millionen Jahren vor unserer Zeit in Afrika. Eine dieser Kreaturen entwickelt vor 2,5 Millionen Jahren ein größeres Gehirn und die Fähigkeit, Werkzeuge herzustellen – *Homo rudolfensis*, möglicherweise der erste Mensch. Vor 1,9 Millionen Jahren entwickelt sich *Homo ergaster*, der bald Afrika verlässt. Aus ihm gehen weitere Menschenarten hervor, die sich über die Erde ausbreiten. Letztlich aber überlebt nur *Homo sapiens*.

Der hier gezeigte Stammbaum gibt jeweils nur eine von mehreren unter Forschern diskutierten Möglichkeiten wieder. Gestrichelt dargestellt sind unsichere, durchgezogen wahrscheinliche Verwandtschaftsbeziehungen (die vertikale Achse gibt die Zeit an, die horizontale Anordnung stellt kein Maß der Verwandtschaft dar).

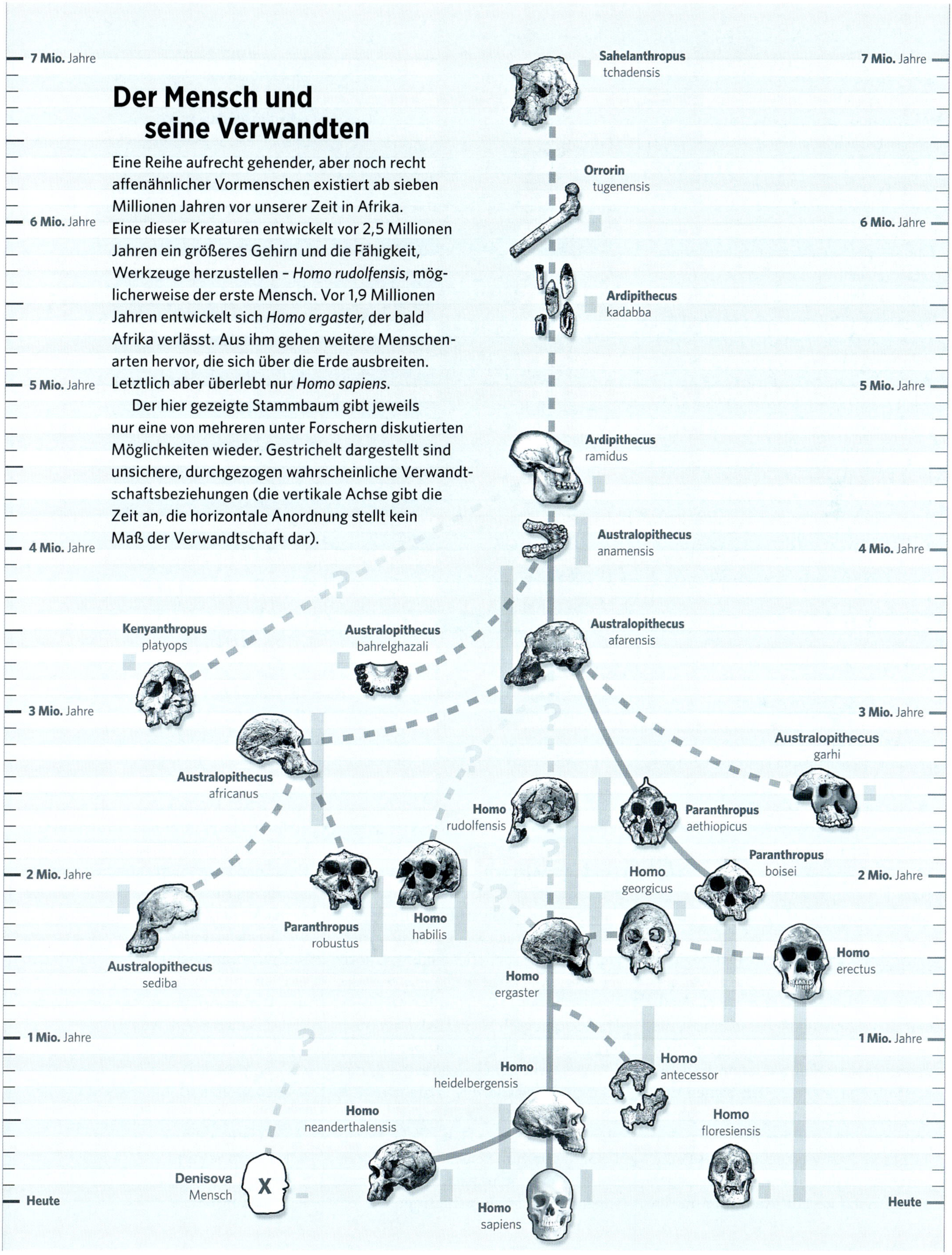

Der Mensch überlässt sich nicht mehr nur den Launen der Natur. Er handelt überlegt, ersinnt mithilfe seines Hirns Werkzeuge und vermag aus diesen gegenstandslosen Ideen Gegenstände werden zu lassen. Er emanzipiert sich gleichsam von der Natur und wird selbst zum Schöpfer.

DER FRÜHESTE Vertreter dieser neuen Gattung lebt im Norden des Großen Grabens am Ufer eines Süßgewässers: Es ist *Homo rudolfensis*, der „Mensch vom Rudolfsee" (am Ufer jenes Gewässers, später in Turkanasee umbenannt, fanden Forscher 1972 Knochen dieses wohl ersten Menschen). Das Wesen mit seinem breiten, flachen Gesicht hat nur noch wenig Ähnlichkeit mit seinen Vorgängern: Es ist etwa 20 Zentimeter größer als der *Australopithecus afarensis* und hat eine steilere Stirn, hinter der sich ein Gehirn mit im Schnitt 700 Kubikzentimeter Volumen verbirgt.

Womöglich kann er mit seinen Händen sogar schon annähernd so geschickt umgehen wie heutige Menschen und primitive Steinwerkzeuge anfertigen.

Es mag vorkommen, dass Menschen vom Rudolfsee auf ihren Streifzügen einer anderen, schmächtigeren Spezies begegnen: dem *Homo habilis*. Der „geschickte Mensch", ebenfalls aus einer Australopithecus-Art hervorgegangen, ist ein Wanderer von zierlicherem Wuchs, höchstens 1,45 Meter hoch und rund 40 Kilogramm leicht. Er hat noch leicht äffische Züge, und sein Gehirn ist kleiner als das des *Homo rudolfensis*. Und doch: Auch *Homo habilis* vermag schon Steinwerkzeuge herzustellen.

Aus einer dieser beiden Arten (noch ist nicht klar, aus welcher) geht vor 1,9 Millionen Jahren eine dritte Art hervor: *Homo ergaster*, „der Handwerker" – ein 1,85 Meter hohes Geschöpf, dessen Silhouette sich kaum noch von der eines modernen Menschen unterscheidet.

Mehr als 80 Millionen Jahre sind vergangen, seit frühe Säuger durch den Dschungel huschten. Nun beginnt mit *Homo ergaster* ein neues Kapitel in der Menschheitsgeschichte: Dieser hochgewachsene Läufer ist der erste Zweibeiner, der aus seiner Heimat auswandert, der die Savannen Afrikas hinter sich lässt – und dessen Abkömmlinge dereinst die ganze Welt erobern werden. □

Memo: MENSCHWERDUNG

- ▶ **Vor 80 Millionen** Jahren leben die ersten urtümlichen Proto-Primaten: kleine nachtaktive Insektenfresser.
- ▶ **Aus diesen Lebewesen** entwickeln sich Uraffen, die bei Tage nach Früchten suchen.
- ▶ **Menschenaffen** mit größerem Gehirn entstehen vor etwa 30 Millionen Jahren.
- ▶ **Aus einem** dieser Menschenaffen gehen vor sieben Millionen Jahren die aufrecht gehenden Vormenschen (Homininen) hervor.
- ▶ **Die Homininen** erleben vor etwa vier Millionen Jahren eine Blütezeit; gleich mehrere Arten leben parallel in Afrika.
- ▶ **Dank eiweißreicher Kost** wächst das Hirn einiger dieser Vormenschen.
- ▶ **Vor 2,5 Millionen** Jahren entsteht aus einer noch unbekannten Art der erste Mensch: *Homo rudolfensis* – ein intelligentes Wesen, das einfache Steinwerkzeuge herzustellen vermag.

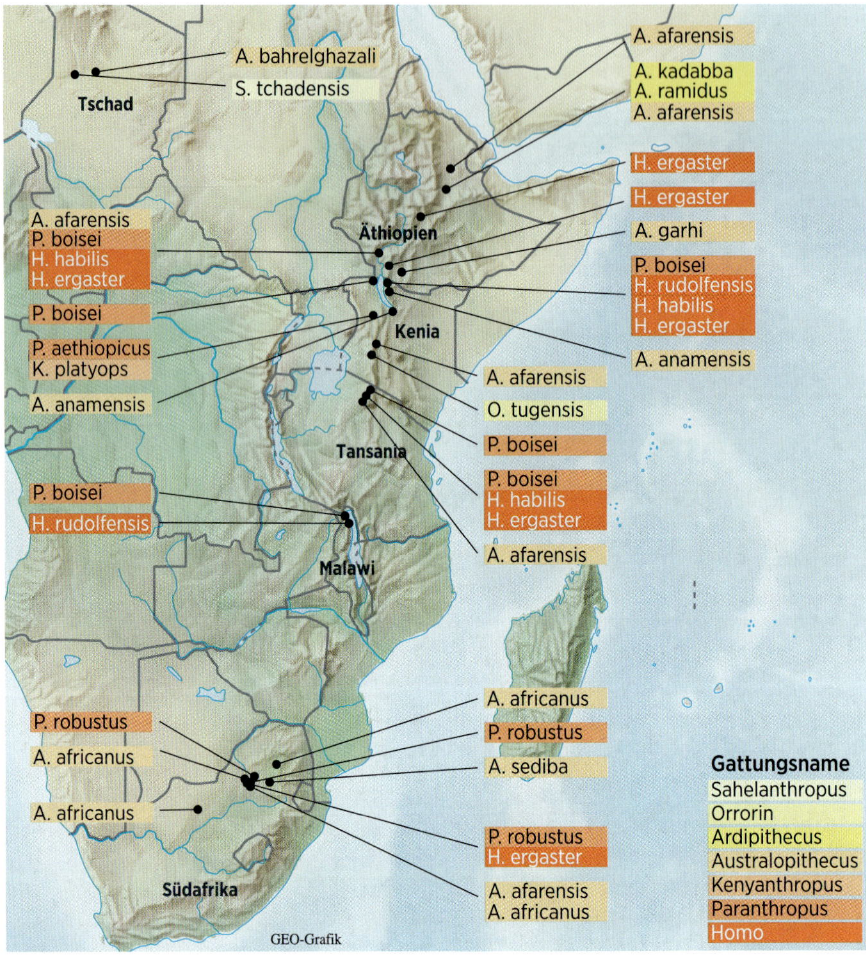

Die Evolution des Menschen beginnt in Afrika. Vor allem im Osten des Kontinents, wo das unstete Klima des afrikanischen Grabenbruchs die frühen Homininen vor bis dahin unbekannte Herausforderungen stellt, entwickeln sich über Hunderttausende Generationen hinweg immer neue Arten mit größeren Gehirnen und höherer Fingerfertigkeit. Dort entsteht schließlich auch der Homo – und erobert die ganze Welt

Rainer Harf, 34, ist GEOkompakt-Redakteur. Die Niederländer **Adrie** und **Alfons Kennis** sind weltweit anerkannte Spezialisten für die wissenschaftlich exakte Darstellung von Menschen und Tieren der Urzeit - sei es als künstlerische Illustration (siehe Seite 8) oder als lebensecht wirkende, dreidimensionale Figur.

Literaturempfehlung: Robert Boyd, Joan B. Silk, „How Humans Evolved", Norton & Company; exzellentes, verständlich geschriebenes Fachbuch, das einen umfassenden Überblick zur Menschwerdung vermittelt.

Der **Erste**, der **Afrika** verlässt

Er ist groß, hat kräftige Beinknochen und gewölbte Füße: *Homo ergaster* ist vor 1,9 Millionen Jahren perfekt an das Leben auf dem Boden angepasst. Kilometerlange Wanderungen durch die afrikanische Savanne meistert er problemlos, und mit jedem seiner Entdeckungsmärsche wird er erfahrener, überlebensfähiger. Immer weiter dringt er in den Norden vor, bis er schließlich am Mittelmeer steht – der Grenze zu einer neuen Welt

Der Eroberer
Im Vergleich zu seinen Vorfahren hat *Homo ergaster* zierlichere Wangenknochen, eine ausgeprägtere Nase, einen größeren Schädel. Sein Hirnvolumen beträgt 900 Kubikzentimeter: Es ist wohl vor allem seine Denkfähigkeit, die ihn die lange Wanderung – hier der mögliche Aufbruch eines Clans am Ostafrikanischen Grabenbruch – überstehen lässt

Text: Ralf Berhorst
Illustrationen: Christian Schneider

Mit federndem Schritt bewegen sich die hochaufgeschossenen Gestalten durch die ostafrikanische Savanne im heutigen Kenia. Sie rollen den gewölbten Fuß über Ferse und Ballen, drücken sich mit ihren kurzen Zehen kraftvoll nach vorn ab.

Bis zu 1,85 Meter messen die Geher, mit ihren langen Beinen kommen sie rasch voran. Die Unterarme sind kürzer als bei anderen menschenähnlichen Savannenbewohnern, die sich zum Teil noch halb hangelnd oder von Ast zu Ast laufend in den Bäumen fortbewegen.

Die Wanderer sind an das Leben auf dem Boden angepasst, ihre Schultern sind abgesenkt und breit. Auch die Rotationsbewegung des Beckens (die ein starkes Auf und Ab des Körperschwerpunktes verhindert) sowie die schmalen Hüften und die kräftigen Beinknochen sind für den aufrechten Gang und raumgreifendes Schreiten optimiert.

Sein Körperbau macht *Homo ergaster* zum perfekten Langstreckenläufer

Es ist glühend heiß in der Mittagshitze, kaum ein Baum oder Strauch spendet Schatten. Doch weil die Wanderer schlank gebaut sind und wahrscheinlich viele Hautdrüsen besitzen, über die sie Wasser verdunsten, und weil sie zudem wohl nur schwach behaart sind, können sie die innere Wär-

Eine Grenze – aber nicht das Ende
Auch als *Homo ergaster* nach Tausenden Kilometern das Mittelmeer erreicht, beendet er seine Wanderung nicht. Er ändert nur die Richtung – und zieht nach Osten weiter

me gut nach außen ableiten und ausdauernd in der Hitze marschieren. Ihre Leiber glänzen vor Schweiß; vermutlich ist die Haut zum Schutz vor der Sonne dunkel pigmentiert. Die Physis der Geher ist ideal, um lange Entfernungen zurückzulegen.

„Homo ergaster" werden Wissenschaftler diesen Wanderer und Vorläufer des modernen Menschen später nennen: weil sie seine Überreste in einer Sedimentschicht zusammen mit Steinwerkzeugen finden – *ergaster* nach dem griechischen Wort *ergastikós* für „arbeitsam, tätig". (Manche Wissenschaftler klassifizieren diesen Urmenschen auch als frühen afrikanischen *Homo erectus.*)

Vor allem aber ist *Homo ergaster*, dessen älteste Funde rund 1,9 Millionen Jahre alt sind und aus der Gegend des Turkanasees in Kenia stammen, ein Langstreckenläufer. Seine Steinwerkzeuge schleppt er oft mit sich, wenn

Der erste Wanderer braucht Eiweiß als Energiequelle für sein großes Gehirn

er in die offene Graslandschaft aufbricht. Es sind mit groben Hieben behauene Geröll- oder Flusssteine sowie Abschlagsplitter, die als Messer und Schaber dienen.

Homo ergaster hat sie stets dabei, wenn er auf die Suche nach Nahrung geht, etwa dem Kadaver eines Gnus oder einer Antilope, die an einer Wasserstelle von einer Säbelzahnkatze gerissen wurde. Wenn das Raubtier seinen Hunger gestillt hat, gilt es, die Aasreste mit schnellen Schnitten zu zerlegen und auszuweiden, ehe sich die Hyänen darüber hermachen oder die in der Luft kreisenden Geier die Beute erspähen.

Das rohe, blutige Aas ist für *Homo ergaster* nicht nur genießbar, sondern wird von ihm begehrt. Denn es ergibt wertvolle Mahlzeiten, wie sie der Läu-

Ankunft im Kaukasus
Ungefähr 100 000 Jahre nach dem Aufbruch von *Homo ergaster* aus Ostafrika erreichen seine Nachfahren das heutige Georgien. Wissenschaftler finden dort Tausende Steinwerkzeuge – und Überreste von Steppennashörnern

fer mit seinem großen Körper und dem Energie verzehrenden Gehirn benötigt. Und die Antilopenknochen, die unter den Schlägen der Geröllsteine zerbersten, enthalten köstliches, fetthaltiges Mark.

Kilometerweit trabt *Homo ergaster* daher mit seinen Werkzeugen durch die Savanne. Wahrscheinlich ist er es gewohnt, vertraute Landstriche zu verlassen, sich auf den Weg zu machen, um neue Gegenden zu durchstreifen und so seinen Aktionsradius zu erweitern.

Irgendwann vor etwa 1,9 Millionen Jahren muss eine Gruppe dieser Langstreckengeher beschlossen haben, sich weiter als jemals zuvor ins Unbekannte vorzuwagen. Sie marschieren vermutlich vom heutigen Kenia aus immer weiter Richtung Norden und kehren nicht mehr zurück.*

Es ist ein Aufbruch ins Ungewisse – und ein lebensgefährliches Abenteuer, denn die offene Savanne bietet wenig Schutz vor Feinden. Jederzeit können Raubkatzen oder andere Beutegreifer die Urmenschen attackieren.

Niemand weiß heute, was die Pioniere ansporn, dieses ungeheure Risiko auf sich zu nehmen. Vielleicht ist es Neugier, Sehnsucht – oder Wanderlust.

Wahrscheinlich aber ist das Motiv, das sie in die Ferne lockt, viel schwächer als das, was sie forttreibt. Sie haben wohl einen guten Grund, ihre Heimat zu verlassen, womöglich plagen sie eine Dürre oder von Parasiten übertragene Leiden wie Malaria und Schlafkrankheit. Vielleicht drängen sich dort zu viele Menschen, und die Nahrung ist knapp.

Und so beschließen die Aasesser, ihrer Beute zu folgen, und ziehen den großen Tierherden auf dem Weg in nördlichere Regionen hinterher.

Es ist ein Schritt, wie ihn in diesem Ausmaß nie zuvor ein menschenähnliches Wesen gewagt hat. Denn mit ihm beginnt der Exodus: Vorläufer des modernen Menschen verlassen nicht nur ihre Heimat. Sie verlassen bald darauf auch Afrika und erschließen fremde Kontinente.

Mit dem Aufbruch von *Homo ergaster* beginnt eine beispiellose Erfolgsgeschichte innerhalb der Evolution. Rund 1,8 Millionen Jahre später wird *Homo sapiens*, ein Nachfahre der ersten Pioniere, sich aufmachen und sämtliche Erdteile besiedeln.

Der lange Marsch
In einem riesigen Höhlenkomplex bei Beijing entdecken Forscher die 780 000 Jahre alten Knochen von mehr als 50 Urmenschen – der Beweis, dass Nachfahren des *Homo ergaster* bis nach Zentralasien vorgedrungen sind

NUR ERSTAUNLICH kurze Zeit vergeht zwischen dem ersten Erscheinen von *Homo ergaster* im östlichen Afrika und dem Aufbruch. Vermutlich entwickelt sich der Langstreckenläufer vor knapp zwei Millionen Jahren aus einer urtümlicheren Menschenart, dem *Homo rudolfensis* (siehe Seite 24).

Homo ergaster mit seinem flachen, weniger schnauzenartigen Gesicht, dem hohen Wuchs und dem menschenähnlichen Skelett unterscheidet sich von seinem Vorfahren nicht nur durch seine Statur, sondern auch durch das relativ große Gehirn, das rund 900 Kubikzentimeter misst – und damit mehr als 20 Prozent größer ist als das eines *Homo rudolfensis*.

Da seine Hirngröße etwa der eines einjährigen Kindes gleicht, übertrifft Ergaster an Intelligenz vermutlich bereits andere menschenähnliche Spezies, mit denen er seinen Lebensraum teilt – etwa den gedrungenen *Homo habilis*, der vor 2,1 Millionen Jahren entstanden ist, ebenfalls aufrecht gehen kann und Werkzeuge benutzt, aber viel kürzere Beine und sehr lange Arme besitzt und über ein Gehirnvolumen von nur etwa 550 Kubikzentimetern verfügt. Oder ein den Menschenaffen ähnlicheres

* Niemand weiß, wie groß die zurückgelegten Teilstrecken waren. Im Schnitt gerechnet sind es zwei bis vier Kilometer pro Jahr.

Geschöpf namens *Paranthropus boisei*, das teils noch in den Bäumen lebt, mit langen Armen, aufwärts gerichteten Schultergelenken und gebeugten Fingern zum Hangeln und Klettern ausgestattet ist und dessen Gehirn nur 400 bis 545 Kubikzentimeter misst.

Es ist eine Zeit großer klimatischer Veränderungen: Bereits vor etwa 2,5 Millionen Jahren hat die Abkühlung des Globus einen Tiefpunkt erreicht; beide Pole tragen auch jetzt noch, 600 000 Jahre später, Eiskappen. In Ostafrika ist der immergrüne tropische Regenwald geschrumpft, Savannen haben sich ausgedehnt, Busch- und Graslandschaften sind entstanden.

Und es gibt seither einen Wechsel der Jahreszeiten: Während Regen früher gleichmäßig über das ganze Jahr verteilt fiel, erstrecken sich nun Trockenzeiten über mehrere Monate.

Diese Monate ohne Regen sind für alle Savannenbewohner eine große Herausforderung. Pflanzenesser wie die Australopithecinen finden nur wenige genießbare Gewächse.

Sie verändern sich daraufhin zu Spezialisten, entwickeln einen robusten Kiefer, mächtige Kaumuskeln und gewaltige Backenzähne, mit denen sie auch zähe, trockene Pflanzen, Grassamen und Wurzelknollen zermahlen können.

Die Zähne und der Kiefer von *Homo ergaster* eignen sich nicht dazu, ausschließlich verdorrte Grashalme zu zerkleinern. Aber dank seiner wahrscheinlich überlegenen geistigen Fähigkeiten ist er geschickt genug, um Hilfsmittel bei der Nahrungssuche einzusetzen: Er scharrt mit Steinwerkzeugen Knollen und Wurzeln im Boden frei, schlägt Nüsse auf.

Das große Gehirn hat freilich auch einen Nachteil: Es verbraucht enorme Mengen an Energie: 22-mal so viel wie ein einfacher Skelettmuskel. Insgesamt setzt es 20 bis 30 Prozent dessen um, was der Körper an Energie benötigt. *Homo ergaster* müsste eigentlich viel mehr essen als andere Primaten mit vergleichbarem Gewicht. Doch das ist in den Trockenzeiten sehr schwierig und zeitaufwendig.

Tatsächlich aber verbrauchen die Urmenschen keine zusätzliche Energie – dank einer evolutionären Anpassung. Denn der Darm (ein Organ mit ebenfalls sehr hohem Energieumsatz) ist bei ihnen im Vergleich zu anderen Primaten verkürzt; er wiegt fast 800 Gramm weniger, als es aufgrund ihrer Körperstatur zu erwarten wäre.

Dazu ist es vermutlich deshalb gekommen, weil Ergaster seine Ernährung auf gut verdauliche Bestandteile umgestellt hat, die der kürzere Darm verarbeiten kann, Fleisch etwa. Die veränderte Ernährung ermöglichte die Ausbildung eines größeren Gehirns, das nach reichhaltigen und hochwertigen Mahlzeiten verlangt, darunter wertvolle Proteine.

Es ist ein wechselseitiger Prozess der Anpassung: Indem das Gehirn leistungsfähiger wird, kann *Homo ergaster* – etwa durch Nahrungssuche in der Gruppe – erfolgreicher an tierische Proteine gelangen. Weil diese Eiweiße wiederum leichter verdaulich sind, kann der Darm verkürzt und die eingesparte Energie in ein weiteres Wachstum des Gehirns investiert werden.

Und so wird Aas ein wesentlicher Nahrungsbestandteil von Ergaster – vor allem in der Trockenzeit. Die Urmenschen entwickeln dabei offenbar eine erstaunliche Strategie.

Mit ihren langen Schritten durchstreifen sie große Gebiete. Sie wagen sich zu Wasserstellen vor, die während der Trockenzeit weiter voneinander entfernt sind und manchmal von Uferwäldern gesäumt werden. Gebiete um Quellen und Tümpel gehören oft zum Jagdrevier von Großkatzen, etwa Leoparden; sie lauern den Tieren auf, die hier ihren Durst stillen, und zerren ihre Beute auf Bäume, um sie nicht mit den Hyänen teilen zu müssen.

Der Weg dorthin führt durch die offene Savanne, wo Raubtiere, Hyänen, einige Affenarten sowie die Hitze eine ständige Bedrohung sind. Es erfordert eine erhebliche Intelligenz, diesen Gefahren auszuweichen und dann an das begehrte Aas zu gelangen.

Wenn die Großkatze satt ist und die Beute verlässt, schleicht sich *Homo ergaster* heran und löst mit raschen Schnitten seiner Steinklinge das restliche Fleisch von den Knochen.

Äußerst geschickt sind die Aasräuber, und möglicherweise ist es kein Zufall, dass um diese Zeit mehrere Hyänenarten aussterben. Vielleicht gehen die Urmenschen sogar gelegentlich schon selbst auf die Jagd, doch dafür fehlen bislang archäologische Belege.

Fest steht, dass sie nicht nur Fleisch essen – das würde in der Trockenzeit zu durstig machen, weil dessen Verdauung Wasser verbraucht. Sie ernähren sich sowohl von Aas wie auch von Pflanzen, etwa ausgegrabenen Wurzelknollen.

Besonders in der Regenzeit, wenn die Kadaver nicht unbedingt an den Wasserstellen zu finden sind, sondern sich auf ein viel größeres Gebiet verteilen, und es noch riskanter wäre, nach ihnen zu suchen, verspeisen die Savannen-Geher vermehrt Früchte, Samen und Honig, auch Insektenlarven, Vogeleier, Echsen und andere Kleintiere.

Geschickt nutzt *Homo ergaster* so das Nahrungsangebot, das die Savanne übers Jahr bietet. Nur auf Fleisch kann der Marschierer mit dem großen Gehirn nicht dauerhaft verzichten.

Vielleicht also wagen einige Pioniere deshalb den Aufbruch und folgen dem Zug der Tierherden.

Die Ersten, die ihre Heimat in Ostafrika verlassen, ziehen in Richtung Norden. Niemand vermag heute zu sagen, wie viele sich vor etwa 1,9 Millionen Jahren auf dieses Abenteuer einlassen. Und wie sie sich über das riskante Unternehmen verständigen.

> *Homo ergaster* ist nur die erste von vier Menschenarten, die Afrika verlassen

Möglich, dass die Wanderer über Ansätze zu einer Sprache verfügen und sich in einfachen Lauten mitteilen können. Jedoch zeigen Brustwirbelknochen von *Homo ergaster*, dass der Kanal für das Rückenmark recht eng war und nicht so viel Platz für jene Nervenstränge ließ, die dem modernen Menschen erlauben, seine Atemmuskulatur präzise zu steuern (siehe Seite 48).

Lange Sätze können die Marschierer wohl noch nicht artikulieren; es ist eher unwahrscheinlich, dass sie eine voll entwickelte Sprache besaßen.

Aber sie sind soziale Wesen, und gewiss brechen sie nicht allein, sondern in kleinen Gruppen auf. Die Clan-Mitglieder muss ein starker Zusammenhalt untereinander verbinden – nur so können sie überhaupt in der lebensfeindlichen Umgebung bestehen.

Denn ihre Existenz wird nun viel risikoreicher. Die Streifgebiete in Ostafrika waren ihnen von vielen Beutezügen her vertraut – das neue Terrain unterwegs dagegen ist völlig unbekannt. Und den Herden, denen sie vermutlich folgen, lauern ja auch Leoparden und andere Großkatzen auf, denen sie Aas entwenden müssen.

In Europa werden spätere Auswanderer zum Neandertaler

Vor einer Attacke dieser Jäger könnten auch die Urmenschen mit ihren langen Beinen nicht schnell genug fliehen. Notfalls setzen sie wohl ihre Steinwerkzeuge als Wurfgeschosse ein.

Die Wanderer wissen nie, wo die nächste Wasserstelle liegt und was sie hinter dem Horizont erwartet. Mehr noch als zuvor müssen sie sich in der Savanne auf ihre geistigen Fähigkeiten verlassen, Gefahren erspüren und ihnen ausweichen, die Nahrungsquellen erkennen und gangbare Routen finden.

Zugleich wirken diese täglichen Herausforderungen – vor allem die Herstellung und der Gebrauch von Werkzeug – wohl positiv auf ihr Denkvermögen zurück. Sie lernen, in der Fremde zu bestehen. Auch, weil sie es gewohnt sind, Aufgaben in der Gruppe zu verteilen (das jedenfalls nehmen Wissenschaftler an, selbst wenn sich diese Überlegungen nie endgültig beweisen lassen werden).

Vermutlich besorgen die Männer als Aasräuber Fleisch und Knochenmark, die Frauen belohnen sie dafür mit Sex. Wenn die Mütter nicht Knollen sammelnd durch die Savanne streifen müssen, bleibt ihnen mehr Zeit, sich um den Nachwuchs zu kümmern – eine dringende Notwendigkeit.

Denn die Kinder sind lange auf elterliche Fürsorge angewiesen; das Gehirn von *Homo ergaster* reift erst nach der Geburt zu voller Größe – sonst würden die Säuglinge nicht durch den engen Geburtskanal ihrer schmalhüftigen Mütter passen (ähnlich ist es beim modernen Menschen: Babys kommen mit einem relativ kleinen Gehirn auf die Welt; erst mit 16 Jahren ist das Organ vollständig ausgewachsen).

Die gemeinsame Sorge um den Nachwuchs begünstigt die natürliche Selektion langfristiger Bindungen zwischen den Eltern, die vielleicht schon als Paar zusammenleben. Möglich, dass auch die Großmütter ihre Töchter entlasten, indem sie ihnen die Aufgabe abnehmen, nach Wurzelknollen zu graben. Weil die Mütter so noch mehr Muße haben, sich um die Kinder zu kümmern, sterben weniger Nachkommen in jungen Jahren.

Wachsen die Gruppen so stark an, dass das Sozialgefüge zu kompliziert oder die Nahrung zu knapp wird, teilen sich die Clans wohl wieder auf.

So erobern die Auswanderer immer mehr Terrain.

UNMÖGLICH ZU SAGEN, wie weit die ersten Gruppen kommen, ob nur ein Dutzend oder mehrere Hundert Kilometer. Ob sie sich bald niederlassen oder weiterziehen. Aber sie haben einen Exodus ausgelöst. Denn der Strom der Wanderlustigen aus Ostafrika scheint nicht mehr abzureißen. Generation folgt auf Generation. Und so gelangen die Clans immer höher in den Norden des Kontinents hinauf.

Sie überschreiten bald die Grenze des heutigen Kenia, durchqueren vielleicht Äthiopien, Eritrea oder den Sudan, erreichen wohl Ägypten. Nach rund 1000 weiteren Kilometern sehen die Urmenschen erstmals das Mittelmeer in der Sonne schimmern. Ihnen muss die funkelnde See als ein gewaltiges Hindernis erschienen sein, denn Boote vermögen sie noch nicht zu bauen.

So folgen sie der Küstenlinie, die wegsamer ist als das Landesinnere, und marschieren Richtung Osten.

Dann wenden sie sich wieder nordwärts, erreichen Israel, wo Forscher dereinst 1,9 Millionen Jahre alte steinerne Artefakte aus dem Boden graben werden, und dringen bis nach Syrien vor.

Hier in der Levante herrscht ein angenehmes Klima, bieten die Flusstäler reichlich Nahrung. Doch die Wanderer ziehen weiter, sie durchqueren die heutige Türkei und überqueren vor spätestens 1,8 Millionen Jahren den Kleinen Kaukasus.

Denn dort, wo sich heute auf einem Hügel die georgische Stadt Dmanisi erhebt, rund 80 Kilometer südwestlich der Hauptstadt Tiflis, werden Wissenschaftler später die Fossilien von insgesamt sechs Nachfahren des Langstreckengehers sowie Tausende sehr einfache Steinwerkzeuge finden.

Sie nennen diese neue Menschenart, die sich in der Zwischenzeit entwickelt haben muss und die sich unter anderem durch ihre geringere Körpergröße vom *Homo ergaster* unterscheidet, *Homo georgicus.**

Binnen etwa 100 000 Jahren – nach den Maßstäben der Evolution keine sehr lange Zeitspanne – haben *Homo ergaster* und sein Nachfolger, der *Homo georgicus,* die Entfernung zwischen zwei Orten überwunden, die durch eine Luftlinie von etwa 4300 Kilometern voneinander getrennt sind (siehe Karte Seite 6).

EIN ZWEITER Hauptstrom der ersten Wanderer ist möglicherweise bereits weit vor dem Kaukasus gen Osten abgezweigt. Er trägt die Marschierer in noch viel entlegenere Regionen, lässt sie die erstaunliche Entfernung von rund

* Da sich einige Schädelfragmente durch ihre primitiveren Merkmale von den anderen in Dmanisi gefundenen unterscheiden, vermuten manche Forscher, dass es sich dabei um Reste des gedrungeneren *Homo habilis* handelt. Das würde bedeuten, dass es neben dem Aufbruch des Ergaster noch den Exodus einer weiteren Menschenart gegeben hat.

Die neue Beute
In Niedersachsen finden Forscher 400 000 Jahre alte Speere und Knochen einer Herde von Wildpferden – Beutetiere von *Homo heidelbergensis,* einem Nachfahren afrikanischer Auswanderer

13 000 Kilometern zurücklegen: Es ist ein Marsch um die halbe Welt, bis nach Asien und Indonesien.

Die Route dorthin führt wohl auch über den Nahen Osten. Oder sie knickt schon vorher zur südöstlichen Spitze der Arabischen Halbinsel ab, führt zum Persischen Golf, über die damals möglicherweise zu Fuß passierbare Meerenge von Hormuz weiter nach Indien und schließlich tief hinab in den Fernen Osten, bis nach Java.

Zur Zeit der ersten Auswanderung hat sich wegen der im arktischen und antarktischen Eis gebundenen Wassermassen der Meeresspiegel um die indonesische Insel abgesenkt; Landbrücken verbinden Java mit dem asiatischen Festland. So können die Auswanderer trockenen Fußes dorthin gelangen.

Denn Java erreichen die Wanderer erwiesenermaßen – Forscher haben auf der Insel an gleich mehreren Fundstellen Fossilien geborgen, die ältesten sind etwa 1,8 Millionen Jahre alt. Sie stammen von einer Menschenart, die sich wie *Homo georgicus* aus dem Ergaster entwickelt hat und sich durch etliche Merkmale von diesem unterscheidet.

Homo erectus, wie die Paläoanthropologen diesen nach Asien emigrierten *Homo ergaster* nennen, hat eine dickere Schädeldecke als seine afrikanischen Vorfahren, seine Überaugenwülste sind ausgeprägter, die Backenzähne größer.

Letzteres mag eine Anpassung an die Ernährungsgewohnheiten sein. Denn vermutlich kauen die Eroberer Javas häufig pflanzliche Nahrung, etwa harte Früchte, die in der üppigen Vegetation das ganze Jahr über gedeihen.

Die Trockenzeit fällt auf Java sehr kurz aus: So besteht weniger Notwendigkeit, nach Aas zu suchen, wenngleich die Ankömmlinge auch große Insekten und kleine Wirbeltiere verzehren, die sie wohl mit der Hand fangen.

Später dringt der asiatische *Homo erectus* sogar bis in das heutige China vor. Der Ferne Osten wird den Neuankömmlingen offenbar für lange Zeit zur Heimat. In Zhoukoudian, 50 Kilometer südwestlich von Beijing, finden Forscher in einem riesigen Höhlensystem Knochen von mehr als 50 Urmenschen der Art *Homo erectus* sowie 17 000 Steinwerkzeuge, die sie auf ein Alter von bis zu 780 000 Jahren datieren.

China und Indonesien sind indes Sackgassen der Evolution (auch wenn Erectus erst vor 40 000 Jahren ausstirbt). Die Ursprünge modernerer Menschenformen führen wieder zurück nach Afrika, ins Stammland des *Homo ergaster*.

ETWA 700 000 JAHRE vergehen nach dem ersten Exodus, ehe sich – vermutlich erneut von Afrika aus – ein Nachfahre des Langstreckenläufers wieder auf den Weg macht, diesmal nach Südeuropa. In einer Höhle in der nordspanischen Sierra de Atapuerca finden Wissenschaftler im Jahr 2007 ein Unterkiefer-Fragment, dessen Alter sie auf 1,2 Millionen Jahre schätzen (siehe Seite 52).

In der langen Zeit dazwischen mögen einzelne Gruppen die mittlerweile bekannten Pfade nach Asien und Indonesien immer wieder mal beschritten haben. Doch der breite Strom der Auswanderer reißt auf längere Zeit ab.

Möglicherweise ist den Urmenschen in Afrika die Route zu beschwerlich geworden. Die immer extremer werdenden Klimaschwankungen mit ihren Perioden globaler Abkühlung machen den Norden des Kontinents fast unbewohnbar, und eine gewaltige Wüste dehnt sich aus zwischen Afrika und Eurasien. Nur in wärmeren Zwischenphasen, in denen Grasland und Savannen die Wüste ablösen, ist eine Wanderung in die Alte Welt und nach Asien möglich.

Memo: **AUFBRUCH AUS AFRIKA**

- **Durch eine gobale Abkühlung** schrumpft vor 2,5 Millionen Jahren in Afrika der Regenwald; Savannen entstehen.
- **Homo ergaster** entwickelt sich vor 1,9 Millionen Jahren. Er ist an das Leben in der Savanne angepasst: Kräftige Beine und gewölbte Füße erlauben ihm kilometerlange Märsche.
- **Sein großes Gehirn** wird durch eiweißreiche Kost noch leistungsfähiger.
- **Vor 1,9 Millionen Jahren** beginnt er seine große Wanderung und gelangt bis nach Europa und Asien.

Unterdessen erobert *Homo ergaster* nach und nach große Teile des afrikanischen Kontinents. Forscher finden jüngere Fossilien dieses Urmenschen – Alter: zwischen 1,9 und etwa 1,5 Millionen Jahren – nicht nur in Kenia, sondern auch in Äthiopien, Tansania und Südafrika. (*Homo rudolfensis* und *Homo habilis* scheinen hingegen vor etwa 1,8 beziehungsweise 1,6 Millionen Jahren auszusterben.)

Der Langstreckenläufer lernt, Feuer zu meistern. Die Spuren sind eindeutig, denn Lagerfeuer hinterlassen andere Reste im Boden als Brände, die zufällig entstanden sind: Die höheren Temperaturen backen die oxidierte Erde unter der Feuerstelle zu einer schalenförmigen Schicht zusammen und magnetisieren sie hochgradig.

Homo ergaster muss jetzt also nicht mehr nur rohes Fleisch essen, er kann seine Beute auch grillen. Gebeine von Antilopen, Zebras, Warzenschweinen und Pavianen aus der südafrikanischen Swartkrans-Höhle zeigen unter dem Mikroskop charakteristische Veränderungen, wie man sie von Tierknochen kennt, die in Lagerfeuern verbrannt sind.

DANN KOMMT ES zum dritten Exodus. Aus Nachfahren des *Homo ergaster* entwickeln sich vor rund 600 000 Jahren die nächsten Auswanderer.

Auch in ihnen mischen sich menschliche und primitive Züge: Der Hinterkopf ist abgerundeter, die Stirn höher. Das Gehirn erreicht ein Volumen von 1200 bis 1300 Kubikzentimetern. Allerdings sind die Schädelknochen und das übrige Skelett noch sehr massiv gebaut und die Überaugenwülste ausgeprägt, der Oberkiefer steht deutlich vor, und es fehlt ein Kinn.

Forscher nennen diese Menschenart *Homo heidelbergensis*.* Clans dieses Homininen verlassen bald ihre afrikanische Heimat. Und sie tragen eine technische Revolution in die Alte Welt. Denn die Auswanderer der dritten Welle sind weitaus besser ausgerüstet für ein Leben in der Fremde als ihre Vorgänger.

Sie haben Faustkeile dabei, als sie gen Norden aufbrechen und sich vermutlich wieder einen Weg durch den Nahen Osten und Kleinasien bahnen.

In Afrika sind die Werkzeuge seit Langem vertraut, erfunden wurden sie wohl schon vor rund 1,6 Millionen Jahren – in Europa und Asien dagegen sind sie noch gänzlich unbekannt.

Die neuen Hilfsmittel verlangen von den Werkzeugmachern erheblich mehr Verstand, Geschick und Vorausplanung als die bisher nur recht grob beschlagenen Geröllsteine, wie sie ähnlich sogar von Menschenaffen hergestellt werden können.

Die Produzenten dieser Faustkeile müssen über Fantasie verfügen und in die Zukunft denken können. Denn ein Faustkeil lässt sich nicht durch ein paar zufällige Hiebe einem Steinblock abgewinnen. Die Spezialisten müssen das Endprodukt schon vor Augen haben, wenn sie mit der Arbeit beginnen.

Inzwischen verfügen die Menschen also offenbar über weitaus größere geistige und technische Fähigkeiten als ihre Vorgänger. Zudem sind die Steingeräte sehr einheitlich geformt – so als folgten sie einem genormten Bauplan:

Vom freigelegten Kern eines Quarz-, Flint-, Lava- oder Kieselbrockens schlagen die Macher mit einem zweiten Stein Stücke ab, bis sie zwei glatte Flächen erhalten, die in einer scharfen Schneide zusammenlaufen. Zugleich verjüngen sie den 15 bis 30 Zentimeter langen Stein, bis er eine tropfenförmige Gestalt erhält. Am breiten Ende ist er abgerundet, sodass er gut in der Hand liegt, vorn läuft er in eine scharfe Spitze aus.

Dieser Faustkeil mit Schneide und Spitze lässt sich vielfältig einsetzen (obwohl er noch nicht an einem hölzernen Griff befestigt wird): als Messer, Handaxt, Beil oder Pickel.

Man kann mit ihm Fleisch besser zerteilen oder Holz schnitzen, Knollen aus

* Diese etwas irritierende Klassifizierung ist abgeleitet von einem Unterkiefer, den Arbeiter 1907 in einer Sandgrube südöstlich von Heidelberg finden und dessen Alter auf 400 000 bis 600 000 Jahre geschätzt wird. Aber auch in Afrika – etwa in Äthiopien – lebte *Homo heidelbergensis* schon vor 600 000 Jahren.

dem Boden scharren, Rinde von Bäumen schälen, um an das nahrhafte Pflanzengewebe darunter zu gelangen.

Sicher ist: Erst mit dem Exodus von *Homo heidelbergensis* gelangt die technische Neuerung von Afrika in den Nahen Osten und nach Europa. Denn die ältesten europäischen Funde von Faustkeilen, etwa bei Heidelberg sowie in England, sind etwa 600 000 Jahre alt.

HOMO HEIDELBERGENSIS breitet sich, so zeigen Funde, von Afrika nach Israel, Italien, Griechenland und Ungarn aus, nach Frankreich, Deutschland und England. Auch in China sind an mehreren Plätzen Fossilien gefunden worden, die dem Typus ähneln. Möglicherweise haben im Fernen Osten *Homo erectus* und *Homo heidelbergensis* eine Zeit lang nebeneinander gelebt.

Die Neusiedler sind nun eindeutig keine Aasräuber mehr, sondern betreiben selbst die Jagd. Bei Schöningen in Niedersachsen lassen sie in einem vorzeitlichen See acht hölzerne Wurfspeere zurück, die etwa 400 000 Jahre alt sind. Die 1,80 bis 2,70 Meter langen Waffen sind an beiden Enden angespitzt und müssen mit der Präzision moderner Wettkampfspeere durch die Luft geflogen sein.

Nicht weit entfernt liegen zerlegte Knochen von Wildpferden: Offenbar haben die Jäger ihre Beute erst in den See getrieben und dann erlegt.

Auf der Insel Jersey fanden Wissenschaftler unterhalb von Klippen die Fossilien von Nashörnern und anderen großen Säugetieren, an den Gebeinen sind Schnittspuren der Metzgerarbeit zu erkennen. Vermutlich haben Menschen die Tiere über den Rand des Felsens getrieben und dann zerteilt.

All dies spricht für ein hohes Maß an Planung und lässt abermals gewachsene geistige Fähigkeiten erkennen.

Vor etwa 300 000 Jahren beginnt *Homo heidelbergensis,* noch fortschrittlichere Werkzeuge herzustellen: Es sind kunstvoll in mehreren Arbeitsgängen behauene Steinkerne, die am Ende Schneidmesser oder scharfkantige Steinschuppen ergeben. Die Erfinder benutzen sie als Speerspitzen oder befestigen sie an hölzernen Griffen. So halten sie plötzlich Werkzeuge und Waffen in den Händen, die weitaus wirkungsvoller sind als die alten Faustkeile: Sie können sie mit ungleich größerer Schlagkraft einsetzen.

In Europa sind die Auswanderer starken Klimaschwankungen ausgesetzt: Während der Kaltzeiten schieben sich Gletscher bis nach England und Dänemark vor, in den kühlsten Perioden ist wohl nur der Mittelmeerraum besiedelbar.

So kommt es zu markanten physischen Veränderungen: Die Beine werden stämmiger, der ganze Körper muskulöser. Aus dem europäischen *Homo heidelbergensis* geht vor rund 200 000 Jahren der Neandertaler hervor, der auch die Alte Welt und den Nahen Osten besiedelt (siehe Seite 64).

Ungefähr zur gleichen Zeit, wenngleich unter anderen klimatischen Bedingungen, entwickelt sich in Afrika aus *Homo heidelbergensis* eine neue Art: *Homo sapiens*, der moderne Mensch.

Und dann, ein letztes Mal in der langen Geschichte der Menschwerdung, wandert vor etwa 60 000 Jahren eine Spezies vom afrikanischen Kontinent aus. Dieser vierte Exodus, der des *Homo sapiens,* ist der erfolgreichste.

Denn der moderne Mensch erobert nach und nach die ganze Welt. Und verdrängt sämtliche Vorfahren und Nebenlinien des modernen Menschen: vor 40 000 Jahren den asiatischen *Homo erectus*, vor 27 000 Jahren den Neandertaler und vor 12 000 Jahren den *Homo floresiensis* – eine auf der indonesischen Insel Flores lebende Zwergenvariante des *Homo erectus* (siehe Seite 78).

Der *Homo floresiensis* ist ein später und durch eine seltsame Laune der Evolution geschrumpfter Nachfahre des *Homo ergaster* – jenes hochgewachsenen Langstreckenläufers, der vor 1,9 Millionen Jahren den afrikanischen Kontinent verließ.

Und der ihn als Erster wagte: den Aufbruch ins Unbekannte. □

Dr. Ralf Berhorst, 43, ist Autor in Berlin. **Christian Schneider**, 31, ist Illustrator in Hamburg. Wissenschaftliche Beratung: Prof. Winfried Henke, Anthropologe an der Johannes-Gutenberg-Universität Mainz.

Text: Ute Eberle

Die Geburt der Sprache

Bereits die Vorfahren des Menschen beginnen vor rund zwei Millionen Jahren erste Laute zu formen und sich akustisch zu verständigen. Doch erst *Homo sapiens* schafft den Sprung zu einer wahrhaft kreativen Sprache

Der Mensch ist eigentlich ein wenig bemerkenswertes Tier. Er kann nicht fliegen. Er kann nicht 1500 Meter tief tauchen wie ein See-Elefant oder 110 km/h schnell sprinten wie ein Gepard. Und vieles von dem, was er in seiner Entwicklungsgeschichte erreicht hat, haben auch andere Spezies im Ansatz vollbracht. Ameisen betreiben Landwirtschaft, manche Krähen benutzen Werkzeuge, Schimpansen verbünden sich gegen Rivalen.

In einer Hinsicht jedoch ist der Mensch unter den Lebewesen einmalig: Er besitzt Sprache.

Wale singen, Bienen kommunizieren durch Tanz, bestimmte Affenarten stoßen unterschiedliche Warnrufe aus – je nachdem, welches Tier sich nähert. Doch nur der Mensch verfügt über ein System, mit dem er eine begrenzte Zahl von Lauten (oder Gesten) stets neu kombinieren kann, um sich komplex auszudrücken.

Mehr als 250 000 Wörter umfasst allein die deutsche Sprache. Hervorgebracht werden sie aus rund 40 Stimmtönen. Und nach bestimmten Regeln können wir sie zu beliebig vielen Sätzen zusammenfügen.

Verbale Kommunikation ist ein mächtiges Instrument: Wer sie beherrscht, kann effizient Wissen vermitteln und speichern. Er kann abstrakte Konzepte – wie Vergangenheit oder Zukunft – entwickeln und sich Dinge bewusst machen, die jenseits der greifbaren Umwelt liegen. Er kann planen, sich besprechen, Taktiken schmieden. Er genießt einen echten Überlebensvorteil. Doch wie und wann kam der Mensch zu dieser epochalen Fähigkeit?

Paläontologen und Anthropologen ist es in den vergangenen Jahren gelungen, anhand von Skelettfunden nachzuvollziehen, wie sich die Physiologie der Urmenschen veränderte und sie so in die Lage versetzte, erste Worte und Sätze zu formen. Was dabei am Anfang stand – die physiologischen Änderungen oder die ersten Lautäußerungen –, ist schwer zu ermitteln.

Vermutlich war es ein wechselseitiger Prozess: Urmenschen könnten – womöglich von einer Mutation ausgelöst – erstmals Lautäußerungen zur Kommunikation genutzt haben. Jene Individuen, die aufgrund besonderer physiologischer Eignung (etwa eines besonders günstig geformten Rachenraums) diese Laute besser zu formen vermochten, hatten einen evolutionären Vorteil. Hatten sie Nachkommen, die die Laute in neuer Weise kombinieren konnten, waren die wiederum besser gestellt.

So könnten sich im Laufe vieler Generationen sowohl die physiologisch-anatomischen Merkmale als auch die Verwendung von Lauten in einem komplexen Anpassungsprozess immer weiter entwickelt und schließlich zur Sprache geführt haben.

Ein Lebewesen muss zum Sprechen unter anderem seinen Atem kontrollieren: eine Technik, die der Mensch – anders als etwa Schimpansen, die ihren Atem nicht bewusst unterbrechen und wieder fließen lassen können – offenbar schon lange beherrscht.

Das jedenfalls fanden Anthropologen heraus, als sie die Brustwirbel von Urmenschen studierten. Dabei vermaßen sie die Größe jener Kanäle, durch die einst Nerven zur Betätigung der Atemmuskeln liefen. Die Forscher stellten fest, dass diese Kanäle schon beim *Homo ergaster* vor rund 1,9 Millionen Jahren weiter ausfielen als bei Vormenschen. Größere Kanäle aber bedeuten mehr Nerven, und das ist ein Hinweis darauf, dass wohl bereits *Homo ergaster* seine Atemmuskulatur steuern konnte.

Das Ohr bot einen weiteren Hinweis. Der Paläontologe Ignacio Martínez vermaß die Gehörgänge einiger über

500 000 Jahre alter Schädel, die in einer nordspanischen Höhle gefunden worden waren, und entdeckte, dass der äußere Gehörgang bei diesen Urmenschen bereits ähnlich geformt war wie bei uns. Und zwar so, dass er Frequenzen zwischen 2000 und 4000 Hertz verstärkt. Das ist die Höhe, auf der Konsonanten schwingen.

Die aber sind für die Verständigung besonders wichtig, da sie mehr als Vokale eine Äußerung definieren. („Dr Hnd bllt" lässt sich mit Fantasie verstehen, „e u e" aber nicht.) Schimpansen – deren Ohren anders geformt sind – hören auf diesen Frequenzen eher schlecht, die Vertreter der Gattung Homo aber offenbar schon lange relativ gut.

Viele Forscher sind deshalb davon überzeugt, dass bereits die ersten Menschen vor rund zwei Millionen Jahren eine akustische Kommunikation zu entwickeln begannen. Anfänglich wurden Laute wohl eingesetzt, um Gegenstände und Vorgänge der unmittelbaren Umwelt zu bezeichnen.

Manche Wissenschaftler vermuten, dass sich die Sprache ursprünglich auf der Basis von Gesten herausbildete: Vormenschen könnten schon vor fünf oder sechs Millionen Jahren ein einfaches System aus Mimik und Gebärden zur Kommunikation genutzt haben. Vielleicht untermalten sie ihre Gebärdensprache auch mit emotionalem Grunzen – und legten so eine wichtige Grundlage für die viel später einsetzende Entwicklung der Lautsprache.

SPÄTER FÜGTEN unsere Ahnen wahrscheinlich bereits erste Wörter zu Kurzsätzen zusammen, ähnlich wie man es heute bei Zweijährigen hört: „Banane haben".

Irgendwann müssen Satz- und Wortformen entstanden sein, die signalisierten, ob man etwa über Vergangenes oder Zukünftiges sprach. Und für solche Fähigkeiten aktivierten unsere Vorfahren Gehirnteile, die eigentlich für andere Vorgänge zuständig waren. So helfen uns heutzutage die Basalganglien – ein stammesgeschichtlich altes Hirnmodul, das wir mit den Amphibien, Reptilien und Vögeln teilen – nicht nur bei der Motorik des Gehens, sondern auch, um unsere Lippen und die Zunge koordiniert zu bewegen und Grammatikkonstruktionen zu bilden. Das Kleinhirn wird aktiv, wenn wir das Verb „fahren" in das Substantiv „Fahrt" umwandeln. Und das Kurzzeitgedächtnis lässt uns erinnern, wie ein Satz begonnen hat, sodass wir auch sein Ende noch verstehen.

Bei der Vernetzung dieser Zentren hilft uns möglicherweise ein Gen namens FOXP2. Menschen, die einen Fehler auf FOXP2 haben, sprechen schlecht. Studien haben gezeigt, dass sich das menschliche FOXP2 an zwei Stellen von den Varianten bei Schimpansen und Gorillas unterscheidet. Noch aber streiten Forscher darüber, wie alt diese Mutationen sind. Und sie suchen weitere Gene, die die Sprachfähigkeit des Menschen beeinflusst haben könnten.

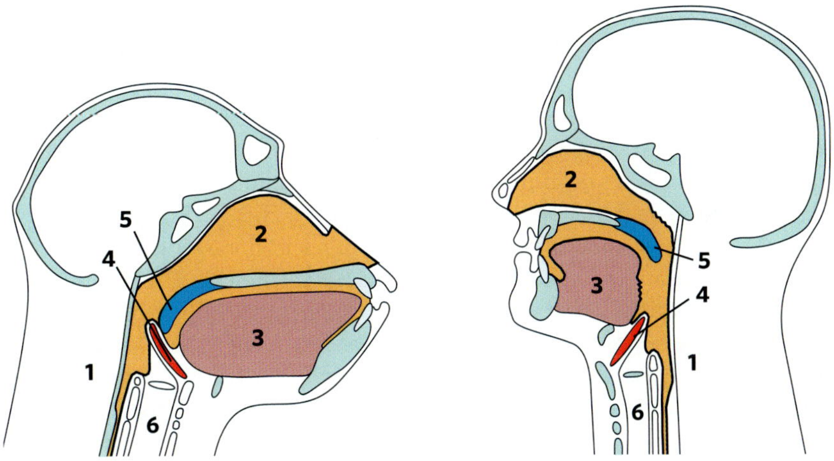

Im Unterschied zum Menschenaffen (oben links) kann *Homo sapiens* (oben rechts) eine Vielzahl von Lauten produzieren – und vermochte eine komplexe Sprache zu entwickeln. Das war möglich, weil der Kehlkopf (1) tiefer liegt und der Nasen-Rachen-Raum (2) so geformt ist, dass die Zunge (3) mehr Raum und Beweglichkeit hat. Nachteil der anatomischen Anpassung: Weil der tiefere Kehldeckel (4) nicht mehr an das Gaumensegel (5) reicht, können Speisebrocken ungewollt in die Luftröhre (6) rutschen

Auch der Neandertaler vermochte höchstwahrscheinlich schon zu sprechen. Unklar ist nur: wie gut. Viele Forscher vermuten, dass die Lautkommunikation lange Zeit über bestimmte Vorstufen nicht hinauskam. So könnten sich Urmenschen bereits dank einer sehr einfachen Protosprache mit nur wenigen Vokalen und Konsonanten verständigt haben.

Doch schaffte vermutlich erst der *Homo sapiens* den Sprung zu einem wahrhaft kreativen Idiom, das effizienten und unbegrenzten Informationsaustausch erlaubt. Diesen Schluss legen die Studien des US-Sprachwissenschaftlers Philip Lieberman nahe, der den Vokaltrakt verschiedener Urmenschen vermessen hat. Liebermans Erkenntnis: Erst in der Neuzeit sank der Kehlkopf so weit ab, dass die ganze Bandbreite moderner Laute möglich wurde.

Weil der Kehlkopf nunmehr tiefer lag, war der Resonanzraum im Mund des modernen Menschen etwa genauso hoch wie lang (bei älteren Menschenformen war er weniger hoch). Mithilfe von Zungenbewegungen können in diesem vergrößerten Resonanzraum sehr unterschiedliche Laute – von „a" bis „i" – produziert werden. Das dürfte eine Voraussetzung dafür gewesen sein, dass der *Homo sapiens* eine komplexere Sprache mit mehr Worten entwickelte.

Die Fähigkeit, eine größere Vielzahl an Lauten zu erzeugen, hatte aber auch einen Nachteil: Denn weil der Kehlkopfdeckel seither beim Menschen tiefer sitzt, können feste Nahrung und Flüssigkeiten versehentlich in die Luftröhre rutschen. Diese besondere anatomische Konstruktion entwickelt sich beim *Homo sapiens* erst allmählich im Laufe der Kindheit: Säuglinge können anfangs problemlos gleichzeitig trinken und atmen; ihr Kehlkopf und damit der Luftröhreneingang sitzen noch sehr hoch im Rachen, sodass die flüssige Nahrung leicht daran vorbei in die Speiseröhre gelangen kann. Doch mit etwa drei Monaten verändert sich dies – Zungenbein und Zunge senken sich langsam im Rachen ab, die Zunge gewinnt mehr Spielraum für die spätere Sprachfähigkeit.

Tatsächlich sterben jedes Jahr viele Menschen durch Ersticken. Das bedeutet: Die Mutationen, die das Absinken des Kehlkopfs bewirkt haben, müssen dem *Homo sapiens* einen derart großen Vorteil gebracht haben, dass sie die Gefahr des Verschluckens überwogen. Die Fähigkeit, komplexe Laute und eine differenziertere Sprache hervorzubringen, muss von entscheidender Bedeutung gewesen sein.

Dazu scheint zu passen, dass unsere Vorfahren wohl vor 75 000 Jahren insgesamt einen Kultursprung machten und begannen, nicht mehr nur nützliche Steinwerkzeuge, sondern vermehrt auch Kunst zu fertigen: Höhlenmalereien, behauene Figuren, eingekratzte Muster in Straußeneiern.

Forscher sehen das als kognitiven Durchbruch: Die Menschen begannen symbolisch zu denken – also in Dingen mehr zu sehen, als zunächst erkennbar war. Eine Muschel mit Loch war nun mehr als das – nämlich Schmuck. Sprache aber wäre ohne die Fähigkeit zu symbolischem Denken überhaupt nicht möglich, denn jedes Wort steht symbolisch für das von ihm Bezeichnete.

Das Sprechen zu erlernen erforderte jedoch nicht nur Intelligenz, es schulte auch unseren Geist. Auffällig ist etwa, wie viel besser als Tiere der Mensch in der Lage ist, komplexe Handlungen zu planen, bei denen jeder Teilschritt erst am Ende einen Sinn ergibt – etwa eine gerade Rute zu schneiden, aus einem Stein eine scharfe Pfeilspitze zu schlagen und beides anschließend zu einem Wurfgeschoss zu verbinden –, und wie sehr dieses Vorgehen dem Bauen von Sätzen ähnelt, bei denen sich die Bedeutung erst aus der Kombination der Einzelelemente ergibt.

Beides wird vom gleichen Gehirnzentrum dirigiert – dem Broca-Areal in der Großhirnrinde. Dieses Gebiet gilt nicht nur als ein wichtiges Sprachzentrum im Gehirn, es steuert wohl ganz allgemein hierarchisch aufgebaute Handlungsfolgen. Und die findet man sowohl bei Bewegungen von Armen und Händen als auch beim Verknüpfen von Worten zu sinnvollen Sätzen.

WESHALB ABER ENTSTAND SPRACHE? Vermutlich gab es viele Faktoren. Als unsere Vorfahren aus den Wäldern in die ungeschützte Savanne zogen, bot es sich an, in größeren Gruppen zu leben. Verbale Kommunikation könnte geholfen haben, diese wachsenden sozialen Beziehungen mit geringem Aufwand zu pflegen. Auch aßen die Urmenschen nun mehr Fleisch, und die Jagd erforderte Kooperation.

Eine Theorie geht zudem davon aus, dass Sprache ihren Anfang bei Müttern und Babys nahm. Vielleicht als Folge der komplexeren Umweltbedingungen begann das Gehirn der Menschen zu wachsen, und die Babys wurden unreifer geboren, weil ihre Köpfe anders nicht mehr durch den Geburtskanal passten. Weil der *Homo sapiens* zudem kein Fell besitzt, an dem sich der unselbstständige Nachwuchs festklammern konnte, musste dieser aktiv getragen werden: Bindungsrituale wurden wichtig. Laute erwiesen sich da sicher als äußerst nützlich für die Mutter-Kind-Beziehung.

Noch heute kann man beobachten, dass Babys vom vierten Monat an – also lange bevor sie sprechen können – „Lall-Duette" mit der Mutter führen, die vor allem der emotionalen Kontaktaufnahme zu dienen scheinen.

Doch auch wenn nicht erwiesen ist, ob das Lallen der früheste oder womöglich sogar der wichtigste Faktor für die Evolution der Sprache war: Für manche Linguisten hallt im Brabbeln der Babys bis heute nach, wie die Entstehung der menschlichen Sprache vor rund zwei Millionen Jahren begonnen haben könnte. Etwa mit Silbenfolgen wie pa-pa-pa, ma-ma-ma, ta-ta-ta.

Auch die ersten Wörter, die unsere Vorfahren bildeten, glauben sie herausgefunden zu haben. Denn als sie Sprachen aus der ganzen Welt verglichen, stellten sie fest, dass mehr als 60 Prozent von ihnen Wörter enthalten, die nicht nur ähnlich klingen, sondern auch das Gleiche bezeichnen – was auf gemeinsame, uralte Wurzeln hinweist.

Auch im Deutschen sind solche Begriffe bis heute erhalten. Zum Beispiel in den Worten „Mama" und „Papa". □

Ute Eberle, 39, wird auf Seite 115 vorgestellt. Wissenschaftliche Beratung: Prof. Dr. phil. Wolfgang Wildgen, Sprachwissenschaftler an der Universität Bremen.

Literaturempfehlung: Ruth Berger, „Warum der Mensch spricht: Eine Naturgeschichte der Sprache", Eichborn; facettenreiche, akribisch recherchierte und spannende Darstellung der Entstehung der Sprache.

GEOkompakt im Vorzugsangebot

Jetzt neue Wissensgebiete erobern und 9 % sparen!

Lesen oder verschenken Sie jetzt GEOkompakt mit einem Geschenk Ihrer Wahl.

Gratis zur Wahl!

1. Umhängetasche
Perfekte Begleitung im schwarz-grauem Retrolook: mit Komfort-Tragegurt, Umschlag und vielen praktischen Organizer-Fächern. Maße: ca. 36 x 12,5 x 31 cm.

2. HEINZELMANN-Radio
Design-Radio mit Wecker, Kalender und Thermometer. Dank des beweglichen Displays hoch und quer aufstellbar. Maße: ca. 18 x 8,2 x 10 cm.

3. GEOkompakt-Schuber + Ausgabe „Das Sonnensystem"
Der Hartkarton-Schuber ist perfekt für Ihre GEOkompakt-Sammlung. Dazu Ausgabe Nr. 21 über die Geschichte unserer kosmischen Heimat.

4. Taschenatlas „Die Welt"
Großer Überblick unserer Erde im handlichen Format: 256 Seiten präzise Karten sowie topaktuelle Daten und Fakten in farbigen Spezial-Lexika.

Verlag: Gruner+Jahr AG & Co KG, Dr. Gerd Brüne, Am Baumwall 11, 20459 Hamburg. AG Hamburg, HRA 102257.
Vertrieb: DPV Deutscher Pressevertrieb GmbH, Dr. Olaf Conrad, Düsternstr. 1, 20355 Hamburg. AG Hamburg, HRB 95 752.

Ja, ich möchte GEOkompakt ...

☐ **... selbst lesen** Bestell-Nr. **734 084** ☐ **... verschenken** Bestell-Nr. **734 085** ☐ **... als Student lesen** Bestell-Nr. **734 086**

Ich bestelle GEOkompakt für zzt. nur €7,75 statt €8,00 (D)/€8,95 statt €9,80 (A)/Fr. 16.00 statt Fr. 17.60 (CH) pro Heft. Als Student lese ich GEOkompakt für jährlich nur €26,40 (D), meine Immatrikulationsbescheinigung habe ich beigelegt. Ich kann die Belieferung jederzeit kündigen. GEOkompakt erscheint zzt. 4x jährlich. Alle Preise inkl. Zustellung und MwSt. Die Zusendung meines Wunschgeschenkes erfolgt nach Zahlungseingang.

Als Geschenk erhalte ich: (Bitte nur 1 Kreuz)
☐ 1. Umhängetasche ☐ 2. HEINZELMANN-Radio ☐ 3. GEOkompakt-Schuber + Ausgabe „Das Sonnensystem" ☐ 4. Taschenatlas „Die Welt"

Name

Vorname

Geburtsdatum 19

Straße, Hausnummer

PLZ Wohnort

Telefon (für evtl. Rückfragen) E-Mail (für evtl. Rückfragen)

☐ Ja, ich bin damit einverstanden, dass GEO und Gruner + Jahr mich künftig per Telefon oder E-Mail über interessante Angebote informieren.

GEOkompakt als Geschenk erhält: (Bitte nur ausfüllen, wenn Sie GEOkompakt verschenken.)

Name, Vorname

Straße, Hausnummer

PLZ Wohnort

Ich zahle bequem und bargeldlos per Bankeinzug

Geldinstitut

Bankleitzahl Kontonummer

Widerrufsrecht: Die Bestellung kann ich innerhalb der folgenden zwei Wochen ohne Begründung beim GEOkompakt-Kunden-Service, 20080 Hamburg, in Textform (z.B. Brief oder E-Mail) oder durch Rücksendung der Zeitschrift widerrufen. Zur Fristwahrung genügt die rechtzeitige Absendung.

X
Datum, Unterschrift

Bestellen leicht gemacht:

Per Post:
GEOkompakt-Kunden-Service,
20080 Hamburg

Per Telefon: (Bitte Bestell-Nr. angeben)
01805/861 80 00
14 Cent/Min. aus dem dt. Festnetz, max. 42 Cent/Min. aus dem dt. Mobilfunknetz.
Abonnenten-Service Österreich und Schweiz: **+49 1805/861 00 00**

Am schnellsten geht's online:
www.geokompakt.de/abo

PERFIL

Das Archiv im Stein

Höhlen sind Tiefkühltruhen der Erdgeschichte: Herrscht in ihnen trockene Kälte, konservieren Knochen so gut wie an keinem anderen Ort. Das ausgedehnte Atapuerca-Höhlensystem in Nordspanien birgt das üppigste fossile Archiv in Europa. Wohl mehr als eine Million Jahre lang wurde es von Frühmenschen aufgesucht und offenbart nun ein fast lückenloses Register der Besiedlung unseres Kontinents

Schon seit rund 30 Jahren arbeiten Forscher während der Sommermonate in den Höhlen von Atapuerca. In der steinernen Halle »El Portalón« haben Archäologen Relikte aus der Bronzezeit entdeckt

Text: Jörg-Uwe Albig
Fotos: Berthold Steinhilber

Los“, sagt Professor Arsuaga. Er rückt die Grubenlampe zurecht und zieht den Reißverschluss des roten Overalls hoch. An den Felswänden strahlen Neonröhren, tauchen den Höhleneingang in sachliches Licht. Durch das Gitter, das ihn nach außen absperrt, grünt Landschaft herein, strahlt die Mittagssonne. Juan Luis Arsuaga aber, Professor für Paläontologie an der ehrwürdigen Universität Complutense in Madrid, stapft quer durch den steinernen Saal bis zum hinteren Rand, wo ein Felsspalt schwarz ins Dunkel führt.

Der Spalt sieht aus wie ein Abgrund ins Nichts. In Wahrheit aber erwartet den Forscher dahinter die Fülle. Denn diese Öffnung führt mitten in das Gebirge, in dem das Wissen wohnt.

Es ist nur ein kleines Gebirge, schmal, knapp unter 1100 Meter hoch. Doch in dieser Kalksteinformation namens Sierra de Atapuerca, 15 Kilometer östlich der nordspanischen Stadt Burgos, 200 Kilometer nördlich der Hauptstadt Madrid, liegt eines der größten Archive der frühen Menschheit verborgen.

Aus seinem Inneren stammen mehr als 90 Prozent der bisher gefundenen Menschenknochen aus dem mittleren Pleistozän – ein fast komplettes Register der bislang bekannten Evolutionsgeschichte aus der Zeit vor 1,5 Millionen Jahren bis in die Gegenwart.

Hier fanden Forscher die bisher ältesten Spuren von Kannibalismus sowie von einer Leichenbestattung. Hier traten die ältesten Überreste jener frühen Menschen ans Licht, die Europa vor mehr als einer Million Jahren besiedelt haben.

Bis in die 1990er Jahre hinein waren die Wissenschaftler sich einig gewesen:

Mehrere Zugänge führen in den labyrinthartigen Höhlenkomplex von Atapuerca, der sich durch ein knapp 1100 Meter hohes nordspanisches Kalksteingebirge zieht

Galería: Vor 400 000 bis 200 000 Jahren suchten anfangs Tiere, später auch Frühmenschen diese Höhle auf

Gran Dolina: Hier fanden sich Fossilien im Alter von 200 000 bis einer Million Jahren

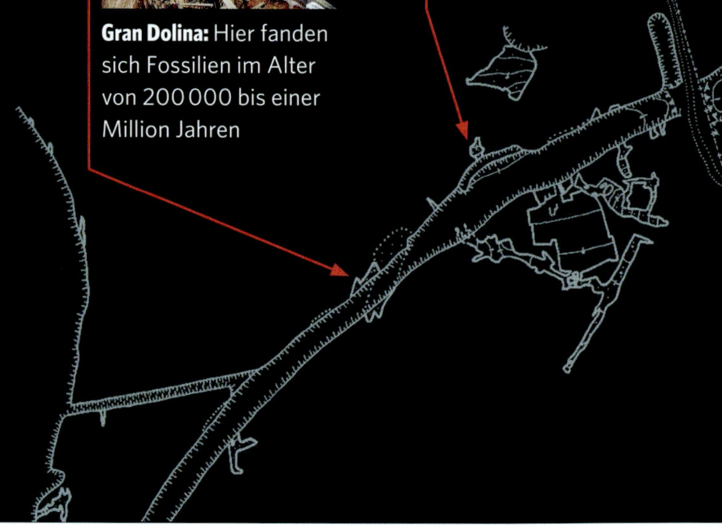

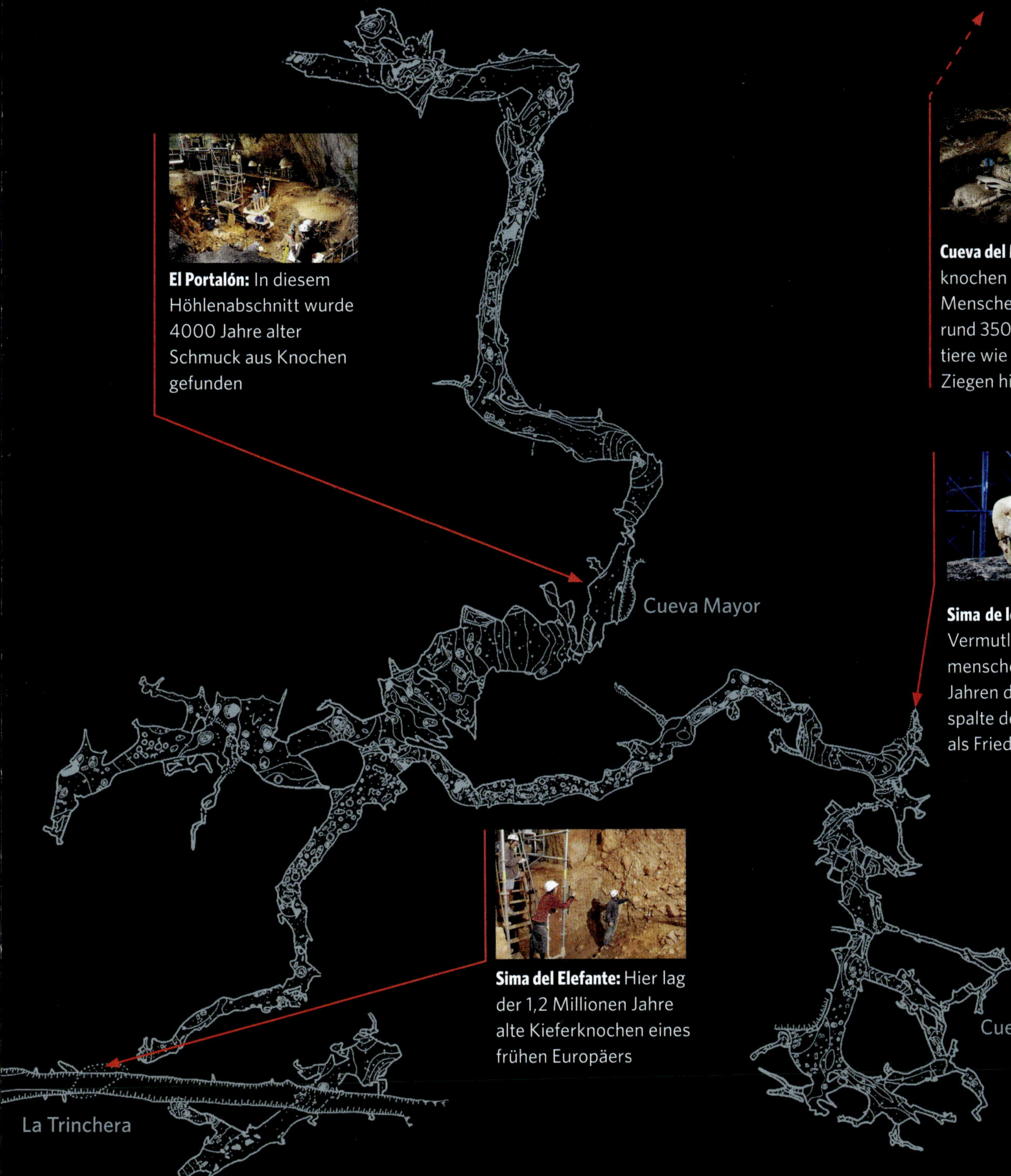

El Portalón: In diesem Höhlenabschnitt wurde 4000 Jahre alter Schmuck aus Knochen gefunden

Cueva del Mirador: Tierknochen belegen, dass Menschen hier vor rund 3500 Jahren Nutztiere wie Schafe und Ziegen hielten

Sima de los Huesos: Vermutlich haben Vormenschen vor 300 000 Jahren die »Erdspalte der Knochen« als Friedhof genutzt

Sima del Elefante: Hier lag der 1,2 Millionen Jahre alte Kieferknochen eines frühen Europäers

Das Labyrinth von Atapuerca

Über eine Länge von rund 3700 Metern zieht sich das Höhlensystem durch das Atapuerca-Kalksteinmassiv in Nordspanien. Der Komplex aus Schächten und Gängen wurde vor mehr als 100 Jahren beim Bau einer Eisenbahntrasse (im Plan links unten) entdeckt. Heute tragen Wissenschaftler an mehreren Stätten fossilienreiche Sedimentschichten ab, die sich über Jahrhunderttausende im Höhleninneren angehäuft haben. Die Sierra de Atapuerca gilt als bedeutendste Fundstätte menschlicher Fossilien in Europa: Hier sind Forscher auf die bislang ältesten Knochen eines Urmenschen auf unserem Kontinent gestoßen

Dass die »Gran Dolina« einst eine Höhle war, ist kaum noch zu erkennen: Jahrhunderttausendelang haben Sedimente (horizontale Gesteinslagen) das Innere des mehr als 18 Meter hohen Raums gefüllt. Die unterste Schicht ist eine Million, die oberste rund 200000 Jahre alt

Der Mensch lebt in Europa seit rund 600000 Jahren. Denn so alt war jener Unterkiefer gewesen, den im Jahr 1907 Arbeiter einer Kiesgrube bei Heidelberg gefunden hatten – und den der Paläoanthropologe Otto Karl Friedrich Schoetensack einer neuen Spezies zuschrieb, die er nach dem Fundort *Homo heidelbergensis* taufte.

Doch am 8. Juli 1994 geriet diese Gewissheit in den Höhlen der Sierra de Atapuerca dramatisch ins Wanken.

In den Sedimentschichten von „Gran Dolina“, dem „Großen Karsttrichter“, fanden die Forscher 86 menschliche Knochenteile, darunter die Überreste eines 14-jährigen Jungen – den Teil eines Schädelknochens, das Bruchstück eines Unterkiefers mit zwei Zähnen und einem durchbrechenden Weisheitszahn.

Sie fanden Relikte eines Zehnjährigen und vier weiterer Menschen, außerdem rund 200 Steinwerkzeuge. Die Messung der Orientierung des Magnetfelds der untersuchten Schicht ergab eine Polung, die entgegengesetzt zur heutigen verlief – also mussten die darin enthaltenen Fossilien älter sein als der letzte Richtungswechsel des Magnetfeldes, der vor 780000 Jahren stattgefunden hat.

In der »Sima del Elefante« haben Forscher (hier bei der Vermessung von Sedimentlagen) Knochen von Elefanten, Nashörnern, Büffeln und Bären gefunden

Allmählich gelang es den Wissenschaftlern, die einstigen Besitzer der Knochen zu rekonstruieren. Es waren robuste, muskulöse Gesellen, rund 1,70 Meter groß, mit niedrigen Stirnen, starken Zähnen und kräftigen Wülsten über den Augen.

Ihre Hirne waren mit gut 1100 Kubikzentimetern gut 20 Prozent kleiner als die heutiger Menschen. Sie unterschieden sich deutlich von denen etwa des *Homo erectus*, der zur gleichen Zeit in Asien gelebt hatte, wiesen jedoch Übereinstimmungen mit jüngeren europäischen Funden auf.

Jeden Sommer durchkämmen 150 Studierende und Wissenschaftler Tag für Tag die Sedimentschichten der Sierra de Atapuerca – wie hier in der »Galería«, einem Abschnitt, in dem bis zu 400 000 Jahre alte Knochen liegen

Doch gleichzeitig war ihre Anatomie so einzigartig, dass die Knochensucher von Atapuerca für die Art einen eigenen Namen erfanden: *Homo antecessor*, zu Deutsch etwa „der Vorläufer" oder „der Pionier" (eine Einstufung, die bislang jedoch nicht alle Paläoanthropologen anerkennen).

Nach und nach erstanden aus den Knochentrümmern lebensnahe Figuren. Offenbar zogen die frühen Europäer in Gruppen umher, fabrizierten einfache Steinwerkzeuge, indem sie von Felsstücken Splitter abschlugen. Der Speiseplan dieser Urmenschen bestand wohl zum größten Teil aus pflanzlicher Kost – erst spätere Menschenformen verlegten sich verstärkt auf tierische Nahrung.

Und vermutlich verzehrten sie ihre Beute noch roh, denn Feuer gezielt entfachen können die Menschen erst später.

Doch hier waren sie, die bislang frühesten Europäer – deren Alter im Laufe der Grabungsarbeiten sogar noch zunahm: Im Juni 2007 traten in der „Sima del Elefante", der „Erdspalte des Elefanten", noch frühere Relikte des Pioniermenschen zutage – zunächst ein Zahn, später Teile des Unterkiefers mit weiteren Zähnen. Die Untersuchung der Aluminium- und Beryllium-Isotope ergab ein Mindestalter von 1,2 Millionen Jahren, die Überreste von Nagetieren in der gleichen Schicht ein Höchstalter von 1,4 Millionen Jahren.

Fazit: Der Europäer könnte mehr als doppelt so alt sein wie noch einige Jahre zuvor angenommen.

Die Rolle, die *Homo antecessor* im menschlichen Stammbaum einnimmt, ist indes in der Fachwelt äußerst umstritten – auch wenn Professor Arsuaga, voller Stolz auf diesen Fund, davon überzeugt ist, in ihm „oder einer sehr ähnlichen Art" den gemeinsamen Vorfahr von Neandertaler und *Homo sapiens* gefunden zu haben (fast alle Anthropologen gehen dagegen davon aus, dass *Homo heidelbergensis* der Vorfahr des Neandertalers sowie des modernen Menschen war; siehe Seite 33).

Die Chance, dass ein Knochen versteinert, beträgt eins zu einer Million

Anatomische Ähnlichkeiten des *Homo antecessor* mit *Homo ergaster* legen eine Herkunft aus Afrika nahe – von wo aus sich der Urahn nach Ansicht des Teams um Professor Arsuaga vor mehr als 1,2 Millionen Jahren nach Europa aufgemacht haben könnte.

Der Weg nach Norden, so die These der Spanier, führte über den Kaukasus: Denn im Jahr 2001 fanden Archäologen im georgischen Dmanisi einen Schädel, der offenbar 1,8 Millionen Jahre alt ist und den seine Entdecker einer neuen Spezies namens *Homo georgicus* zuschrieben.

„Unsere Hypothese besagt, dass der Antecessor vom *Homo georgicus* abstammt", so der Paläoanthropologe Eudald Carbonell, der neben Juan Luis Arsuaga und dem Paläoanthropologen

José María Bermúdez de Castro die Ausgrabungen von Atapuerca leitet. (Aber auch diese These gilt unter Anthropologen als eher exzentrisch. So sind sich viele Fachkollegen der drei Spanier nicht einig darüber, wie der *Homo georgicus* einzuordnen ist. Die Variationsbreite der Schädel und Unterkiefer ist groß; die meisten Merkmale passen eher zum asiatischen *Homo erectus*, andere, wie das mit 600 Kubikzentimetern relativ kleine Gehirn, erinnern an den *Homo habilis*. Daher halten die Forscher eine Abstammung des Antecessor vom *Homo georgicus* für äußerst unwahrscheinlich.)

Doch von wem auch immer der 1,2 Millionen Jahre alte Mensch in der Höhle von Atapuerca nun abstammt: Er ist der älteste bis heute bekannte Europäer.

AM EINGANG zum Ausgrabungsgelände in der Sierra de Atapuerca weht neben der spanischen die Piratenflagge: Schädel und Knochen. Denn das ist der

Der Höhlenkomplex der Atapuerca, 2000 von der Unesco zum Weltkulturerbe erklärt, liegt etwa 200 Kilometer nördlich von Madrid in einem Kalksteingebirge

Rohstoff, der abgebaut wird in diesem Bergwerk des Wissens, dessen Stollen und Schächte sich über rund 3700 Meter erstrecken. Das sind die Datenträger in dieser Blackbox, diesem Flugschreiber der Evolution.

Die Knochen sind Zeitkapseln – wie jene vergoldeten Kupferplatten, die 1977 mit den Voyager-Raumsonden ins All reisten und auf denen einst Außerirdische die Essenz menschlichen Lebens vorfinden sollen: Bachs Brandenburgische Konzerte und „Johnny B. Goode", Bilder vom Taj Mahal und dem Flughafen in Toronto.

Und nichts konserviert Knochen besser als diese Höhlen: Orte, die wie ein Kühlschrank eine mittlere Temperatur von acht Grad Celsius unterhalten; Gefäße, in denen sich Sedimente anstauen und alles Eingeschlossene luftdicht versiegeln.

Die Höhlen sind anorganische Fallen für organische Materie, doch gerade ihre Lebensfeindlichkeit erhält die Lebensreste über Jahrmillionen – gegen alle Wahrscheinlichkeit: Denn die Chance eines Kadavers, zum Fossil zu versteinern, beträgt eins zu einer Million.

Es sind der Sauerstoffmangel, die Kühle und Trockenheit in den Höhlen, die Bakterien ihre Zersetzungsarbeit erschwert. Es ist die Erstickungskraft des Schlamms, der sich im Höhleninneren

1992 fanden Wissenschaftler in der »Sima de los Huesos« diesen mindestens 300 000 Jahre alten Schädel eines *Homo heidelbergensis*. Aus dieser Urmenschenart mit ihren starken Überaugenwülsten ist höchstwahrscheinlich der Neandertaler hervorgegangen

ansammelt, zu Stein erstarrt und die Knochen luftdicht abschließt.

Zwar kann dann immer noch Feuchtigkeit durch Poren im Mineral sickern und den Knochen angreifen. Wenn das Wasser jedoch Silikat-Ionen mit sich führt, verwandelt es die Hohlräume des Gebeins in Quarz – und macht die Skelettteile, anstatt sie zu zersetzen, schwer und hart wie Stein.

So sind es Höhlen, die wie Meilensteine die Entwicklung des Menschen markieren:

- die Zhoukoudian-Höhle nahe der chinesischen Hauptstadt, die rund 780 000 Jahre alte *Homo-erectus*-Knochen barg und deren Lage für dessen Ernennung zum „Peking-Menschen" sorgte;
- die Höhlen an der Mündung des Flusses Klasies in den Indischen Ozean, deren 120 000 Jahre alte Fossilien zu den ältesten Relikten des *Homo sapiens* gehören;
- die levantinischen Höhlen von Skhul und Qafzeh, die mit ihren Jahre alten Teil des Fingerknochens einer bislang unbekannten Menschenart entdeckten.

Und deshalb pilgern Sommer für Sommer Archäologen und Zooarchäologen, Paläontologen und Paläoanthropologen, Geologen und Biologen in die Sierra de Atapuerca – um klug zu werden.

Dass die Höhle einst zum Ort der Erkenntnis avancieren würde, die Dunkelheit also zum Schauplatz der

Natürlicher Unterstand: Vor 3500 Jahren nutzten Menschen die »Cueva del Mirador« zur Haltung von Schafen und Ziegen. Heute dient der geschützte Ort im Sommer den Wissenschaftlern, um auf einer Mauer die versteinerten Knochen ebendieser Nutztiere zu reinigen

- etwa die fossilreiche Sterkfontein-Höhle in Südafrika mit ihren rund 3,5 Millionen Jahre alten Affenmenschenrelikten;
- das Erdloch bei Malapa nördlich von Johannesburg, in das einst mögliche Übergangswesen zwischen Australopithecus und dem ersten Homo stürzten – und die 2008, knapp zwei Millionen Jahre später, in fossiler Form den Forschern in die Hände fielen;

95 000 bis 100 000 Jahre alten *Homo-sapiens*-Resten den vermuteten Reiseweg des modernen Menschen über das Niltal und den Vorderen Orient beglaubigen;

- die Cro-Magnon-Höhle in der Dordogne, die 1868 Europas ältesten *Homo-sapiens*-Fossilien ihren Namen gab;
- die Denisova-Höhle im Sandstein des sibirischen Altai-Gebirges, in der Forscher 2008 den 30 000 bis 48 000

Erleuchtung, hätte den griechischen Philosophen Plato, den Vater aller Höhlenmetaphern, sicherlich irritiert. In seinem gleichnamigen Gleichnis ist die Höhle der Raum der Verblendung, der dumpfen Unmündigkeit: Ihre Bewohner halten die Schatten, die ein Feuer hinter ihrem Rücken auf die Felswand vor ihnen wirft, für die Wirklichkeit. Erst das Verlassen der Höhle würde sie in die Lage versetzen, die Illusion zu durchschauen, die ihre Sinne ihnen vorgaukeln.

Tatsächlich lag vor der Einsicht das Entertainment, die Lust am Grusel der Unterwelt. Lange vor ihrer wissenschaftlichen Erforschung waren die Höhlen von Atapuerca die Geisterbahn der Kastilier. Schon im 10. Jahrhundert wurde die leicht erreichbare „Cueva Mayor", die „Große Höhle", als wunderbarer Ort bestaunt. Und sie war berüchtigt: „Mauren" wohnten darin, erzählte man sich, die dort nach Gold suchten und ihre Schätze versteckten.

Im Jahr 1527 soll, wie ein Hofnarr in seiner Chronik berichtet, gar Kaiser Karl V. in ihr Gewölbe eingefahren sein. Im späten 18. Jahrhundert wagten Bürger eines nahe gelegenen Dorfs, schaudernd und lüstern, unter Anleitung ihres Priesters eine Expedition auch in tiefere Regionen. Und im 19. Jahrhundert versammelten sich die Bürger der umliegenden Städte hier bisweilen zum Picknick bei Kerzen und Fackeln: „Sie wollten sogar Konzerte hier veranstalten", sagt Juan Luis Arsuaga. „Das ist allerdings nie geschehen."

Stundenlang klopfen die Archäologen harte Sedimentschichten ab, in denen möglicherweise weitere Fundstücke eingeschlossen sind

Mit behutsamem Pinselstrich gräbt ein Anthropologe das Skelett eines 15-jährigen Mädchens aus, das vor über 3000 Jahren in der Höhle bestattet wurde

Memo: **ATAPUERCA**

- **An keinem** anderen Ort konservieren so viele Knochen wie in Höhlen.
- **Sauerstoffmangel**, Trockenheit und konstante, kühle Temperaturen können dort verhindern, dass Bakterien die Gebeine zersetzen.
- **Oft werden die Knochen** mit der Zeit von Sedimenten bedeckt und versteinern.
- **Die reichhaltigste** Fundstätte menschlicher Fossilien in Europa ist das Atapuerca-Höhlensystem in Nordspanien.
- **Mehr als eine Million Jahre** lang suchten Menschen hier Schutz.
- **Ein fossiler Unterkiefer** belegt: Menschen der Art *Homo antecessor* lebten vor 1,2 Millionen Jahren in Europa.
- **Die frühen Europäer** waren 1,70 Meter groß, muskulös, mit kräftigen Zähnen und Überaugenwülsten.
- **Homo antecessor** entwickelte sich nach Auffassung spanischer Forscher zu *Homo heidelbergensis* weiter, dem Vorfahren des Neandertalers.
- **Heute offenbart sich** in den Sedimenten ein nahezu vollständiges Register der europäischen Siedlungsgeschichte.

Doch der wahre Wert der Höhlen wurde erst in den Jahren 1896 bis 1901 offenbar, als Hunderte von Arbeitern eine Eisenbahntrasse durch das Gebirge schlugen: In den Wänden dieses frisch aufgeschnittenen Canyons traten Lehmflecken zutage, die bislang unbekannte, von Sedimenten bis obenhin gefüllte Höhlen anzeigten.

Zwar erwies sich das Eisenbahn-Projekt bald als unrentabel und wurde abgebrochen. Doch die Wissbegier der Forscher war geweckt – auch wenn sie erst 1978 begannen, die Sedimente der Höhlen Zentimeter für Zentimeter abzutragen. Und es dauerte bis 1982, ehe sie die ersten menschlichen Werkzeuge fanden.

Das war kein Hausrat, es waren nur die Reste flüchtiger Aufenthalte. Für den Menschen des mittleren Pleistozäns waren Höhlen nichts als Notunterkünfte, in die er sich vor Fressfeinden oder Nahrungskonkurrenten zum Essen zurückzog.

Wenn er Glück hatte, fand er hier auch fertige Beute vor. Denn Höhlenöffnungen waren natürliche Fallen, in die sich bisweilen ein Hirsch oder ein Wildschwein zu Tode stürzte: Dann zerlegten die Menschen die Tiere, zerschlugen die Knochen, um das Mark herauszuklauben – und schließlich weiterzuziehen. Erst die Neandertaler machten wohl die Höhlen von Atapuerca zum Wohnort, besiedelten vielleicht 50 000 Jahre lang die „Galerie der Statuen", einen Ableger der Cueva Mayor.

Der deutsche Philosoph Hans Blumenberg (1920–1996) deutete die Höhlen als Durchlauferhitzer: Sie seien den Menschen zur Zuflucht geworden, schrieb Blumenberg, als einst der schützende Regenwald schwand und den Vorfahren des Menschen in die Savanne vertrieb – „eine Schwelle wie die zwischen Meer und Land". In der Savanne habe der Menschenahn die Schutzlosigkeit erfahren, die ihn in die Höhlen trieb – aber zugleich auch den aufrechten Gang gelernt.

DIE KNOCHENARBEIT in der Sierra de Atapuerca aber scheint den aufrechten Gang zunichte zu machen. „Jeder hat hier Rückenprobleme", sagt eine der 150 Studierenden und Wissenschaftler, über 60 Prozent davon Frauen, die hier jeden Juni und Juli in der Sommerhitze von halb zehn Uhr morgens bis drei Uhr nachmittags den Erdboden durchkämmen.

Sie kauern auf dem Boden mit Hämmern und Meißeln, Löffeln und Pinseln, tippen Daten in Handcomputer – und brüten anschließend noch drei Stunden lang im Neonlicht des provisorischen Labors in ihrem Wohnheim in der Stadt Burgos, um die Funde zu registrieren.

Rund 90 Forscher arbeiten allein in der alten Eisenbahntrasse. Morgens um elf treffen sich alle an den langen, papiergedeckten Tapeziertischen vor der „Galería"-Höhle zum Frühstück, essen Weißbrot mit Schinken und schütten leichten Roséwein aus der Glaskaraffe direkt in den Schlund.

In einer Höhle fanden Forscher in einem Jahr Abertausende von Knochenstücken

Professor Juan Luis Arsuaga steigt derweil ins Dunkel hinab, in die Kühle. Gefährlich gleiten die Schuhe über den glatten Lehm. Abschüssig ist der Boden, glitschig und feucht. Arsuaga muss sich an den Höhlenwänden festhalten, über die der weiße Kreis seiner Grubenlampe geistert.

Nach einer Biegung im Höhlengang steht Arsuaga in der Cueva Mayor. Ein einzelner Scheinwerfer am Boden taucht die Höhle in gelbes Licht. Er raut die Oberflächen auf, wirft die Schatten der Stalagmiten an die felsige Kuppel.

Plötzlich erlischt das Licht. Nur noch der bleiche Kreis von Arsuagas Grubenlampe durchdringt das Dunkel, nur noch das Hallen der Wassertropfen auf dem feuchten Boden die Stille.

Und auf einmal ist es wie vor Jahrhunderttausenden: Die Höhle wirft den Menschen auf sich selbst zurück.

Auch der Philosoph Blumenberg beschreibt, wie sich in der Höhle, im Gegensatz zum Schweifen in der weiten Savanne, der Blick und das Denken konzentriert habe. In der Höhle habe der Menschenahn zum ersten Mal den Schutz gefunden, der ihm die in der Natur einzigartige Gabe des Tiefschlafs bescherte: „So wurde der Mensch, beim Durchgang durch die Höhle, das träumende Tier." Mit dem Träumen sei die Reflexion gekommen – und so, erklärt Blumenberg, wurde die Höhle zum Brutkasten der Kultur, der unendlichen Welt der Symbole.

Dass eine weitere, moderne Menschenart in dieser Welt vielleicht schon vor 500 000 Jahren zu Hause war – auch das zeigen die Höhlen von Atapuerca. Als nämlich ein Bergbauingenieur im Jahre 1976 in der 13 Meter tiefen „Sima de los Huesos", der „Erdspalte der Knochen", nach Bärenfossilien stöberte, stieß er auf einen menschlichen Unterkiefer – und ahnte nicht, dass er damit eine weitere Tür zur Menschheitsgeschichte aufriss.

Denn in der Folge kamen in dieser Höhle weit mehr als 3000 Knochenteile der Spezies *Homo heidelbergensis* ans Licht: Überbleibsel von mindestens 32 Menschen, aufeinandergelagert und später ineinandergesunken. An den Zähnen ließ sich erkennen, dass es sich fast sämtlich um Teenager oder junge Erwachsene handelte – sie alle waren etwa gleichzeitig gestorben.

Wahrscheinlich, so vermutet Juan Luis Arsuaga, waren die Menschen vor einer ökologischen Krise geflohen: Nur die Stärksten hätten es in die Zuflucht der Sierra de Atapuerca geschafft. Die Geretteten habe dann womöglich noch die Erschöpfung dezimiert.

Das Verblüffende war jedoch die Konzentration der Toten an einem Ort: Sie legte den Verdacht nahe, die Leichen seien von den Überlebenden mit Absicht dort in die Grube geworfen worden – womöglich eine frühe Form der Bestattung. Ein Nachdenken über den Tod also, das älteren Menschenformen offenbar noch fremd war – und das vielleicht den Anfang aller Selbsterkenntnis markiert.

„Dies ist der erste Ort, an dem sich symbolisches Denken ausdrückt", sagt Juan Luis Arsuaga. „Rituelles, nicht utilitaristisches, kollektives Verhalten."

So hält er es auch für möglich, dass die Heidelberg-Menschen, die ihre Ruhestätte in der Sima de los Huesos fanden, bereits über die Sprache verfügten. Die anatomischen Bedingungen dafür sind immerhin erfüllt: Per Computertomographie haben Paläontologen Außen- und Mittelohr der dort gefundenen Schädel rekonstruiert und festgestellt, dass das Gehör einen Frequenzbereich umfasste, der dem des modernen Menschen entsprach – und deutlich über dem von Schimpansen lag.

Der einzige Unterschied, den der Vokaltrakt der mindestens 500 000 Jahre alten Homininen vermutlich im Vergleich zu unserem aufwies, war die größere horizontale Ausdehnung der Mundhöhle – was die Artikulation mancher Vokale erschwert, aber die Verständigung nicht entscheidend behindert haben dürfte.

Einige der Knochen wiesen Bissspuren menschlicher Zähne auf, ein Schädel und zwei Fingerglieder auch Schnittmarken – und legten so den Verdacht nahe, dass hier Kannibalen am Werk gewesen waren. Arsuagas Hypothese zufolge sind die Opfer Gruppenfremde gewesen: Alles deute auf kriegerische Konflikte hin. „Einzigartig", kommentiert Juan Luis Arsuaga mitleidlos die makabren Trophäen. „Nirgendwo sonst ist so etwas gefunden worden."

Denn nirgendwo sonst ist die Scheune der Vorgeschichte so üppig gefüllt. Die Höhlen von Atapuerca sind

Mit Pickel und Pinsel legt eine Wissenschaftlerin in der »Cueva del Mirador« ein mehr als 3500 Jahre altes Grab mit diversen menschlichen Knochen frei

Mitunter dauert die Präparation eines Knochens etliche Wochen: Je weiter die Forscher vordringen, desto größer die Gefahr, den Fund zu beschädigen

Abertausende Tierknochen, etwa von Mäusen und Ratten, fanden die Wissenschaftler in den Gesteinslagen des Atapuerca-Komplexes. Sie dienen unter anderem der Altersdatierung von menschlichen Relikten, die aus den gleichen Sedimentschichten stammen

nicht nur ein Dorado für Archäologen und Anthropologen, sondern müssen auch den Menschen vor einer halben Million Jahren so verlockend erschienen sein, vermuten die Forscher, dass sie wohl Stammeskriege um diese Territorien führten.

Vom oberen Rand der Gran Dolina geht der Blick nach Nordwesten, in die weite, buschbewachsene Landschaft der Meseta-Hochebene. Vor einer Million Jahren hatten diese Höhlen eine Traumlage: Der Flusslauf des Arlanzón, der damals direkt am Fuß der Bergkette verlief, sorgte für Wasser und Wild im Überfluss. In einem Umkreis von drei Kilometern gab es alles, was die Urmenschen brauchten. Und die Überschneidung von mediterranem, atlantischem und kontinentalem Klima, von weiten Ebenen und Kalksteinklippen, von Wasserläufen und den Gipfeln des Iberischen Randgebirges bescherten der Sierra verschwenderische Artenvielfalt.

Hier öffnete sich der Durchgang zwischen den großen Flussniederungen von Ebro und Duero – und erlaubte Hirsch- und Damwildrudeln, Wildschweinen und Bisons ihre Wanderungen. Hier konnten die Menschen vor ihren Höhleneingängen lauern und zusehen, wie Elefanten vorbeizogen, Riesenhirsche und zweihörnige Nashörner, Pferde, Moschusochsen, Flusspferde und Stachelschweine.

So ist es kein Wunder, dass die Höhlen zum Sehnsuchtsort wurden – nicht nur für die Menschen des Pleistozäns, sondern auch für die Nachgeborenen. Noch ein ausgewiesener Aufklärer und Weltkenner wie der Forschungsreisende und Jakobiner Georg Forster glaubte 1790 beim Besuch einer Höhle im englischen Derbyshire eine „unterirdische Weihe“ zu erfahren. Und die Romantiker entdeckten in der Höhle die Urwahrheit ihrer eigenen Innenräume.

In deren Dunkelheit fanden sie Heilmittel „für eine vor lauter Licht verblendete Menschenwelt“, wie der Philosoph Blumenberg formuliert. In Novalis' Romanfragment „Heinrich von Ofterdingen“ etwa, dessen Held nach der wunderbaren blauen Blume forscht, ist die Höhle Sitz jener höheren Erleuchtung, die allen Augenschein Lügen straft.

Blüht nicht in den Höhlen seit jeher jene Klarsichtigkeit, die aus der Düsternis wächst? Die antiken Orakel etwa, schrieb 1686 der französische Aufklärungspionier Bernard de Fontenelle, seien nur in einer Weltgegend möglich gewesen, die an Höhlen reich war. In einer Höhle amtierte ja auch die Wahrsagerin Sibylle von Cumae, die Vergils Epenhelden Aeneas sein Schicksal voraussagte.

Und auch für die Wissenschaftler von Atapuerca, die im Dunkel nicht die Zukunft suchen, sondern die Vergangenheit, ist die Höhle mineralisierte Zeit. Nur zielen ihre Prophezeiungen ins Gestern, und die rückwärtslaufende Uhr zeigt Epochen an.

„Zeit", sagt der Geochronologe Josep María Parés, „ist alles."

PARÉS STEHT vor der Gran Dolina, über sich das Dach der Höhle, die anders als viele der anderen nur zu etwa drei Vierteln mit Sedimenten aufgefüllt ist.

In dunklem Beige hebt sich Schicht TD6, die sechste über dem Höhlengrund, von den benachbarten, ockergelben Ebenen ab. „Hier ist der Ort", sagt Josep María Parés, „der Geschichte geschrieben hat."

Hier war es, da die Forscher von Atapuerca 1994 die Reste jenes *Homo antecessor* entdeckten, der die Welt ihrer Wissenschaft umgewälzt hat. „Sechs Wochen, nachdem ich das Alter der Schicht bestimmt hatte, fanden die Archäologen diesen Zahn", sagt Parés. „Das passiert einem nur einmal im Leben. Es war eine fast religiöse Erfahrung. Das hat alles verändert."

An den Sedimentwänden der Höhlen, sauber aufgeschnitten von der Eisenbahntrasse, lässt sich die Zeit studieren wie eine Tabelle. Eine senkrechte Fläche im Felstrichter, marmoriert mit waagerechten Schlieren – der Karamellton von Schicht TE17, darüber das Kakaobraun von TE18.

Die Schichten zeigen, wie Jahresringe, die Zeit an, die endlose Zeit ihrer Entstehung – und die mühselige Zeit ihrer Untersuchung: In der Sima del Elefante etwa, 16 stratigraphische Ebenen tief, 18 Meter, sind die Ausgräber seit dem Fund des ältesten Europäers im Jahr 2007 erst 40 Zentimeter weiter ins Erdreich vorgedrungen.

So ist die Erforschung der Höhlen eine Art Psychoanalyse des Erdgedächtnisses – die tatsächlich einem geradezu freudianischen Schichtenmodell folgt: Nichts muss verloren sein, auch wenn es immer wieder verdrängt, zerschmettert und verschüttet worden ist.

Der Abstieg in Richtung Höhlengrund, von Stratum zu Stratum, ist ein Akt der Regression – der in immer ursprünglichere Stufen des Bewusstseins führt.

Auch hier sind es die beiläufigen Fundsachen, die das Verstehen erst möglich machen. „Wir nutzen auch kleine Nagetiere als chronologisches Werkzeug", sagt Josep María Parés. „Ihre Evolution verläuft sehr schnell. So können wir die Schicht, in der wir sie finden, datieren." Die Wasserratte *Mimomys savini* etwa, ausgestorben vor 600 000 Jahren, hat fossile Reste zwischen Schicht drei und Schicht acht hinterlassen – alles, was sonst noch in diesem Stockwerk der Erdgeschichte gefunden wird, muss also älter als eine halbe Million Jahre sein.

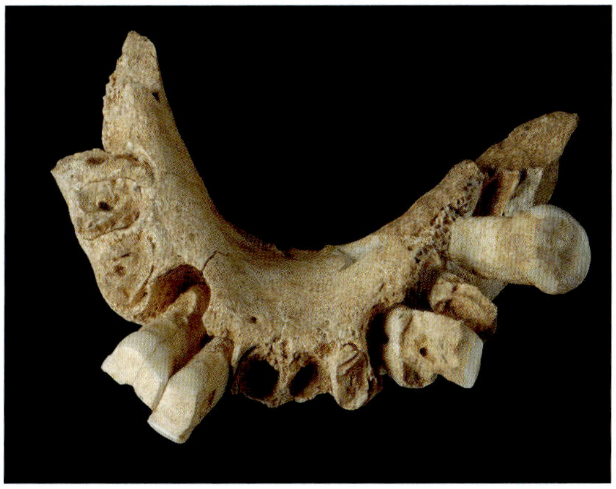

Im Juni 2007 entdeckten Forscher in der Sima del Elefante den etwa 1,2 Millionen Jahre alten Unterkiefer eines *Homo antecessor.* Bislang ist es der älteste Fund eines menschlichen Knochens in Europa

So haben die Forscher allein 2009 Tausende Knochenteile sichergestellt. Sie verwerfen kein Mäusezähnchen, klauben jedes Zehenknöchelchen sorgfältig aus dem Erdreich – und waschen die durchkämmte Erde anschließend noch einmal am Fluss, um kein Beweisstück unberücksichtigt zu lassen.

Am Ufer des Arlanzón kauern sie dann unter Sonnendächern, filtern täglich eine Tonne Sedimente durch Siebe in drei verschiedenen Rastern, picken mit Pinzetten noch das letzte Stück *Eliomys quercinus* oder *Apodemus sylvaticus* aus den durchsuchten Sandhaufen.

Dann kommen die Fundstücke zur Feinanalyse unter die Mikroskope der Universität Zaragoza. „Daraus können wir Schlüsse ziehen", sagt die Paläontologin Gloria Cuenca Bescós, die das Programm leitet, „über Klima, Temperatur oder Wasservorkommen."

An der Eisenbahntrasse räumt derweil ein Bagger die „sterilen" Schichten der Galería-Höhle ab, in denen die Wissenschaftler sich nach langjährigen Untersuchungen keine Fundstücke mehr erhoffen. Während eine Forscherin zur Sicherheit noch einmal zart den Meißel ins Gestein hämmert, gräbt neben ihr die Maschine schon ihre Zähne in den Lehm: „Für uns", sagt ein Arbeiter, „ist es einfach Erde."

Für die Forscher aber ist es der Abraum der Zeit. Einer Zeit, deren Dimensionen so gewaltig sind, dass noch eine Menge Zukunft ausgeschöpft werden muss, um die Vergangenheit vollends zu gewinnen. „Wenn pro Jahrhundert nur ein Mensch die Höhle betreten hat", sagt Juan Luis Arsuaga, „sind das in 10 000 Jahren 100 Menschen. Das ergibt eine Menge Knochen und Werkzeug. Aber 10 000 Jahre sind nichts im Vergleich mit den 500 000 Jahren des *Homo heidelbergensis.* 10 000 Jahre sind nur eine Sekunde in der Tiefe der Zeit."

Und da ist er wieder, der Schwindel, der Strudel der Jahrtausende. Berichten nicht Höhlenforscher oft von dem Verlust des Zeitgefühls, das sie unter Tage ergreift?

Arsuaga steht jetzt im Hellen – in dem provisorischen Labor, das die Forscher im Keller des Studentenwohnheims in Burgos aufgebaut haben. Um ihn herum sitzen eifrige Helfer, füttern Ausgrabungsresultate in Computer ein.

„Ich muss jetzt eine Runde laufen gehen", entschuldigt sich Professor Arsuaga schließlich, „damit mein Herz weiter mitmacht. Es gibt doch noch so viele Fossilien auszugraben." □

Jörg-Uwe Albig, 50, ist Reporter und Schriftsteller („Berlin Palace", Klett-Cotta) in Berlin. Für die Aufnahmen der Atapuerca-Höhle hat der preisgekrönte Stuttgarter Fotograf **Berthold Steinhilber**, 42, aufwendige Illuminations-Techniken sowie Langzeitbelichtungen verwendet.

Vom Leben in der Kältesteppe

Die Neandertaler sind die Ersten, denen es gelingt, während einer Kaltzeit in Mitteleuropa zu überleben, denn sie sind derart stämmig und muskulös, dass sie eine Schicht Kleidung weniger brauchen als heutige Menschen. Sie nutzen das Feuer, stellen wärmende Kleidung her und fertigen tödliche Jagdspeere, um es mit Mammuts, Moschusochsen und Riesenhirschen aufzunehmen. Und doch sterben diese vorzüglich an die Welt der Kaltzeit angepassten Jäger aus. Weshalb?

Text: Henning Engeln
Illustrationen: Jochen Stuhrmann

Mithilfe von Fackeln haben Jäger ein Mammut in die Enge getrieben und schleudern nun ihre mit Steinspitzen versehenen Speere auf das Opfer. Meist wählen sie junge oder geschwächte Tiere aus, dennoch ist die Verletzungsgefahr durch die Riesen groß

Die Neandertaler tragen wärmende Kleidung aus Fellen und Pelzen, die sie wohl mit Tiersehnen zusammenfügen. Doch wie sie genau aussah, ist ungewiss

Durch das 300 Meter breite Tal, seitlich von schroff aufragenden Kalkfelsen eingerahmt, schlängelt sich ein Flüsschen, das man später Ach nennen wird.

Jetzt im Frühjahr beginnt die Sonne die zumeist dünne Schneedecke wegzuschmelzen und auf den Felsen Flechten, Moose und bleiche Gräser freizulegen. Wo in der Talebene kein Schnee liegt, erwärmen sich die Schotterflächen zwischen den knöchelhohen Kräutermatten. Längs des Flüsschens wachsen niedrige Galeriewälder, abseits des Wassers und an den Hängen halten sich nur vereinzelte, meist kleine und verkrüppelte Bäume sowie Zwergsträucher.

Es ist keine Vegetation der gemäßigten Zonen, die hier gedeiht, sondern die einer Kältesteppe. Denn in dieser Epoche, vor 45 000 Jahren, liegen die Temperaturen durchschnittlich um mehr als fünf Grad Celsius unter den heutigen.

Seit etlichen Jahrzehntausenden prägt eine Kaltzeit Europa, mal mit eher milden Perioden (aber immer noch deutlich weniger warm als in der Gegenwart), mal mit bitterkalten Zeiten, in denen die Durchschnittstemperaturen um zehn Grad Celsius niedriger liegen als derzeit.

Und doch leben hier, in der späteren Schwäbischen Alb, seit vielen Generationen Menschen – aber keine der Art *Homo sapiens*, sondern Neandertaler: Individuen, deren Anatomie an die harschen Bedingungen der Kaltzeit besonders gut angepasst ist.

Ihre Körper sind überaus kräftig gebaut, aber zugleich gedrungen – vermutlich, um möglichst wenig Wärme abzustrahlen (je größer die Körperoberfläche im Verhältnis zum Körpervolumen ist, desto mehr Wärmeenergie verliert ein Organismus).

Die Männer werden in der Regel 1,55 bis 1,66 Meter groß und bringen häufig mehr als 80 Kilogramm Gewicht auf die Waage. Frauen sind etwas kleiner und wiegen zehn Prozent weniger.

Die Extremitätenknochen der Neandertaler sind weniger lang als bei heutigen Menschen; vor allem die Unterschenkel und Unterarme sind recht kurz. Zudem sind die Knochen erheblich dicker und leicht gekrümmt.

Die Hüfte dagegen ist breit, und die Beine sind mehr nach außen gedreht. Das massive Sprunggelenk am Fuß zeugt von Kraft, die Zehen sind breit und robust, wobei der Längenunterschied zwischen dem großen und den anderen Zehen geringer ist als bei modernen Menschen. Die kompakt gebauten Füße dürften weniger anfällig für Erfrierungen sein.

Auch die Finger sind breit und sehr kräftig. Sie ermöglichen es den Jägern, mit starkem Griff eine Lanze zu halten und in ein Beutetier zu schleudern. Fast alle Knochen besitzen ausgeprägte Ansatzstellen, an denen die enormen Muskeln Halt finden. Dank ihrer Muskelpakete sind die Neandertaler wahre Kraftprotze, die mühelos auch schwere Steinbrocken anheben können.

Die Wärmeenergie, die diese Muskeln erzeugen, sowie der kompakte Körperbau machen die Urmenschen weniger empfindlich gegen Kälte. Verglichen mit dem heutigen *Homo sapiens* ist es so, als würden sie eine zusätzliche Schicht Kleidung tragen.

Um die vielen Muskeln mit Sauerstoff zu versorgen, muss der tonnenförmige, beeindruckend große und breite Brustkorb kräftig arbeiten. Und die große Nase hilft vermutlich, die in die Lungen strömenden Luftmengen anzufeuchten. Möglicherweise ist sie auch besonders empfindlich und gestattet, feinste Gerüche wahrzunehmen sowie die Richtung, aus der sie herwehen.

Neben der gewaltigen Nase sind die starken Überaugenbögen dieser Menschenart auffällig. Zudem steht das Gesicht vor, und ein Kinn fehlt. Verblüffend ist das Denkorgan, das in dem lang gezogenen Schädel mit der fliehenden Stirn steckt: Mit durchschnittlich 1520 Kubikzentimetern verfügt *Homo neanderthalensis* über das größte Hirnvolumen, das innerhalb der menschlichen Verwandtschaft bekannt ist.

Es mag eine Gruppe von zehn bis 15 Neandertalern sein, die in jener Zeit vor 45 000 Jahren das Tal der Ach bewohnt. Im Winter haben die Menschen in einer Höhle Unterschlupf gefunden, die später als der „Hohle Fels" bekannt wird. Ein etwa 30 Meter langer, mehrere Meter breiter Eingangstunnel führt ins Innere des Berges zu einer mächtigen Halle von 500 Quadratmeter Grundfläche und zwölf Meter Höhe.

Dort ist es selbst während bitterer Kälteperioden acht Grad warm. Weniger angenehm ist die hohe Luftfeuchtigkeit; ständig tropft Wasser von Wänden und der Decke. Wann immer möglich, halten die Urmenschen sich daher wohl im Eingang der Höhle auf.

Um sich zu wärmen, verfeuern die **Großwildjäger** vor allem Knochen

Von dort aus müssen sie nur wenige Meter hinabsteigen, um in die Talebene zu gelangen, und vielleicht 50 Meter weit bis zum Flüsschen schreiten, das sie mit lebensnotwendigem Trinkwasser versorgt. Von dem ebenen Vorplatz der Höhle aus blicken sie über das gesamte Tal und können schon von Weitem Beutetiere erspähen, die dem Flusslauf folgen. Eine ideale Wohnstätte für Großwildjäger, die in der kalten Zeit ums Überleben kämpfen.

Einen langen Winter haben sie gerade hinter sich. Nur gelegentlich zogen in dieser Zeit Rentiere, Pferde oder Mammuts durchs Tal und boten die Chance, größere Fleischmengen zu erlangen. Vermutlich mussten die Neandertaler auf kleinere Jagdbeute ausweichen – Schneehühner oder Hasen etwa. Der nahende Frühling indes verspricht üppigere und abwechslungsreichere Kost.

In der Höhle haben die Urmenschen mit stärkeren Ästen und Fellen wohl einen kleinen Bereich abgetrennt, in dem sie schlafen und etwas mehr Wärme finden. Feuer lassen sie in der Nähe des Eingangsbereiches brennen.

Als Brennmaterial dienen ihnen Holz von Sträuchern und Bäumen, vielleicht auch getrocknetes Gras oder Dung, vor allem aber Knochen. Denn die haben die Jäger reichlich zur Verfügung. Das Verbrennen der Gebeine hat den Nebeneffekt, dass weder Raubtiere noch Ungeziefer von verrottenden Fleischresten angelockt werden, und es erspart einem den Gestank der Verwesung.

Jetzt im Frühjahr verlassen die Urmenschen ihre Höhle wohl immer häufiger. Und bald darauf werden sie die feuchte und nun recht kühle Höhle ganz verlassen, um im Tal umherzustreifen – einer Umgebung, durch die einst wohl auch ihre Vorfahren gezogen sind, als sie erstmals die Gegend erkundeten.

Wann das war, ist ungewiss. Fest steht nur, dass die Neandertaler nicht immer in dieser Region gelebt haben. Und dass sie nicht die erste Menschenart sind, die in Mitteleuropa siedelt.

Schon vor mindestens 600 000 Jahren breitet sich in fast ganz Europa eine neue Spezies aus, die aus Afrika stammt: *Homo heidelbergensis* (siehe Seite 36). Dieser Mensch, der zuvor – wann genau,

In den warmen Monaten leben die Neandertaler vermutlich außerhalb der Höhlen, zerteilen Jagdbeute, fertigen Werkzeuge und pflegen Verwundete. Möglicherweise hausen sie in großen Gemeinschaftshütten aus einem Knochengerüst, das mit Fellen bedeckt ist. Gebeine finden sie wohl genug, doch bislang gibt es keine eindeutigen Beweise für solche Bauten

Ihre Beute liefert den Neandertalern alles, was sie zum **Überleben** brauchen – wahrscheinlich sogar Baumaterial

Die Uhr in den Genen

Wie sich aus der Analyse des Erbguts die Geschichte der menschlichen Evolution rekonstruieren lässt

Eine neue Technik hat in den vergangenen 25 Jahren die Erforschung der Menschheitsgeschichte revolutioniert: die molekulare Analyse der Erbsubstanz DNS. Indem Forscher bestimmte genetische Bausteine vergleichen, können sie sagen, wie eng zwei Lebewesen miteinander verwandt sind und wer von wem abstammt. Seit es zudem möglich ist, Erbsubstanz aus jahrzehntausendealten Knochen zu gewinnen, lassen sich in diesen Vergleich sogar die Gene längst ausgestorbener Menschenarten einbeziehen.

Es ist eine Technik, die es quasi gestattet, in die Erdgeschichte zurückzureisen. Mit ihrer Hilfe können die Forscher unter anderem ermitteln, wann sich eine Art in zwei aufgespalten hat – etwa wann sich *Homo sapiens* und Neandertaler voneinander trennten – und wie viel Zeit seither vergangen ist.

Und so hat die genetische Analyse (auch „molekulare Uhr" genannt) bereits etliche neue Erkenntnisse geliefert:

- Der letzte gemeinsame Vorfahr von Mensch und Schimpanse muss vor fünf bis sieben Millionen Jahren gelebt haben.
- Alle heutigen Menschen sind eng miteinander verwandt und stammen von einer „Ur-Eva" ab, die vor rund 200 000 bis 150 000 Jahren in Afrika lebte. Eine kleine Gruppe dieser frühen Afrikaner verließ später den Kontinent und wurde zu den Ahnen der heutigen Europäer, Asiaten und Australier.
- Neandertaler haben sich offenbar vor mindestens 80 000 Jahren im Nahen Osten mit dort ebenfalls lebenden Vertretern der Art *Homo sapiens* vermischt.
- In einer Epoche irgendwann vor 48 000 bis 30 000 Jahren lebte im Altai-Gebirge in Zentralasien ein Mensch, der einer noch unbekannten Spezies angehörte. Von dem Individuum wurde bislang nur ein Fingerknochen in der sibirischen Denisova-Höhle gefunden. Die Erkenntnis nach Analyse der Erbsubstanz: Die neu entdeckte Spezies muss sich vor rund einer Million Jahren von jenen Urmenschen abgetrennt haben, deren Entwicklung später zum *Homo sapiens* und zum Neandertaler führte.

Doch wie kommen die Forscher zu solchen Aussagen? Ein Mensch trägt in fast jeder Zelle seines Körpers das gesamte Erbgut. Es besteht aus rund 23 000 Genen und etwa drei Milliarden genetischen Bausteinen (oder „genetischen Buchstaben"). Bei jeder Zellteilung und Vermehrung von Lebewesen muss die riesige Anzahl an Bausteinen der DNS kopiert werden. Und wie bei der Abschrift eines Buches können sich dabei Fehler einschleichen: Buchstaben können ausgetauscht, weggelassen oder hinzugefügt werden. Biologen sprechen von Mutationen. Sie nehmen an, dass solche Fehler mit einer gewissen Regelmäßigkeit auftreten und damit eine Art Takt vorgeben, der sich als Uhr verwenden lässt.

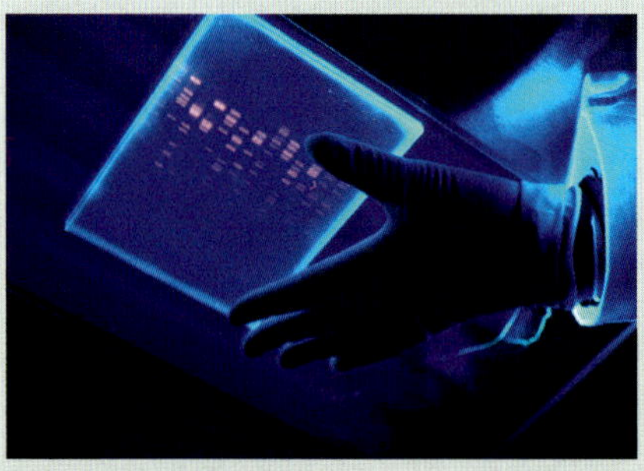

Für eine Erbgutanalyse lassen sich einzelne Genfragmente sichtbar machen – und vergleichen

Solange eine Gruppe von Lebewesen sich sexuell fortpflanzt und in dem gleichen Gebiet lebt, werden alle entstehenden Mutationen ständig durchmischt. Sobald sich aber zwei Gruppen voneinander trennen, startet die Uhr. Die Mutationen häufen sich nun in jeder Gruppe separat an und führen zu Unterschieden zwischen ihnen. Diese Unterschiede werden immer größer, je länger die beiden Populationen voneinander getrennt sind.

Analysieren Forscher nun die DNS zweier Lebewesen und vergleichen sie, können sie aus der Anzahl der Unterschiede zurückrechnen, wann sich die Vorfahren der beiden getrennt haben.

Allerdings ist das in der Praxis ungemein schwierig, denn die genetische Uhr kann an unterschiedlichen Stellen des Erbgutes unterschiedlich schnell ticken. Betrifft eine Mutation zum Beispiel ein lebenswichtiges Gen, stirbt der entsprechende Träger. Nachteilige Mutationen werden also durch die natürliche Auslese schnell wieder herausgesiebt und können sich nicht anhäufen. Andere Abschnitte auf dem Erbgut haben dagegen keine erkennbare Funktion; hier zeigen die Mutationen keine Wirkung; sie können sich langsam und stetig ansammeln.

Zudem befindet sich ein kleiner Teil der Erbsubstanz nicht im Zellkern, sondern in den Mitochondrien, den Kraftwerken der Zelle, die zu Hunderten im Zellplasma vorkommen und eine eigene, recht kurze DNS haben. Weil bei ihnen die Reparatur von Kopierfehlern nicht so gut funktioniert wie im Zellkern, häufen sich die Fehler dort viel stärker an – die Uhr läuft schneller.

Zudem existiert die Mitochondrien-DNS in vielen Kopien in jeder Zelle. Deshalb ist die Wahrscheinlichkeit groß, auch in sehr alten Knochenrelikten, deren Erbkern-DNS bereits ihre Struktur verloren hat, noch intakte Exemplare davon aufzuspüren. Es war deshalb Mitochondrien-DNS, die Molekularbiologen erstmals aus den Knochen eines mehr als 30 000 Jahre alten Neandertalers gewinnen konnten. Das 1997 veröffentlichte Ergebnis: Neandertaler und *Homo sapiens* haben sich vor rund 600 000 Jahren voneinander getrennt.

Doch als die Technik dann so weit voranschritt, dass es auch möglich wurde, das komplette Erbgut (Genom) von Neandertalern zu analysieren, bahnte sich im Mai 2010 eine sensationelle Wende an: Der Vergleich von drei 38 000 bis 44 000 Jahre alten Neandertal-Genomen aus Kroatien mit fünf heutigen Menschen zeigte: Einige genetische Sequenzen zwischen Neandertalern, Europäern und Asiaten stimmen stark überein.

Noch verblüffender: Es gibt offenbar keinerlei genetische Vermischungen zwischen den Neandertalern und heutigen afrikanischen Bevölkerungen.

Daraus schließen die Forscher: Vor etwa 80 000 Jahren trafen im Nahen Osten Neandertaler mit jenen *Homo-sapiens*-Gruppen zusammen, die aus Afrika ausgewandert waren. Es gab einige sexuelle Kontakte, sodass Neandertaler-DNS in das Erbe dieser modernen Menschen geriet. Die Nachfahren der *Homo-sapiens*-Siedler aus dem Nahen Osten breiteten sich dann über die restliche Erde aus und wurden zu den Ahnen der Europäer, Asiaten und Australier - während die in Afrika verbliebenen *Homo-sapiens*-Gruppen keinen Kontakt zu den Neandertalern hatten. So hinterließen die Urmenschen ihre genetischen Spuren in einem Teil der heutigen Menschheit, während sie selbst einige Jahrzehntausende später ausstarben.

Das Ergebnis der Analyse wirft eine brisante Frage auf: Wenn sich der Urmensch und der moderne Mensch vermischen konnten, gehörten sie derselben Art an. Müssen die Forscher also aus der Art *Homo neanderthalensis* wieder eine Unterart des modernen Menschen machen, ihn also *Homo sapiens neanderthalensis* nennen?

Diese Erkenntnis wird sicher nicht die letzte sein, mit der die Molekularbiologie die Sicht auf die Menschheitsevolution verändert. Denn die Analysetechniken werden immer einfacher, exakter und schneller und erlauben es, immer ältere Relikte von Urmenschen zu erkunden. *Henning Engeln*

ist noch unbekannt – aus Nachfahren des *Homo ergaster* entstanden ist, ist quasi der Vater des Neandertalers, und daher beginnt dessen Geschichte mit ihm.

Im Vergleich zu älteren Menschenformen ist *Homo heidelbergensis* deutlich weiter entwickelt: Sein Gehirnvolumen ist auf beachtliche 1300 Kubikzentimeter angewachsen (heutige Menschen besitzen durchschnittlich 1400 Kubikzentimeter).

nächste Kaltzeit anbricht, muss er vor dem rauen Klima nach Süden zurückweichen (um dann bei der nächsten Warmzeit erneut einzuwandern).

Vor spätestens 250 000 Jahren beginnt dann in Europa eine allmähliche Entwicklung, die zur vermutlich einzigen Spezies führt, die auf unserem Kontinent entsteht: Die Augenhöhlen des Heidelbergensis werden größer und runder, die Nasenöffnung weiter, das Gesicht wird

Spätestens vor **80 000 Jahren** entdecken sie das Birkenpech – den ersten Klebstoff der Geschichte

Er stellt hölzerne Wurfspeere für die Jagd auf Wild her, beherrscht das Feuer, baut sich wohl einfache Hütten und vermag offenbar sowohl zu planen als auch in gewissem Maß symbolisch zu denken. Zudem hat er möglicherweise schon spirituelle Vorstellungen.

In Südengland und Nordfrankreich, in Mitteldeutschland und Ungarn, Italien und Griechenland hinterlässt *Homo heidelbergensis* nach seiner Einwanderung vor 600 000 Jahren Spuren.

Nur eines kann er nicht: der Kälte trotzen. Als vor 360 000 Jahren die

breiter, höher und vorstehender, das Schädeldach niedriger und der Schädel länger; die Überaugenwülste werden zu kräftigen Bögen, die Knochen insgesamt robuster. Vor 200 000 Jahren hat sich der Körperbau so verändert, dass Wissenschaftler in diesem Menschen keinen *Homo heidelbergensis* mehr sehen, sondern einen Neandertaler (benannt nach einem Skelettfund 1856 in „Neanders Felsenthal" bei Düsseldorf).

Als vor 150 000 Jahren der gesamte Norden Europas von Eis bedeckt wird und sich riesige Gletscherlandschaften

Mehrere Phasen des Baus einer Unterkunft aus Holzgerüst und Knochen, über die Felle gedeckt werden. Relikte von Behausungen überdauern äußerst selten die Zeit; lediglich von einem Fundort in der Ukraine gibt es Hinweise auf solche Hütten

Im Winter wohnen die Jäger in **Höhlen**, die relativ milde Temperaturen sowie Schutz vor Niederschlägen bieten

Die Neandertaler halten sich vor allem im Eingangsbereich der Höhle auf, schüren dort Feuer und ruhen in einem mit Fellen abgetrennten Teil. In der Tiefe der Gruft ist es dagegen finster und feucht, dorthin ziehen sie sich nur selten zurück

über die Alpen und die Pyrenäen legen, überleben hier erstmals Menschen unter solch harten Bedingungen: Es sind frühe Neandertaler – anatomisch schon verändert, aber noch ohne die extremen Merkmale der späteren Typen.

Nach einigen Jahrzehntausenden erlebt dieser Menschenschlag etwas Erstaunliches: Die Temperaturen nehmen Jahr für Jahr zu, die Kaltzeit endet. Die Tundra zieht sich zurück, und allmählich breiten sich dichte Laubwälder mit Eichen, Ulmen, Linden und Erlen aus. Selbst Stechpalmen wachsen jetzt.

Statt Mammuts, Rentiere oder Pferde jagen die Neandertaler nun Waldelefanten, Rothirsche oder Wildschweine. In dieser Warmzeit liegen die Temperaturen sogar über den heutigen.

So dicht und undurchdringlich sind die Urwälder, dass die Neandertaler wohl vor allem an Flussufern und Seen leben, in den Flussauen jagen und zudem viel Pflanzenkost sammeln. Doch auch damit kommen sie gut zurecht.

12 000 Jahre dauert diese warme Zeit an, von 127 000 bis 115 000, dann ändert sich das Klima erneut: Es wird bitterkalt. Die Laubwälder werden von Fichten- und Tannenbeständen verdrängt, bis schließlich überall wieder Tundrenvegetation vorherrscht.

Mammuts und Rentiere, Wollnashörner und Wisente bevölkern diesen Lebensraum – und sind für Neandertaler potenzielle Jagdbeute. Vor etwa 60 000 Jahren erreicht diese Kaltzeit einen ersten Kälte-Tiefpunkt: Im Januar liegt die Durchschnittstemperatur bei minus 27 Grad, im Sommer erreicht sie nur knapp fünf Grad.

An diese Verhältnisse haben sich die Menschen weiter angepasst: Sie sind zu typischen Neandertalern mit kräftigen, gedrungenen Körpern und lang gestreckten, flachen Schädeln geworden.

Das Achtal, vor 45 000 Jahren: Etwa drei Kilometer südwestlich ihrer Höhle liegt ein Felsen (heute als Kogelstein bekannt), von dem aus die Neandertaler besonders gut nach Beute Ausschau halten können: Er bietet den Urmenschen einen Einblick in mehrere Täler und lässt sie frühzeitig Herden von ziehenden Wildpferden oder Mammuts entdecken.

Vermutlich errichten die Jäger hier ein Lager. Ihren Speiseplan ergänzen sie mit Fischen aus dem Flüsschen, möglicherweise auch mit Fröschen. Sie erbeuten Forellen, Quappen oder Groppen – vielleicht, indem sie die Fische in seichte Stellen treiben und dort mit der Hand fangen oder sie mit ihrem Speer durchbohren.

Wie die Unterkünfte aussehen, die sie außerhalb der Höhlen bewohnen, ist nicht überliefert, denn bis auf Knochen bleiben organische Materialien im Freiland nur extrem selten erhalten.

Vielleicht bauen sie größere Hütten aus Mammutgebeinen und Ästen, die sie mit Fellen bedecken und in denen eine ganze Gruppe Unterschlupf findet (dafür gibt es Belege von einer Fundstelle in der Ukraine, deren Deutung unter Wissenschaftlern jedoch umstritten ist).

Womöglich errichten sie auch nur kleinere, zeltartige Bauten, die aus wenigen Baumstämmchen bestehen, über die Felle gelegt werden und in denen höchstens zwei Erwachsene mit ihren Kindern eng aneinandergeschmiegt liegen können. Denkbar ist zudem, dass die Neandertaler im Sommer ganz ohne Unterkünfte auskommen.

Irgendwann treffen die Neandertaler auf eine andere **Menschenart**: den *Homo sapiens*

Auch über ihre Kleidung ist wenig bekannt: Sicher ist nur, dass sie – trotz ihrer Kältetoleranz – nicht ohne Körperbedeckung überleben können. Dazu nutzen sie vermutlich vor allem Tierhäute und Felle, die sie mit Steinmessern von Fleisch und Knochen lösen (und dabei gelegentlich Schnittspuren in den Gebeinen hinterlassen).

Mit spitzen Steinsplittern bohren sie Löcher in die Felle, durch die sie dann Lederriemen, Tiersehnen oder gedrillte Pflanzenfasern ziehen, um mehrere Teile zusammenzufügen. Nähnadeln sind ihnen nicht bekannt.

Vom Basislager aus unternehmen Gruppen von vielleicht vier, fünf Neandertalern Jagdausflüge in die Umgebung. Dabei kommt ihnen ihre Kenntnis der Region, der geographischen Besonderheiten und der unterschiedlichen Tier- und Pflanzenwelten zugute.

Entstanden ist diese Landschaft vor rund 150 000 Jahren. Damals floss ein mächtiger Strom hier entlang, die Donau. Sie fraß ein tiefes, breites Bett in den kalkhaltigen Untergrund und änderte dann ihren Lauf. Zurück blieb ein weites Tal, das nun – rund 100 000 Jahre später – die Neandertaler bewohnen. Es ist eine Landschaft, die in drei Regionen gegliedert ist.

Am höchsten gelegen sind die Alb-Hochflächen, auf denen Rentiere, Wildpferde, Mammuts, Wisente, Moschusochsen und Riesenhirsche weiden und äsen. Dort existiert eine nahrhafte Kräutersteppe etwa mit Sauerampfer, Spitzwegerich und Bärlapp.

Jägern, die auf diesen Hochflächen nach Nahrung suchen, bietet sich an klaren Tagen in Richtung Süden ein unvergleichlicher Anblick.

Ein gigantischer Panzer aus Eis ragt dort in die Höhe und erstreckt sich von Osten nach Westen, so weit das Auge reicht. Er übertürmt eine Bergregion, die man dereinst Alpenvorland nennen wird, und aus den Zungen der zahllosen Gletscher sprudelt Schmelzwasser, das die mächtige Donau speist, sich in Richtung Osten wälzt und irgendwann ins Schwarze Meer ergießt.

Weil sich Kalk in Wasser löst, hat das Regenwasser zahllose Hohlräume im Untergrund des Hochlandes ausgewaschen, in denen Niederschläge schnell verschwinden. Das Wasser sickert durch die porösen Berge und kommt an bestimmten Stellen als Quelle am Fuß der Felsenhänge wieder heraus (etwa aus jenem heute als „Blautopf" berühmten, runden, 21 Meter tiefen Wasserschlund am Rande Blaubeurens).

Eine solche Quelle speist auch das Flüsschen, an dem die Neandertaler hausen. Und weil die Alb-Hochflächen so trocken sind, müssen die großen Wildtiere immer wieder hinunter ins

Ein Mann hämmert mit einem Schlagstein auf eine Hornsteinknolle ein, um ein Werkzeug zu fertigen. Die Jäger kennen Lagerstätten dieses Feuersteins, die meist in wenigen Kilometer Entfernung liegen und ihnen Nachschub für die lebensnotwendigen Waffen und Werkzeuge liefern

Tal wandern, um zu trinken. Auch das wissen die Jäger.

Die Ebene, die zweite Region der Landschaft, enthält viele Auen, in denen Hecken, Büsche sowie Traubenkirschen, Haselnuss oder Sanddorn wachsen. Hier leben Rentiere, vereinzelt auch Rehe, und zuweilen treffen die Menschen auf Höhlenbären.

Die dritte Region in der Welt der Neandertaler sind die an Höhlen reichen, kalkigen Felshänge an den Seiten des Tals. Sie sind frei von Wald und bewachsen von Moosen und Flechten (ähnlich wie heute die Alpen). Dort leben Steinböcke, Gemsen, Murmeltiere, Lemminge, Greifvögel, Uhus, Schnee-Eulen und Schwalben.

All das ist den Urmenschen vertraut, wenn sie auf die Jagd gehen. Gelingt es ihnen, ein großes Beutetier zu töten, zerlegen sie es wohl vor Ort und tragen dann besonders fleischige, zum Transport geeignete Brocken heim ins Basislager. Vermutlich halten sie auch nach anderen wertvollen Gütern Ausschau, die es mitzubringen lohnt – geeignete Baumstämmchen für gute Speere etwa. Vor allem aber ein Rohstoff ist für die Neandertaler lebenswichtig: Jura-Hornstein – jenes Material, aus dem sie ihre Werkzeuge fertigen.

Dieser feinkörnige Feuerstein eignet sich hervorragend, um daraus zum Beispiel Messer, Lanzenspitzen oder Schaber herzustellen. In der Nähe des Hohlen Felses im Achtal gibt es ein reichhaltiges Vorkommen.

Schon vor 300 000 Jahren haben die Ahnen der Neandertaler eine Technik entwickelt, die die Herstellung von Steinwerkzeugen erstmals seit der Erfindung des Faustkeils vor rund 1,6 Millionen Jahren revolutioniert.

Bei dieser neuen Technik nimmt der Hersteller eine Feuerstein-Rohknolle und schlägt zunächst mit einem anderen Stein rundum die Kanten ab und bearbeitet die Unterseite. Durch weitere, seitlich umlaufende Schläge gestaltet er die Oberseite des Rohlings und sprengt schließlich von diesem so vorbereiteten Steinkern mit einem gezielten Schlag das gewünschte Werkzeug ab.

Das Grundprinzip dieser Vorgehensweise besteht darin, den Rohling so zu präparieren, dass ein ganz bestimmtes, erwartetes Endprodukt mit einer großen Zahl scharfer Kanten entsteht.

EINE WEITERE Innovation verbessert die Waffentechnik. Die Neandertaler müssen irgendwann, spätestens vor 80 000 Jahren, entdeckt haben, dass aus Birkenrinde, die unter Luftabschluss in einem abgedeckten Feuer langsam verschwelt, eine schwarze, zähe Flüssigkeit austritt: Birkenpech – der erste Klebstoff der Menschheit. Dank diesem Material können sie seither steinerne Messer mit Holzgriffen versehen.

Oder sie stecken steinerne Spitzen in eine Einkerbung am Ende eines Holzspeeres, umwickeln sie mit Tiersehnen und fixieren sie mit dem Kleber. Ein mit breiter Steinspitze versehener, aus geringer Entfernung geschleuderter Speer kann tief in den Körper eines Beutetieres eindringen und große, heftig blutende Wunden hinterlassen.

Rentiere und Pferde sind die bevorzugte Beute der Neandertaler. Häufig lauern die Jäger an engen Wegstellen, die die Tiere passieren müssen. Dort können sie ihre Opfer überraschen, denen kaum eine Möglichkeit zur Flucht bleibt.

Seltener wohl jagen die Urmenschen Wollnashörner und Mammuts, haben dann aber für einige Zeit Nahrung im Überfluss. Vermutlich haben sie gelernt, einen Teil des Fleisches länger aufzubewahren, indem sie es trocknen oder über dem Rauch des Feuers haltbar machen, doch darüber ist nichts überliefert.

Trotz der weit entwickelten Waffen ist jede Jagd ein riskantes Unternehmen, besonders auf Tiere von der Größe eines Wisents oder Mammuts. Die Jäger werden deshalb versuchen, einzelne Individuen von ihrer Gruppe abzudrängen, und sich vor allem an geschwächte oder junge Tiere heranwagen. Dennoch kommt es immer wieder zu Unfällen.

Daher erleiden die Urmenschen häufig Brüche an Armen und Beinen, Rippen oder am Gesichtsschädel. Neandertaler im Alter von über 30 Jahren haben in der Regel bereits mehrere Knochenbrüche überstanden, die verheilt sind.

Die Jäger können dabei auf die Hilfe ihrer Mitmenschen rechnen. Die Clan-Mitglieder pflegen selbst jene Angehörige, die aufgrund von Verletzungen oder anderer Gebrechen nicht mehr für sich selbst sorgen können.

In der Regel wird ein Neandertaler nicht viel älter als 40 Jahre. Ist ein Clan-Mitglied gestorben, bestatten die Urmenschen es, aber wohl nach anderen Regeln als der *Homo sapiens*. Vermutlich heben sie keine Grube aus, in die sie den Toten hineinlegen, sondern lassen ihn in der Landschaft liegen, bedecken ihn vielleicht mit einem Fell, das sie mit Steinen beschweren.

Oder sie überlassen den Körper der Natur, den Tieren. Was dann nach einiger Zeit an Knochen übrig bleibt, säubern sie, indem sie das restliche Fleisch abschaben (dabei hinterlassen sie an den Knochen Schnitt- und Schabespuren, die Forscher später entdecken), und deponieren die gereinigten Gebeine gelegentlich in einer Höhle.

Memo: **NEANDERTALER**

- **Vor 200 000 Jahren** entsteht in Europa aus dem *Homo heidelbergensis* der Neandertaler.
- **Er hat** eine gedrungene Gestalt, gewaltige Muskeln, große Überaugenbögen und eine riesige Nase.
- **Die Jagd** auf Großwild wie Rentiere, Pferde oder Mammuts ist seine Ernährungsgrundlage.
- **Vor etwa 27 000 Jahren** leben die letzten dieser Urmenschen im Süden Spaniens.
- **Weshalb** die Neandertaler ausstarben, ist nicht bekannt; möglicherweise reagierten sie zu langsam auf Umweltschwankungen.

Nachdem sie ihren Lagerplatz im Achtal während des Sommers wohl mehrfach verlegt und auf ihren Streifzügen weite Strecken zurückgelegt haben, suchen die Neandertaler im späten Herbst vermutlich erneut eine Höhle als Unterkunft.

Ob sie in den Hohlen Fels zurückkehren, ist ungewiss. Offenbar wechseln sie ihre Höhlen – vor allem dann, wenn ein Bär dort überwintern will.

Aber es gibt genügend Alternativen in dieser Gegend, denn an Höhlen besteht in dem porösen Kalkgestein der Talhänge kein Mangel. Auf einer Strecke von wenigen Kilometern liegen noch drei weitere geeignete, die heute bekannt sind: der Sirgenstein, das Geißenklösterle und die Große Grotte.

Wie viele Generationen lang die Neandertaler das Tal noch besiedeln, ist nicht überliefert. Irgendwann vor etwa 44 000 Jahren verlieren sich im Achtal ihre archäologisch nachweisbaren Spuren – etwa Steinwerkzeuge. Möglicherweise leben sie dort noch einige Zeit, ohne dass man davon Kenntnis hat. Doch letztlich verschwinden die Urmenschen aus der gesamten Schwäbischen Alb.

Was aus ihnen wird – ob sie vielleicht an einen anderen Ort ziehen oder eine Katastrophe sie auslöscht – ist nicht bekannt. Erwiesen ist dagegen, dass rund 5000 Jahre später erneut Menschen in den Höhlen dieser Gegend siedeln.

Die aber sind von einem ganz anderen Schlag: Es sind Gruppen des *Homo sapiens*, der aus Afrika über den Nahen Osten und die heutige Türkei nach Europa eingewandert ist und nun von Osten nach Westen langsam den Kontinent erobert (siehe Seite 86).

Doch immer noch leben Neandertaler in etlichen Regionen Europas. Mehr als 10 000 Jahre lang währt die Periode, in der sie gleichzeitig mit dem modernen Menschen existieren – und ihm sicher auch begegnen.

Wie solche Treffen ablaufen, muss Vermutung bleiben. Womöglich beäugen die Neandertaler den Neuen, dessen Haut, Augen und Haare wohl dunkler sind und dessen Verhalten anders ist, voller Misstrauen: Er ist für sie vermutlich nichts als ein äußerst lästiger Eindringling.

Daher leben beide Menschenformen offenbar nicht für längere Zeit als Nachbarn auf engem Gebiet. Vielmehr scheinen die Ureuropäer die Neuankömmlinge zu meiden und ziehen sich zurück.

Und allmählich werden die Neandertaler immer seltener. Womöglich vermehren sie sich langsamer als der *Homo sapiens*. Oder sie sind zu einseitig auf die Großwildjagd spezialisiert und daher gegenüber dem Konkurrenten im Nachteil.

Denkbar ist auch, dass der Neuling aus Afrika Krankheitserreger einschleppt, an die der alte Europäer nicht angepasst ist.

Vielleicht reagieren die Neandertaler zudem weniger flexibel auf die jetzt recht schnell schwankenden Klima- und Umweltbedingungen: In einer kalten Phase müssen sich die Menschen aus unwirtlichen Regionen zurückziehen. Steigen die Temperaturen danach wieder, besiedeln die Konkurrenten das freie Terrain schneller und setzen sich dort fest.

Möglicherweise hilft dem *Homo sapiens* auch sein ausgeprägtes symbolisches Denken, das andere soziale und kulturelle Strukturen ermöglicht. Oder die Tatsache, dass er sich besser im Team organisiert (siehe Seite 118).

Bis heute ist dieses Rätsel ungelöst. Eindeutig zu erkennen ist dagegen, dass die verbleibenden Neandertaler sich vor allem in südlichere Gegenden zurückziehen, auf die Randzonen ihres ursprünglichen Verbreitungsgebietes: etwa auf die Iberische Halbinsel, auf die Krim, ins heutige Kroatien und Slowenien.

Die letzten der urtümlichen Europäer hinterlassen ihre Spuren vor 27 000 Jahren im südwestlichsten Teil des heutigen Spanien – dort, wo Gibraltar liegt. Danach findet sich keinerlei Zeichen ihrer physischen Anwesenheit mehr. Der Neandertaler ist ausgestorben.

Ganz ausgelöscht ist diese Menschenart indes nicht. Ein kleiner Teil von ihr lebt weiter – und zwar im Erbgut anderer Menschen. Das haben neueste genetische Untersuchungen des Max-Planck-Instituts für evolutionäre Anthropologie in Leipzig erwiesen.

Den Analysen zufolge haben sich bei einer Begegnung der beiden Menschenformen im Nahen Osten vor mindestens 80 000 Jahren einige Neandertaler mit Angehörigen der Spezies *Homo sapiens* gepaart und dabei gemeinsame Kinder gezeugt (siehe Kasten Seite 70).

Auf diese Weise gerieten die Neandertaler-Gene in das Erbgut jener modernen Menschen, die den afrikanischen Kontinent verlassen hatten und sich nun anschickten, die gesamte übrige Erde zu besiedeln.

Und deshalb tragen alle heutigen Europäer und Asiaten einige Gene jenes Urmenschen in sich. Sie sollen insgesamt zwischen ein und vier Prozent unseres Erbguts ausmachen.

Rund 200 000 Jahre hat es die Neandertaler gegeben. Sie waren geschickte Jäger, Sammler und Werkzeughersteller, dem *Homo sapiens* vermutlich weder technisch unterlegen noch weniger intelligent. Nur dachten und handelten sie anders als der moderne Mensch, nutzten weniger Symbole und Zeichen. Sie waren eine weitere Antwort der Evolution auf die Herausforderungen des Lebens auf diesem Planeten.

Einfach eine andere Variante des Menschseins. □

Dr. Henning Engeln, 56, ist GEOkompakt-Redakteur. Wissenschaftliche Beratung: Prof. Dr. Michael Bolus, Universität Tübingen, Dr. Stefanie Kölbl, Urgeschichtliches Museum, Blaubeuren.

Literaturempfehlungen: Michael Bolus, Ralf W. Schmitz, „Der Neandertaler", Thorbecke. **Museum:** Das Urgeschichtliche Museum in Blaubeuren zeigt die Welt der Neandertaler und der Höhlen in der Schwäbischen Alb.

Die Insel der **Zwerge**

Als Wissenschaftler 2003 auf der indonesischen Insel Flores einen winzigen Schädel entdecken, denken sie zunächst an ein urzeitliches Kind. Doch schnell wird klar, dass sie auf die Überreste einer erwachsenen Frau gestoßen sind – und dass dieser Fund etliche Thesen über die Evolution der Gattung Homo infrage stellt

Text: Johannes Schneider

Von den Blättern der turmhohen Bambusgräser tropft noch das Wasser des letzten Regengusses; der Monsunwind treibt die warme Luft durch das Grün eines tropischen Dschungels. Auf einer Lichtung grast ein winziger Elefant, nicht größer als eine Kuh. Plötzlich umzingeln ihn mehrere kleinwüchsige Gestalten. Sie bohren ihre Speere in den Körper des Rüsseltiers. Unter der Vielzahl der Hiebe bricht der blutende Kleinelefant zusammen.

Nur gemeinsam können die Zwergmenschen die 500 Kilo schwere Beute zu ihrer Höhle schleppen, die weiter oben an einem der Waldhänge liegt. Sie müssen sich beeilen, der Kadaver könnte einen der drei Meter langen Warane anlocken.

Die fleischfressenden Drachen sind furchteinflößende Räuber, oft greifen sie aus dem Hinterhalt an. Sie sind die Einzigen, die den Kleinwüchsigen gefährlich werden können.

Denn von den normal großen Menschen, den Angehörigen der Art *Homo sapiens*, ist noch keiner bis in ihre Welt vorgedrungen. Hier, auf der abgelegenen Vulkaninsel Flores im Indischen Ozean, sind die Zwerge die Spitze der menschlichen Evolution.

Im Jahr 2003 finden Wissenschaftler die Überreste eines der Winzlinge in einer Kalksteinhöhle im Westen der Insel, die heute zu Indonesien gehört. Auch Relikte des erlegten Zwergelefanten entdecken sie.

Die Analyse der Hüft-, Bein- und Armknochen lässt auf einen Körper schließen, der kaum mehr als einen Meter maß. Und der Schädel ist geradezu winzig: 417 Kubikzentimeter beträgt das errechnete Hirnvolumen – das Maß einer Grapefruit. Schimpansen haben Hirne dieser Größe, der Denkapparat des modernen Menschen ist dagegen mehr als dreimal so groß.

Dementsprechend verblüfft sind die Paläoanthropologen, als sie feststellen, dass die Gebeine nicht, wie zunächst vermutet, die eines Kindes sind, sondern zu einer ausgewachsenen Frau gehören.

Noch größer aber ist die Überraschung, als bekannt wird, dass die Knochen nur 18 000 Jahre alt sind.

Für die Forscher gibt es nur eine Erklärung: Sie haben eine neue Menschenart entdeckt, die sie *Homo floresiensis* nennen (im täglichen Gebrauch jedoch sprechen sie vom „Hobbit" – in Anlehnung an die kleinen Fantasiewesen des Schriftstellers J. R. R. Tolkien).

Als sie ihre Ergebnisse 2004 veröffentlichen, sind Paläoanthropologen weltweit fassungslos. Denn der Zwergenmensch widerspricht etlichen Annahmen über die Evolution der Gattung Homo.

So galt bis zur Entdeckung der Winzlinge als sicher, dass das Gehirn des Menschen im Laufe seiner Entwicklung immer größer wurde und dass gerade das stetige Wachstum des Denkapparats seinen evolutionären Erfolg ausmachte. Das Gehirn des *Homo floresiensis* jedoch ist eines der kleinsten aller je entdeckten Homininen.

Der Hobbit dürfte im Überlebenskampf eigentlich niemals so lange durchgehalten haben. Homininen mit ähnlicher Körpergröße und vergleichbar wenig Hirnmasse, so die Lehrmeinung, lebten zuletzt vor drei bis vier Millionen Jahren in Afrika. Und nach dem Aussterben des *Homo erectus* vor 40 000 Jahren und des Neandertalers vor 27 000 Jahren blieb nur der *Homo sapiens* übrig – auch davon gingen die Wissenschaftler aus.

Die Zwerge von Flores, hier zwischen *Homo erectus* (o. l.) und *Homo sapiens*, maßen nur etwa einen Meter. Ihre Körpergröße könnte auch ein Vorteil gewesen sein: Sie verbrauchten weniger Energie als ihre größeren Verwandten

Wie konnte also ausgerechnet ein Zwerg mit bescheidenem Hirn so lange neben dem modernen Menschen bestehen? Wie kam er auf die abgelegene Insel Flores? Und weshalb war er so klein?

Zumindest die Antwort auf die letzte dieser drei Fragen klingt einfach: Der Hobbit war einst groß, dann ist er geschrumpft.

Bei Säugetieren kennen Biologen schon lange das Phänomen, dass sie, wenn sie auf Inseln leben, im Laufe der Zeit an Größe verlieren. So schwammen auf Zypern einst Flusspferde, die so klein waren wie Zuchtsauen. Die Schulterhöhe der Mammuts auf den Kanalinseln vor Kalifornien betrug 1,80 Meter. Das Rotwild der Inseln Kasos und Karpathos hatte

Trotz seines winzigen Schädels und Gehirns war der *Homo floresiensis* intelligent – höchstwahrscheinlich konnte er sprechen und mit Werkzeugen umgehen

Zwergenformat. Und auf den Inseln vor der Küste Floridas grasen noch heute zierliche Weißwedelhirsche, die nur halb so schwer sind wie ihre Artgenossen auf dem Festland.

Die Verkleinerung ist Folge bestimmter evolutionärer Bedingungen: So fehlen auf Inseln häufig die gewaltigen Räuber der Kontinente – deshalb können Beutetiere auf den Eilanden schrumpfen, ohne in

Auf Inseln verläuft die Evolution schneller als auf dem Festland

Gefahr zu geraten, gefressen zu werden. Auf diese Weise vermögen sie auf dem begrenzten Raum eine größere Population zu entwickeln, und sie sind trotz des auf Inseln eingeschränkten Nahrungsangebots überlebensfähiger, weil ihre kleinen Körper weitaus weniger Energie verbrauchen.

Die Insel-Regel gilt freilich nur für Säuger, die größer sind als Hasen. Kleinere Mammalia dagegen, etwa Nager, neigen dazu, im Insel-Exil zu wachsen. Auch Nicht-Säuger wie Echsen und Insekten legen zu.

Ein wichtiger Grund für ihre geringe Größe auf dem Festland ist der Wettbewerb um sichere Unterschlüpfe, in denen sie vor größeren Jägern geschützt sind. Auf den raubtierarmen Eilanden hingegen hält sie nichts davon ab, ihr Versteckspiel aufzugeben und selbst größer zu werden.

Durch ihr Wachstum vermögen sie sich neue Nahrungsquellen zu erschließen, sie können Fett und das auf Inseln häufig knappe Süßwasser besser speichern, größere Junge hervorbringen und länger leben. Beide

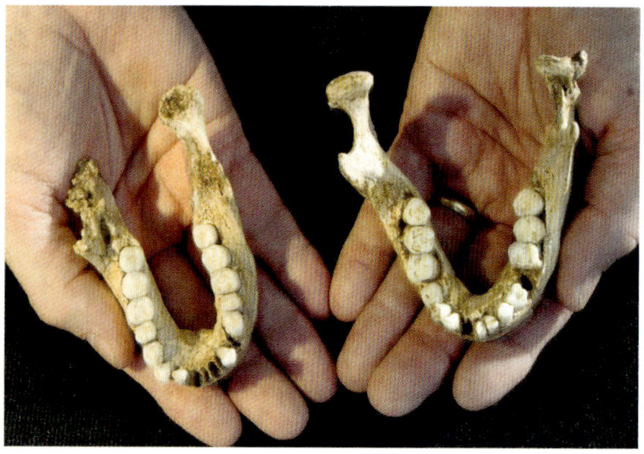

Unterkiefer zweier Vertreter der Art *Homo floresiensis*: Die Vorbackenzähne haben zwei Wurzeln – ein Hinweis, dass es sich nicht um einen modernen Menschen handelt

Tendenzen, Verzwergung wie Riesenwuchs, zeigen, dass die Evolution auf Inseln häufig rascher und gerichteter verläuft als auf dem Festland. Denn die Zahl der Individuen ist geringer, die Gesamtheit aller Gene – der Genpool – also kleiner.

Die isolierte Lage verhindert zudem einen Gen-Austausch mit anderen Populationen. Ist daher eine Entwicklungsrichtung erst einmal eingeschlagen, verstärkt sie sich konsequent im Laufe der Generationen.

So lebten gemeinsam mit dem Hobbit auf Flores einerseits Giganten wie die mehr als 200 Kilo schweren Komodo-Warane sowie Riesenratten, deren Körpergröße der von Waschbären entspricht. Andererseits gab es die Elefantengattung Stegodon mit Exemplaren, die auf Büffelmaße geschrumpft sind.

Die Verzwergungs-These könnte also erklären, weshalb der *Homo floresiensis* der kleinste Vertreter

»Liang Bua« (»Kalte Höhle«) nennen die Indonesier die Kalksteinhöhle im Westen von Flores, in der Paläoanthropologen 2003 in sechs Meter Tiefe auf die Überreste der Zwergenmenschen stoßen

der Gattung Homo ist, der jemals gefunden wurde. Doch kann man den Hobbit mit Weißwedelhirsch und Flusspferd gleichsetzen? Gelten für den Menschen nicht andere evolutionäre Regeln?

Beispielsweise haben fast alle Säuger ein dickes Fell, das sie vor der Kälte schützt, der nackte Mensch dagegen lernte, das Feuer zu bändigen und Kleidung zu schneidern. Er erfand Waffen und Werkzeuge, mit denen er seine körperlichen Schwächen ausgleichen konnte. Trifft die Insel-Regel auf den *Homo floresiensis* zu, steht das offenbar im Widerspruch zu der Vorstellung, dass der Mensch seinen Körper kaum verändern musste, weil er dem Druck zur evolutionären Anpassung stets seine Intelligenz und Kultur entgegensetzen konnte.

Es ist daher kein Wunder, dass sich um den Inselmenschen bald ein heftiger wissenschaftlicher Streit entwickelt. Die an der Verzwergungs-These zweifelnden Paläoanthropologen wenden ein, der Kopf des Hobbit sei selbst für seine bescheidene Körpergröße viel zu klein. Gemessen an seinem Hirnvolumen, hätte er nur 30 Zentimeter groß sein und zwei Kilogramm wiegen dürfen.

Sie vermuten, das gefundene Individuum habe unter einer krankhaften Veränderung gelitten – und halten die *Homo-floresiensis*-Frau für einen hirngeschädigten modernen Pygmäen. Möglicherweise, so spekulieren sie, litt sie an Kretinismus: einer Schilddrüsenunterfunktion, die schon im Mutterleib entsteht, meist ausgelöst durch Jodmangel. Oder

Nur von einem der Zwergenmenschen gibt es ein annähernd komplettes Skelett – und von mehr als einem Dutzend Individuen haben Forscher einzelne Knochen entdeckt, die zwischen 95 000 und 12 000 Jahre alt sind

sie war betroffen von Mikroenzephalie, einer krankhaften Hirnverkleinerung.

Doch die Anhänger der Verzwergungs-These können diese Zweifel entkräften: Paläontologen finden heraus, dass sich auch bei einst auf Madagaskar verzwergten Flusspferden das Gehirn überproportional stark verkleinerte. Da gerade das Denkorgan besonders viel Energie verbraucht, wurde das Schrumpfhirn sogar zum evolutionären Vorteil.

Zudem ist die reine Größe eines Gehirns nicht allein entscheidend für die erreichte Denkleistung. Vielmehr kommt es auf die Vernetzung des Nervenzentrums an und auf die Struktur der Hirnwindungen.

Computertomographische Scans des Schädels von *Homo floresiensis* haben ergeben, dass Stirn- und Schläfenlappen des Hobbit-Hirns besonders ausgeprägt waren – Bereiche, in denen hoch entwickelte kognitive Prozesse ablaufen, etwa das vorausschauende Planen und das Ergreifen von Initiative.

Homo floresiensis war also durchaus intelligent, schließen die Hobbit-Verfechter, sein Gehirn klein, aber spezialisiert. Höchstwahrscheinlich konnte er sprechen, mit Werkzeugen umgehen und sich in Gruppen organisieren.

So würden sich auch die Überreste von Tieren sowie die Steinwerkzeuge erklären, die die Forscher neben den Zwergen-Skeletten gefunden haben: Klingen und Ahlen, Speerspitzen aus Vulkangestein, gekonnt gefertigt, dazu Knochen des Stegodon, von Komodo-Waranen und Riesenratten.

Die Tierknochen zeigen Ritzspuren, einige der Gebeine sind verkohlt: Offenbar haben die Hobbits gejagt, und sie müssen in Gruppen losgezogen sein, um den – für sie – riesigen Stegodon zu erlegen. Nach erfolgreicher Jagd kehrten sie in ihre Höhle zurück, zerlegten und grillten ihre Beute.

UND DANN ENTDECKEN die Ausgräber in der Höhle auf Flores weitere Überreste der Zwerge: Knochen von mehr als einem Dutzend Individuen, zwischen 95 000 und 12 000 Jahre alt, allesamt ähnlich klein wie der Hobbit. Der Metermensch war also kein Unikat, die Definition einer eigenen Art *Homo floresiensis* wohl gerechtfertigt.

Es bleibt die Frage, woher der Winzling einst kam und wer seine Ahnen waren. Möglicherweise stammt er vom *Homo erectus* ab, dem „aufrechten Menschen", dessen Vorfahren sich vor knapp zwei Millionen Jahren in Afrika entwickelten und von dort aus Asien eroberten (siehe Seite 24).

Fossilienfunde weisen darauf hin, dass *Homo erectus* schon lange vor den Zwergenmenschen nach Flores kam. Den in der Kaltzeit auf wenige Kilometer verengten Wassergraben zwischen dem südostasiatischen Festland und der Insel könnte er schwimmend, an einem Baumstamm geklammert oder sogar mit primitiven Flößen zurückgelegt haben.

Homo erectus, der bis zu 1,65 Meter groß wurde, weist eine ähnliche – wenn auch deutlich größere – Hirnform und ähnliche Zähne auf wie *Homo floresiensis*. Er könnte sein Urahn gewesen sein.

Andere Merkmale des Metermenschen sprechen für einen noch älteren Ursprung, etwa seine kurzen Beine, seine affenartigen Handgelenke – und seine Füße. Mit etwa 20 Zentimeter Länge sind sie unverhältnismäßig groß, messen mehr als zwei Drittel der Länge des Oberschenkelknochens (beim *Homo sapiens* sind die Füße nur gut halb so lang wie die Oberschenkel).

Außerdem fehlt dem Hobbit die Wölbung der Fußsohle, die sich bei den Homininen vor etwa 1,9 Millionen Jahren entwickelte und es ihnen erleichterte, schnell zu laufen. Die Plattfüße des *Homo floresiensis* waren dagegen nicht zum Sprinten geeignet, sie entsprechen frühen afrikanischen Menschenarten und teils sogar jenen Vormenschen, zu denen auch der berühmte äthiopische Affenmensch „Lucy" gehört.

So scheint es, als sei der Zwergenmensch eine Kombination verschiedener Gattungen und Entwicklungsstufen gewesen: der Schädel modern, der Körper primitiv.

DOCH VON WEM auch immer der Hobbit abstammt – seine schiere Existenz wirbelt anatomische und geographische Vorstellungen über die menschliche Evolution durcheinander. Ist *Homo floresiensis* ein geschrumpfter *Homo erectus*, so muss dessen Körper teils primitiver gewesen sein als bisher angenommen.

Noch weitreichender sind die Konsequenzen, falls *Homo floresiensis* seinen Ursprung in frühen Menschenarten der afrikanischen Savanne wie *Homo habilis* hat. Bereits diese müssten dann ausgewandert sein, ohne irgendwo jenseits von Afrika Spuren hinterlassen zu haben – außer auf Flores.

Dort lebte der Zwergenmensch bis vor mindestens 12 000 Jahren. Grillte Riesenratten, während in Europa die Kunst der Höhlenmalerei blühte; jagte Mini-Elefanten, als *Homo sapiens* im Nahen Osten bereits kurz davor war, Grassamen auszustreuen und Rinder zu domestizieren.

Mehrere Zehntausend Jahre teilten sich *Homo floresiensis* und *Homo sapiens* den Lebensraum Erde. Dann löschte womöglich ein Vulkanausbruch das Völkchen der zwergenhaften Inselmenschen aus.

Vielleicht, so vermuten manche Forscher, kam aber auch *Homo sapiens* auf seiner Welteroberungstour auf das Eiland der Hobbits – und machte seinen kleinen Verwandten vom Jäger zum Gejagten. □

Memo: **HOMO FLORESIENSIS**

- **Homo floresiensis** ist die kleinste Menschenart, die jemals entdeckt worden ist.
- **Das Gehirn** des Zwergs hatte die Größe einer Grapefruit; dennoch war er intelligent.
- **Die Flores-Menschen** jagten in Gruppen, stellten Werkzeuge her und konnten wohl sprechen.
- **Kleine Körper** benötigen weniger Energie – vermutlich waren die Kleinwüchsigen daher in der Lage, Nahrungsengpässe besser zu überstehen.
- **Ob der *Homo sapiens*** die »Hobbits« ausrottete oder ob sie einem Vulkanausbruch zum Opfer fielen, ist noch nicht geklärt.

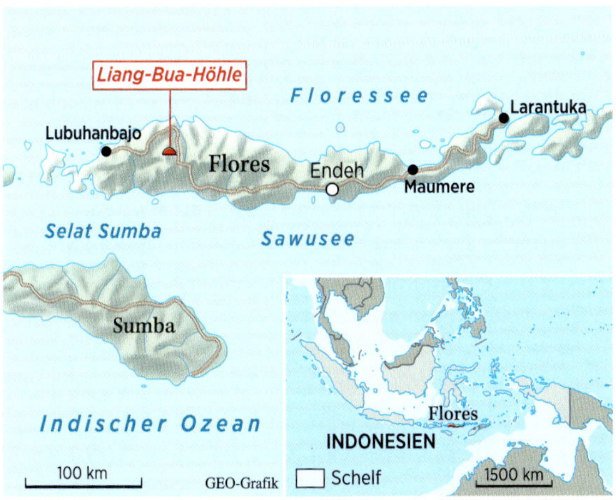

Auch während der Eiszeit war Flores nie mit dem Festland verbunden – die Menschen müssen über das Wasser auf die Insel gekommen sein

Johannes Schneider, 29, ist Journalist in Hamburg.

Text: Katharina Kramer

Die Gewissheit des Todes

Als *Homo sapiens* begann, sich Gedanken über die eigene Sterblichkeit zu machen, setzte ein Prozess ein, der wie kaum ein anderer die kulturelle Entwicklung des Menschen vorantrieb

Vor etwa 95 000 Jahren kam es im Nahen Osten zu einem Vorgang, der in der 3,5 Milliarden Jahre währenden Geschichte des Lebens bis dahin einmalig war (zumindest ist nichts anderes überliefert). In einer Höhle südlich jenes Fleckens, an dem später die Stadt Nazareth entstand, bestattete eine kleine Gruppe von Menschen der Art *Homo sapiens* einen Toten. Der Jugendliche hatte einen Schädelbruch erlitten und war daraufhin gestorben. Doch statt den toten Artgenossen einfach liegen zu lassen, wie es ältere Menschenarten getan hätten, hoben die Angehörigen vor dem Eingang ihrer Höhle eine Grube aus und legten den Toten hinein: in Rückenlage, die Knie angewinkelt, die Hände seitlich des Halses. Auf die nach oben weisenden Handflächen platzierten sie Teile eines Hirschgeweihs. Dann bedeckten sie die Grube mit Erde und Steinen.

Als Forscher die Höhle von Qafzeh 1969 freilegten, erkannten sie in der Grube die älteste bekannte Grabstätte der Geschichte. Weshalb aber machten sich die Menschen diese Mühe? Für den französischen Paläoanthropologen Bernard Vandermeersch legt das „einen sehr bewussten Umgang mit dem Tod und eine Vorstellung von einem Leben im Jenseits“ nahe.

Der Mensch ist wohl das einzige Lebewesen, das seine Toten bestattet. Und von keinem Tier ist bislang bekannt, dass es sich seiner Sterblichkeit bewusst ist. Wozu aber verfügen wir über diese Gabe? Wie ist sie entstanden? Ist es nur ein Zufall, dass sich Begräbnisrituale erstmals zeigten, kurz bevor der moderne Mensch aufbrach und die Welt eroberte?

Schon vor sieben Millionen Jahren reagierte der gemeinsame Vorfahr von *Homo sapiens* und Affe vielleicht anders auf den Anblick toter Artgenossen als die meisten Tiere. Denn auch heutige Schimpansen zeigen ein besonderes Verhalten: Sie umringen ihre Toten bis zu sechs Stunden lang, sind dabei häufig auffallend ruhig, lausen den Leichnam, säubern bisweilen sogar seine Wunden. Oft essen sie noch wochenlang nur wenig.

Wann der erste menschliche Urahn erkannte, dass er sterben muss, lässt sich nicht mehr ermitteln. Vielleicht geschah es bereits vor 600 000 Jahren: Damals kratzten Urmenschen im heutigen Äthiopien die Gesichtshaut vom Schädel eines Toten, wie Schnittspuren an den Knochen beweisen. Manche Forscher vermuten dahinter eine kultische Handlung. Mindestens 300 000 Jahre alt sind Gebeine von Individuen der Art *Homo heidelbergensis* in Nordspanien: Mehr als 30 Tote deponierten Urmenschen hier in einem Schacht, zusammen mit einem Steinwerkzeug, womöglich eine Grabbeigabe. Das könnte bereits eine einfache Form der Beisetzung gewesen sein.

Das Grab von Qafzeh dagegen offenbart eine neue Qualität im Umgang mit Verstorbenen: Die Angehörigen bestatteten den Toten sorgfältig, fügten Grabbeigaben hinzu und hielten dabei vielleicht schon Rituale und Zeremonien ab.

In jener Zeit hatte die kognitive Entwicklung des *Homo sapiens* einen großen Sprung gemacht. Wie Abdrücke von 100 000 Jahre alten Schädelfunden vermuten lassen, besaßen jene Menschen bereits ein stark ausgeprägtes Stirnhirn und ein für Grammatik und Syntax zuständiges Sprachzentrum.

„Mit der Sprache aber entwickelte sich die Fähigkeit, besser Handlungen zu planen und sich über Dinge Gedanken zu machen, die jenseits des Hier und Jetzt liegen“, so der Hirnforscher Gerhard Roth. Untersuchungen haben gezeigt, dass Menschen beim Nachdenken über die Zukunft weitgehend die gleichen Hirnareale aktivieren wie beim Erinnern von Vergangenem. Für unsere Vorfahren bedeutete es einen großen Fortschritt, zahlreiche Erfahrungen verknüpfen und auf dieser Basis vorausplanen zu können: Weil sie etwa gelernt hatten, dass im Winter die Nahrung knapp wird, konnten sie nun für die nächste kalte Jahreszeit Vorräte anlegen.

Doch die Fähigkeit, sich eine Zukunft vorzustellen, hatte weitreichende Folgen: Weil die Menschen beobachteten, dass alle Lebewesen irgendwann sterben, mussten sie daraus schließen, dass auch sie selbst eines Tages der Tod ereilen wird. Das Bewusstsein der eigenen Sterblichkeit entstand möglicherweise „als Abfallprodukt der Zukunftsplanung", so Gerhard Roth.

Für die Menschen war das Wissen um ihre Endlichkeit zunächst ein Nachteil, vermutet der US-Psychologe Jeff Greenberg: „Wie soll man ein Mammut jagen, wenn man ständig über den Tod nachgrübelt?" Deshalb mussten sie unbewusste Schutzmechanismen entwickeln, die Gedanken an den Tod unterdrückten und es ihnen erlaubten, ihren Alltag zu bewältigen. Diese Mechanismen sind noch heute in unserem Unbewussten aktiv.

Wie sie funktionieren, haben Psychologen erforscht. Bei solchen Untersuchungen erinnern die Wissenschaftler ihre Probanden an den Tod – indem sie ihnen etwa auftragen, Gedanken zur eigenen Sterblichkeit zu notieren. Danach gibt es mehrere Tests, deren Resultate mit denen einer Kontrollgruppe (die sich etwa zu Zahnschmerzen Gedanken macht) verglichen werden.

In einem Experiment bekamen die Teilnehmer Fotos zu sehen: zum einen Bilder von unberührter Wildnis, zum anderen von Kulturlandschaften. Das Ergebnis: Diejenigen, die sich mit dem Tod beschäftigt hatten, bewerteten die Kulturlandschaften positiver und die Wildnis-Szenerien negativer als die Vergleichsgruppe. Eine deutsche Studie erwies, dass solche Probanden im Vergleich zur Kontrollgruppe eher deutsche Küche, deutsche Autos und die D-Mark – also nationale Produkte – bevorzugten.

Wohl erst als sich Menschen ihrer Sterblichkeit bewusst wurden, bestatteten sie ihre Toten – wie diesen mit einer Muschelhaube geschmückten jungen Mann, der vor mehr als 20 000 Jahren in Ligurien starb

Dahinter steckt ein Verhaltensmuster, das Forscher bislang in 16 Ländern nachweisen konnten: Menschen klammern sich im Bewusstsein des Todes an etwas Größeres, ihr eigenes Leben Überdauerndes – vor allem an ihre Gruppe, ihre Kultur, Werte und Symbole. Es scheint sich um eine universale Strategie gegen Todesfurcht zu handeln.

Bei Kleinkindern besteht eine solche Furcht vor der eigenen Sterblichkeit zunächst nicht. Denn eine Voraussetzung dazu ist das Bewusstsein eines eigenen „Ich" – das aber zeigt sich erst nach dem ersten Lebensjahr. Doch noch über viele Jahre halten sich Kinder gleichsam für unsterblich: Sie fassen den Tod als Schlaf, Abwesenheit oder vorübergehende Reise auf. Bis zum Alter von neun Jahren glauben sie, das Ableben geliebter Menschen verhindern zu können, und noch mit zehn meinen viele, dem Tod entrinnen zu können, wenn sie es nur geschickt genug anstellen. Erst Elfjährige begreifen, dass auch sie eines Tages sterben. Und genau in diesem Alter unterdrücken auch sie mithilfe ihrer Gruppe und Kultur die Angst vor dem Tod.

Auch darüber, wie sich ein solcher Schutzmechanismus im Unbewussten verankern konnte, haben sich die Verfechter dieser „Terror Management Theory" Gedanken gemacht. In der Savanne waren unsere Vorfahren ständig mit dem Tod konfrontiert – und jene Individuen, die die Gedanken an die eigene Sterblichkeit unterdrücken konnten, dürften im Verlauf der Evolution erfolgreicher gewesen sein. Dabei erwies es sich offenbar als gute Strategie, sich nicht mehr als Teil der Wildnis zu sehen, in der der Tod allgegenwärtig ist. Sondern sich über die Gruppe und ihre Errungenschaften zu definieren.

So begann eine Entwicklung, die den Nachteil der Todesfurcht letztlich in einen evolutionären Vorteil umwandelte: Denn die Menschen nutzten nun ihre Fantasie, um übernatürliche Welten zu ersinnen, in denen schützende Götter walten und der Tod nicht das Ende ist. Und je mehr Mitglieder einer Gruppe diesen Glauben teilten, desto stärker war ihr Wille zur Kooperation. Eine gemeinsame Kultur mit gemeinsamen Werten entstand.

All diese Qualitäten haben in der Zeit der ersten Bestattungen vermutlich einen enormen Aufschwung genommen. Und sie dürften dem Menschen bei der Ausbreitung über die Erde maßgeblich geholfen haben. Manche Forscher meinen, dass der Eroberer deshalb so umtriebig war, weil er um seine Endlichkeit wusste.

Wo immer Menschen sich niederließen, dekorierten sie Höhlen, bauten Tempel, Pyramiden und Gotteshäuser, in denen sie ihre tröstenden Jenseitsvorstellungen zelebrieren konnten. Gerade weil der *Homo sapiens* den Tod vor Augen hat, nimmt er das Leben bewusst wahr, bejaht es umso mehr, wird kreativ und sucht die Herausforderung.

„Wäre der Tod nicht unausweichlich", so der französische Schriftsteller Amin Maalouf, „hätte der Mensch nichts gewagt, nichts ausprobiert noch unternommen, nichts erfunden und nichts gebaut." □

Katharina Kramer ist Wissenschaftsjournalistin in Hamburg. Wissenschaftliche Beratung: Prof. Immo Fritsche, Sozialpsychologe an der Friedrich-Schiller-Universität Jena, Prof. Gerhard Roth, Hirnforscher an der Universität Bremen.

Noch viele Jahrzehntausende nach seiner Entstehung harrt der moderne Mensch in seiner Heimat Afrika aus. Doch vor 60 000 Jahren machen sich einige Gruppen auf, die Welt jenseits ihres Kontinents zu entdecken. Sie verdrängen bald alle anderen Menschenformen auf der Erde: Denn technisches Geschick, symbolisches Denken und soziales Empfinden machen sie allen überlegen

Aufbruch zu ne

uen Kontinenten

Wie schon die Menschen vor Jahrzehntausenden ziehen noch heute die Männer vom Volk der San als Jäger durch die Kalahari-Wüste im Süden Afrikas – und geben uns eine Ahnung davon, wie der frühe *Homo sapiens* gelebt haben mag

Das Volk der San ist eines der ältesten der Erde - seine Wurzeln reichen fast bis zum Ursprung unserer Art vor 200 000 Jahren. Noch heute leben einige San in Südafrika ähnlich wie ihre archaischen Vorfahren vor 60 000 Jahren, als *Homo sapiens* erstmals Afrika verließ

Text: Martin Paetsch Fotos: Dan Kitwood

Heiß brennt die Sonne auf die Männer herunter, die durch die ausgedörrte Landschaft stapfen. Sie haben lange Holzspeere geschultert, sonst tragen sie kaum etwas mit sich. Es sind Buschleute vom Volk der San: Jäger und Sammler aus der Kalahari-Wüste im Süden Afrikas. Sie suchen nach Spuren, lassen ihren Blick über den Boden schweifen.

Niemand spricht. Schließlich formt einer die Hand zu einem Zeichen; seine Finger ahmen die auffälligen Hörner der Kudu-Antilope nach. Es ist eine ganze Herde, deren Fährten er im Sand entdeckt hat.

Im Laufschritt folgen die Jäger der Spur, bis eine einzelne Fährte zur Seite abzweigt. Die Männer wissen: Sie stammt vom schwächsten Tier der Gruppe, das sich im nahen Gebüsch verstecken will.

Überschätzt der Verfolger seine Kräfte, droht er selbst zu kollabieren. Ein Hitzeschock bei 40 Grad Celsius mitten in der Wüste kann sein Ende bedeuten.

Doch er hat einen entscheidenden Vorteil: Sein Körper vermag die Hitze durch Schwitzen auszugleichen. Die Antilope hingegen muss im Schatten rasten, um sich abzukühlen – und genau diese lebenswichtigen Atempausen unterbricht der Jäger immer wieder.

Dann hat er Erfolg. Plötzlich steht das völlig entkräftete Wild direkt vor ihm. Der Mann hebt seinen Speer, stößt ihn tief in den Leib des Tieres.

Es ist eine uralte Form der Jagd, vielleicht die älteste überhaupt. Manche San stellen dem Wild noch immer auf diese archaische Weise nach, auch ohne jede Waffe. Hetzen es zu Tode – ganz so, wie es wohl schon ihre

Schon die ersten Vertreter des *Homo sapiens* gleichen äußerlich dem **heutigen Menschen**

Selbst diese erschöpfte Antilope ist keine leichte Beute. Nur der beste Läufer setzt dem Tier nach. In der mörderischen Hitze folgt er ihm durch Sand, hohes Gras und dornige Büsche. Scheucht es immer wieder auf, wenn es im Schatten auszuruhen versucht.

Stundenlang dauert die Hetzjagd. Es ist ein gnadenloser Wettlauf, der für beide tödlich ausgehen kann.

Ahnen getan haben. Vor Tausenden, vielleicht Zehntausenden von Jahren.

Und nicht nur die Jagdweise dieser Menschen stammt aus früher Vorzeit. Die San sind eines der ältesten Völker der Welt. Genetische Untersuchungen haben gezeigt: Ihre Wurzeln reichen womöglich 150 000 Jahre zurück. Fast bis zum Anbeginn unserer Art.

Zurück in eine Epoche, in der in Afrika erstmals eine neue Spezies mit großem Gehirn und flachem Gesicht auftauchte: der *Homo sapiens*, der „weise Mensch" (von lat. *homo* = Mensch und *sapiens* = weise).

Es war nicht die erste Art der Gattung Homo, die auf diesem Kontinent entstand. Und auch nicht die einzige, die zu dieser Zeit auf der Welt lebte. Doch der *Homo sapiens* wurde die erfolgreichste von allen.

Denn vor rund 60 000 Jahren brachen einige Hundert dieser Menschen zu einer einzigartigen Wanderung auf. Zu einem Exodus, der ihre Nachfahren hinaus aus Afrika und bis in die letzten Winkel der Erde führte.

Die urzeitlichen Migranten verdrängten alle anderen Menschenformen, die es zu jener Zeit auf der Erde gab, etwa den Neandertaler und den *Homo erectus*.

Der globale Siegeszug des *Homo sapiens ist* genauso faszinierend wie rätselhaft: Wie konnte eine kleine Gruppe von Menschen, die vielleicht ähnlich lebten wie heute noch die San, die gesamte Welt erobern?

Was machte unsere Art so besonders und ermöglichte es ihr, sich gegen alle anderen Spezies durchzusetzen?

Und vor allem: Weshalb blieb sie über viele Jahrzehntausende in ihrer afrikanischen Heimat, ehe sie dann plötzlich zu ihrem grandiosen Siegeszug aufbrach?

Es gibt keine Aufzeichnung, keine Überlieferung aus jener Zeit. Lediglich Knochenreste und Werkzeuge sind über die Äonen erhalten geblieben. Und die urzeitlichen Wanderungen haben Spuren im Erbgut heutiger Völker hinterlassen.

Deshalb ist es Paläoanthropologen dennoch möglich, mithilfe von archäologischen Funden und Genanalysen die Geschichte unserer Art zu rekonstruieren.

Zumindest in ihren Grundzügen.

Die Geschichte beginnt vor rund 200 000 Jahren in Ostafrika, am Omo-Fluss im späteren Äthiopien. Damals ist dessen Tal noch deutlich grüner, weniger dürr und trocken als heute. Durch saftiges Gras streifen Büffel, Zebras und Giraffen. Im nahen Wald leben Riesenwaldschweine und zierliche Antilopen. Der Fluss ist reich an Nilbarschen, Welsen und anderen großen Fischen.

Auch Menschen bevölkern dieses vorzeitliche Eden. Sie sind vermutlich Tierherden auf ihrer jährlichen Wanderung hierher gefolgt. Vielleicht hetzen sie Zebras und anderes Wild zu Tode, wie es heute noch die San tun.

Die Jäger vom Omo-Fluss sehen anders aus als ihre Ahnen der Art *Homo heidelbergensis*. Sie sind schmaler gebaut, haben weniger stark ausgeprägte Wülste über den Augen. Ihre Stirn ist höher, die Nase kleiner, am Unterkiefer zeichnet sich ein Kinn ab. Möglicherweise haben sich diese Züge nicht lange zuvor entwickelt. Denn von zwei Skeletten, die sich in Schlammablagerungen nahe dem früheren Flussbett erhalten haben, zeigt eines noch archaische Merkmale – vielleicht also beginnt sich die neuartige Körperform gerade erst in der Population durchzusetzen.

Das weiter entwickelte der beiden Skelette beweist zudem: Einige dieser frühen Vertreter des *Homo sapiens* sind äußerlich kaum von heutigen Menschen zu unter-

Mit Speerschleuder sowie Pfeil und Bogen entwickelt *Homo sapiens* neue Waffentechniken. So vermag er wie heute die Buschmänner Beute aus sicherer Entfernung zu erlegen

scheiden. In die Gegenwart versetzt, würden sie wohl nicht weiter auffallen.

Sie sähen aus wie wir.

Und die Omo-Menschen haben schon jenen Vokaltrakt, der es uns heutzutage erlaubt, eine Vielzahl verschiedener Laute zu erzeugen. Auch ihr Gehirn stimmt vermutlich weitgehend mit unserem überein: Anders als etwa beim *Homo heidelbergensis* wölbt es sich hinter der Stirn steil nach oben.

Das anatomische Rüstzeug der Omo-Menschen unterscheidet sich also vermutlich kaum von dem unseren. Doch sprechen und denken sie auch schon wie wir?

Kaum etwas deutet auf einen großen Sprung in der kulturellen Entwicklung dieser frühen Menschen hin. Genau wie ihr Vorfahr, der *Homo heidelbergensis*, fabrizieren sie neben altertümlichen Faustkeilen auch einige aufwendiger hergestellte Steinwerkzeuge. Doch noch 40 000 Jahre später wird sich *Homo sapiens* technisch nicht sonderlich weiterentwickelt haben.

Nur noch wenige San leben wie einst der frühe *Homo sapiens* als Jäger und Sammler. Viele Stammesmitglieder bewohnen heute einfache Siedlungen

Es gibt keinerlei Hinweis auf eine tief greifende geistige oder technologische Wende. Nichts am Omo-Menschen lässt vermuten, dass mit ihm ein künftiger Welteroberer erschienen ist. Diese Menschen leben wohl so, wie es schon ihre direkten Vorfahren getan haben: Sie jagen mit dem Speer. Sie beherrschen das Feuer. Und sie begraben vielleicht schon ihre Toten.

Doch sie schmücken die Leichen nicht, wie es Menschen nach ihnen tun werden. Und bisher hat man keine von ihnen hinterlassenen Kunstwerke gefunden, die auf eine reiche Vorstellungswelt schließen lassen würden.

Diese Art, die vor rund 200 000 Jahren die Bühne der Evolution betritt, hat zwar schon die anatomischen Voraussetzungen für moderne Sprache, modernes Denken – doch sie macht von diesem Talent offenbar lange Zeit keinen Gebrauch.

Immerhin: Im Verlauf der folgenden 80 000 Jahre breitet sich dieser modern aussehende Mensch über ganz Afrika aus. Und im Norden unternimmt er schon erste Vorstöße auf einen anderen Kontinent – in den Nahen Osten, den westlichsten Teil Asiens.

Die Jäger und Sammler folgen dabei vermutlich Jagdwild auf dem Weg nach Norden. Und im späteren Israel treffen sie wohl zum ersten Mal auf fremde Menschen. Auf entfernte Verwandte, die ähnlich aussehen wie sie selbst und doch anders sind. Es sind Neandertaler: Nachfahren von *Homo-heidelbergensis*-Gruppen, die vor 600 000 Jahren von Afrika aus nach Europa vorgedrungen sind.

Die robust gebauten, an kühleres Klima gewöhnten Jäger leben ähnlich wie der *Homo sapiens*, jagen das gleiche Wild. Über womöglich Tausende von Jahren besiedeln beide Spezies die gleiche Region im Nahen Osten.

Versuchen sie miteinander zu kommunizieren? Gehen sie sich aus dem Weg? Kämpfen sie gegeneinander? Offenbar stehen sich die Nachbarn nicht immer feindselig gegenüber. Vielleicht tauschen sie technische Errungenschaften aus, denn viele ihrer Werkzeuge sehen sich zum Verwechseln ähnlich.

Und wahrscheinlich paaren sich die ungleichen Nachbarn gelegentlich sogar miteinander – das lassen zumindest genetische Spuren vermuten, die der Neandertaler in unserem Erbgut hinterlassen hat (siehe Seite 70).

Nichts deutet darauf hin, dass der modern aussehende *Homo sapiens* im Vorteil ist. Im Gegenteil: Die Neandertaler fertigen vermutlich sogar die besseren Speerspitzen an.

Als vor 80 000 Jahren die Temperaturen sinken, verschwinden die *Homo-sapiens*-Gruppen aus dem Nahen Osten (aus der Zeit danach sind von ihnen dort keine Skelette erhalten). Vielleicht folgen sie den Herden auf dem Weg nach Süden, zurück nach Afrika.

Vielleicht aber sind ihnen die Neandertaler – jene an die Kälte angepassten, robusten und geschickten Jäger aus dem Norden – einfach nur überlegen.

Doch in Afrika bahnt sich ein Umbruch an. Eine Revolution, die das Verhalten des Menschen grundlegend verändern und ihm einen entscheidenden Vorteil gegenüber den Neandertalern verschaffen wird. Er lernt, komplexer zu denken und besser zu kommunizieren. Und entdeckt so etwas wie Teamgeist (siehe Seite 118).

In der Zeit vor etwa 75 000 Jahren sind diese Umwälzungen nicht mehr zu übersehen. Damals leben in Südafrika bereits erstaunlich fortschrittliche Menschen. Von ihrem Unterschlupf aus, der Blombos-Höhle rund 300 Kilometer östlich des heutigen Kapstadt, können sie den Indischen Ozean überblicken. Am Strand sammeln sie Meeresschnecken und Muscheln, fangen Fische.

Von ihren Jagdzügen bringen sie Zwergantilopen und Schildkröten heim.

Die Menschen von Blombos sind geschickte Handwerker: Ihre Steinwerkzeuge fertigen sie offenbar sorgfältig in mehreren Arbeitsgängen. Aus Tierknochen schnitzen sie Ahlen, mit denen sie sich vielleicht Kleidung und Tragetaschen nähen.

Und sie tun etwas, das ihrem Vorfahr, dem *Homo heidelbergensis*, wohl nie eingefallen ist: Sie stellen Schmuck her – produzieren also Güter, die keinerlei offensichtlichen Nutzen und Gebrauchswert haben. Dazu durchlochen sie die Gehäuse von Meeresschnecken mit einer knöchernen Spitze oder einem Stein und reihen die perforierten Schalen vermutlich auf Schnüren zu Arm- oder Halsketten auf.

Die Schneckengehänge gehören zu den ältesten bekannten Schmuckstücken. Doch weshalb fertigen die Menschen plötzlich Dinge an, die sie für das tägliche Überleben überhaupt nicht benötigen?

Wahrscheinlich sind die Ketten weit mehr als bloße Dekoration. Ähnlicher Schmuck ist heute noch bei den San in Gebrauch: Wer ihn als Geschenk erhält, muss dem Schenkenden in Notfällen beistehen, mit ihm zum Beispiel die Jagdbeute teilen. So bauen die Buschleute ein lebenswichtiges soziales Sicherheitsnetz auf und stärken ihren Zusammenhalt.

Sind auch die Ketten der Blombos-Menschen ein solches Freundschaftspfand? Zumindest lässt dieser Fund vermuten, dass die Steinzeitmenschen bereits eine Kultur besitzen, die denen heutiger Naturvölker ähnelt.

Dafür sprechen auch andere Verhaltensweisen der Höhlenbewohner. Sie sammeln leuchtend roten Ocker – vielleicht, um sich damit die Haut einzureiben. Eine solche, oftmals rituelle Körperbemalung ist noch heute bei vielen Völkern üblich.

Und sie verzieren sogar manche der farbenprächtigen Ockerbrocken: Nachdem sie eine Seite sorgfältig geglättet haben, ritzen sie tiefe Linien in diese Oberfläche.

Die Südafrikaner schaffen damit noch keine komplexen Kunstwerke. Nichts, das vergleichbar ist mit jenen Darstellungen, die ihre Nachfahren mehrere Jahrtausende später auf Felswände malen. Es sind zunächst nur einfache Gittermuster, deren Bedeutung heute ein Rätsel ist. Doch Schneckenschmuck und verzierte Ockerstücke lassen einen grundlegenden Wandel der geistigen Haltung erkennen: Diese Menschen denken bereits symbolisch. Sie sind wie wir in der Lage, in einer Schnecke mehr zu sehen als nur eine Schnecke, sie vermögen mit wenigen Strichen neue Bedeutungen heraufzubeschwören.

Und fast sicher scheint auch: Die Sprache der Höhlenbewohner ist hoch entwickelt. Denn um sich gegenseitig zu erklären, wofür Schnecken und Strichmuster stehen, müssen sie grammatikalische Regeln benutzen, Sätze formulieren. Sätze, die sehr viel mehr sind als nur aneinandergereihte Laute.

Die Siedler von Blombos sehen wohl nicht nur so aus wie moderne Menschen. Sie denken auch so.

Was ist in den gut 120 000 Jahren seit dem Auftauchen des ersten *Homo sapiens* geschehen? Hat es, wie manche Forscher meinen, in seinem Erbgut eine Genmutation gegeben, die ein neues Denken ermöglicht?

Vielleicht ist die Erklärung viel einfacher. Vielleicht sind über Jahrtausende hinweg die Gruppen, in denen Menschen zusammenleben, beständig angewachsen. Erst dadurch konnte echte Kultur entstehen, wurde zugleich die Sprache gefördert. Denn je größer die Gemeinschaft, desto komplexer die Kommunikation und das Denken.

Solche Fähigkeiten ermöglichen es diesen Menschen vermutlich auch, ganz neue Waffen herzustellen. Manche Objekte aus der Blombos-Höhle ähneln knöchernen Pfeilspitzen, wie sie die San-Buschleute noch heute einsetzen. Auch einige der beidflächig bearbeiteten Steinspitzen könnten als Geschosse gedient haben – vermutlich waren es Bewehrungen von Speeren.

Doch mit welcher Technologie diese Projektile tatsächlich ihr Ziel erreichten, ist nicht überliefert. Offenbar aber entwickelt der *Homo sapiens* eine Möglichkeit, Beute aus größerer Distanz zu erlegen.

Dazu nutzen spätere Steinzeitjäger möglicherweise – aber das ist zurzeit noch reine Spekulation – eine Wurfvorrichtung, in die sie den Speer einhaken – die Speerschleuder (die zweifelsfrei erst für eine Zeit vor 20 000 Jahren nachgewiesen ist). Mit einer schwingenden Armbewegung schleudern sie so den Speer mehr als 40 Meter weit.

Hunderttausende Jahre haben ihre Vorfahren mit dem Wurfspeer gejagt, mussten sich dem Wild dabei auf wenige Meter nähern. Viele kamen ums Leben, aufgespießt oder totgetrampelt von in die Enge getriebenen Tieren.

Jetzt vermag der *Homo sapiens* seine Beute wohl aus sicherer Entfernung zu erlegen. Und kann auch Vögel und andere Kleintiere erbeuten, die sich mit schweren Lanzen kaum jagen lassen. Er verfügt also vermutlich nicht nur über eine hoch entwickelte Sprache und eine neue Art zu denken. Er besitzt auch eine Waffentechnik, die ihm einen entscheidenden Vorteil verschafft.

Es ist eine Revolution mit Folgen. Weniger Jäger sterben. Sie machen häufiger als zuvor Beute und

> Auf seiner Wanderung begegnet *Homo sapiens* auch **älteren Menschenformen**

Bei der Suche nach Beute streifen die Jäger der San oft stundenlang in der Hitze der Kalahari-Wüste umher. Das Stehen auf einem Bein ist eine traditionelle Jagdpose. Womöglich entlastet es die Muskeln

Feuer gehört seit 1,5 Millionen Jahren zu den wichtigsten Erfindungen der Menschheit: Es wärmt, vertreibt Raubtiere und macht gegrilltes Fleisch leichter verdaulich. Doch erst der *Homo sapiens* nutzt es auch für rituelle Zwecke

können so größere Familien ernähren. Die Bevölkerungszahl nimmt zu.

Vielleicht ist es dieses Wachstum, das in Afrika eine Wanderungswelle auslöst, die die Welt verändern wird. Vielleicht wandelt sich auch das Klima, vielleicht beeinträchtigen Dürren die Nahrungssuche und treiben die Menschen so zum Aufbruch.

Im Osten des Kontinents jedenfalls machen sich vor rund 60 000 Jahren ein paar Hundert Männer, Frauen und Kinder auf den Weg, lassen ihre Heimat für immer zurück und begeben sich auf den längsten Marsch in der Geschichte der Menschheit.

Vor gut 55 000 Jahren erreicht der Mensch die äußerste Grenze **Südostasiens**

Die Migranten zieht es an die Küste des Roten Meeres, wo reiche Fisch- und Muschelvorkommen locken. Und da zu jener Zeit der Meeresspiegel rund 50 Meter niedriger liegt als heute, setzen sie ohne Schwierigkeiten auf die Arabische Halbinsel über. Doch auch dort kommen die Menschen nicht zur Ruhe. Nur einige Familien bleiben. Wohl auf der Suche nach Fischgründen folgt der Rest dem Küstenverlauf der Halbinsel nach Osten.

Jahr für Jahr legt der Zug nur wenige Kilometer zurück. Dennoch erreichen die Abkömmlinge der ersten Auswanderer vor etwa 55 000 Jahren den äußersten Zipfel Südostasiens. Weil der Meeresspiegel niedriger ist, erstreckt sich der asiatische Kontinent weit über das heutige Malaysia hinaus, umfasst auch Sumatra, Borneo und Java. Vor den Kolonisten liegt eine Meerenge, dahinter ein Kontinent, der das heutige Australien, Neuguinea und Tasmanien umfasst.

Woher wissen sie, was sich hinter der fast 90 Kilometer breiten Wasserstraße verbirgt? Beobachten sie den Vogelzug zwischen den Kontinenten? Lockt sie der Schein von Buschfeuern am nächtlichen Horizont?

Hier jedenfalls wird der *Homo sapiens* endgültig zum Seefahrer. Er schnürt Flöße zusammen, wagt die Überfahrt. Und erreicht schließlich den menschenleeren australischen Kontinent (siehe Seite 102).

Der moderne Mensch besiedelt jedoch nicht nur Südasien und Australien. Einige Gruppen sind schon früher abgezweigt, haben sich auf den Weg ins Innere Asiens und nach Europa gemacht (manche mögen auch über die Levante nach Europa gekommen sein).

Vor rund 40 000 Jahren streift der *Homo sapiens* auch durch das heutige China. In der Tianyuan-Höhle nahe Beijing haben sich die Überreste eines der Neuankömmlinge erhalten. Die Analyse der Knochen belegt:

Im Schein eines Lagerfeuers tanzen Männer vom Volk der San – Teil einer nächtlichen Zeremonie

Die Menschen jener Zeit essen regelmäßig Fisch. Und wie die Form der Zehen vermuten lässt, sind sie bereits an Schuhwerk gewöhnt.

Doch der *Homo sapiens* ist nicht die einzige Menschenart auf der Welt. Bereits auf seiner Wanderung durch Südostasien ist er wohl häufig sehr alten Populationen des *Homo erectus* begegnet. Knochenfunde auf der indonesischen Insel Java zeigen: Die Frühmenschen halten sich an manchen Orten fast zwei Millionen Jahre lang auf (siehe Seite 36).

Und nun kommt es im Süden Sibiriens erneut zu einer Konfrontation. Im Altai-Gebirge trifft der *Homo sapiens* vermutlich nicht nur auf Neandertaler, sondern auch auf einen anderen entfernten Verwandten: den Denisova-Menschen.

Kaum etwas ist bekannt über diese Spezies, abgesehen von ihrem Erbgut, extrahiert aus dem Teil eines Fingerknochens. Diese DNS unterscheidet sich deutlich von der des *Homo sapiens* und des Neandertalers.

Kämpfen in der eiszeitlichen Landschaft gleich drei Menschenformen ums Überleben?

Was sich genau abspielt, ist nicht überliefert. Fest steht: Am Ende bleibt in dieser Gegend nur der moderne Mensch übrig. Und der trotzt selbst arktischer Kälte. Denn vor etwa 30 000 Jahren leben Menschen am Fluss Jana im Norden Sibiriens, rund 500 Kilometer nördlich des Polarkreises. Teile ihrer Speere, gefertigt aus Mammutelfenbein oder dem Horn des Wollnashorns, haben überdauert. Vielleicht sind es Nachfahren dieser Menschen, die vor rund 15 000 Jahren in den Osten Sibiriens gelangen und von dort aus über die Beringstraße in das unbesiedelte Amerika vorstoßen (siehe Seite 122).

SCHON WEITAUS FRÜHER, vor etwa 45 000 Jahren, dringt der moderne Mensch von Asien aus nach Europa vor. Mitten ins Gebiet der Neandertaler, die den Kontinent vor rund 200 000 Jahren besiedelt haben. Dort treffen die beiden Menschentypen erneut aufeinander.

Südasien hat der *Homo sapiens* noch im Eiltempo erobert. Doch in Europa herrscht der Neandertaler. Ein Überlebenskünstler, an harsches Klima gewöhnt und muskulöser gebaut als die Eindringlinge.

Mehr als 10 000 Jahre lang ringen die beiden Menschentypen auf dem kältegeplagten Kontinent um die knappen Ressourcen. Diesmal aber ist der *Homo sapiens* leicht überlegen. Er verfügt wohl über die bessere Technologie, das flexiblere Denken, ausgedehntere und bessere soziale Netze – vielleicht kann er sich so besser auf den Verdrängungskampf einstellen, vermehrt sich schneller. Jedenfalls wächst das Gebiet der Kolonisten Jahr für Jahr weiter an, schrumpft das der Neandertaler zusammen. In dem zähen Konkurrenzkampf werden sie unaufhaltsam nach Westen gedrängt.

Vielleicht ist es gerade dieser aufreibende Konflikt, der bei den Neuankömmlingen einen zusätzlichen Entwicklungsschub auslöst. Vielleicht stachelt er sogar beide Menschenarten zu einem kulturellen Wettstreit an, der in einem Ausbruch von Kreativität gipfelt. Denn auch die Neandertaler beginnen neuartige Klingen und Knochengeräte herzustellen, produzieren häufiger als zuvor Schmuck, zum Beispiel einfache Anhänger aus durchlochten Tierzähnen.

Vor allem aber *Homo sapiens* erlebt in Europa eine nie zuvor gezeigte kulturelle Blüte, schafft Kunstwerke von bis dahin unbekannter Qualität. So als müsse er sich seiner eigenen Identität versichern, sich abgrenzen von einer anderen Kultur. Die Tier- und Menschenbilder zeugen zugleich von den geistigen Höhenflügen dieser Spezies: Denn nur wer Fantasie und Vorstellungskraft besitzt, wer sich in Gedanken andere Welten auszumalen vermag, kann solche Kunst hervorbringen.

Wo immer die modernen Menschen auftauchen, stellen sie diese Schaffenskraft unter Beweis. So in der Höhle von Chauvet-Pont-d'Arc in Südfrankreich.

Vermutlich schon vor 36 000 Jahren kriechen Menschen in das finstere Loch, tasten sich im Schein einfacher Fackeln voran, dringen bis zu 400 Meter tief in die Erde vor. Mit Holzkohle und rotem Ocker malen sie dort erstaunlich naturgetreue Darstellungen an die Wände: Löwen, Mammuts, Nashörner, Bisons. Auf einen Felszapfen zeichnen sie eine Venus mit überdeutlich betontem Geschlecht.

Wer sind diese Menschen, die sich tief in die furchteinflößende Höhle hineinwagen? Im schlammigen Boden hinterlässt einer der Besucher Fußspuren: Sie sind klein, stammen vermutlich von einem achtjährigen Jungen.

Werden in der Kaverne Initiationsriten abgehalten? Führt ein Schamane Jugendliche in die Glaubenswelt der Vorzeitmenschen ein? Eine Glaubenswelt, bevölkert von Tiergeistern und einer Fruchtbarkeitsgöttin?

Immer wieder jedenfalls tauchen in der Kunst der Einwanderer üppige Frauen auf. Auf der heutigen Schwäbischen Alb schnitzen sie vor fast 40 000 Jahren eine Venus aus Mammutelfenbein, mit ausladenden Hüften und enormen Brüsten. Die grotesken Rundungen und die überbetonte Vulva lassen kaum einen anderen Schluss zu: Die Figurine ist ein Symbol der Fülle und Erneuerung, vielleicht geschaffen in der Hoffnung auf Nachwuchs oder auch Nahrung.

Auch seltsame Zwitterwesen finden sich im Bilderkanon der Kolonisten: Wesen mit menschlichem Körper und dem Kopf eines Vogels, Bisons oder Löwen. Sind es Maskenträger, ähnlich den Geistheilern heutiger Naturvölker? Sicher scheint: Die Menschen jener Zeit haben bereits religiöse Vorstellungen, begehen Rituale – möglicherweise sogar untermalt von Musik.

Denn schon vor fast 40 000 Jahren basteln sie sich Flöten aus Schwanenflügelknochen und Mammutelfenbein (sie haben unter anderem in der Geißenklösterle-Höhle in der Nähe des heutigen Ulm überdauert). Die Anordnung der Fingerlöcher zeigt: Auf den Instrumenten können die Einwanderer wohlklingende Melodien spielen – Nachbildungen der Flöten ermöglichen pentatonische Tonfolgen.

Von den Neandertalern hingegen gibt es kaum vergleichbare Kulturzeugnisse. Sie fertigen keine figürlichen Gemälde oder Schnitzereien. Vor rund 27 000 Jahren verschwinden sie schließlich ganz.

Was aber hat ihre Kontrahenten so erfolgreich gemacht? Womöglich sind es das symbolische Denken sowie die Fähigkeit, sich künstlerisch auszudrücken, die den Gruppen des *Homo sapiens* einen stärkeren Zusammenhalt, eine größere Verbundenheit gibt als jeder Menschenart zuvor. Die sie damit lebenstüchtiger machten – und ihren Siegeszug unaufhaltsam.

Ein Verwandter des modernen Menschen aber kann sich noch länger halten: Auf der indonesischen Insel Flores lebt noch lange Zeit ein Zweibeiner, der neben dem *Homo sapiens* wie ein Relikt aus ferner Vorzeit wirkt. Der Flores-Mensch misst nur rund einen Meter, sein Gehirn ist etwa so groß wie das eines Schimpansen. Doch vor 12 000 Jahren verliert sich schließlich auch seine Spur (siehe Seite 78).

Seither gibt es nur noch den *Homo sapiens*. Von jenen wenigen Hundert Migranten, die vor 60 000 Jahren in Afrika aufbrachen, stammen alle asiatischen, australischen, europäischen und amerikanischen Völker ab.

Anders dagegen die heutigen Schwarzafrikaner: Sie sind die Nachfahren jener Vertreter des *Homo sapiens*, die zwar das moderne Denken entwickelten, dann aber nicht am großen Exodus teilnahmen.

Zu den Daheimgebliebenen gehören auch die San-Buschleute. Genetische Marker in ihrem Erbgut lassen vermuten, dass sie bereits sehr früh vom Stammbaum der heutigen Menschheit abzweigten – und seither als vergleichsweise eigenständiges Volk gelebt haben.

Über Jahrtausende ist ihre Kultur ursprünglich geblieben: Noch heute sammeln sie Früchte und Beeren, jagen mit meist einfachen Waffen Antilopen und anderes Wild – ganz so wie ihre Ahnen aus der Steinzeit, von denen einige einst zur großen Wanderung aufbrachen. □

Memo: **HOMO SAPIENS**

- **Vor rund 60 000 Jahren** verlassen einige Hundert Vertreter des *Homo sapiens* erstmals ihre Heimat Afrika.
- **Innerhalb weniger Jahrzehntausende** verdrängen die Auswanderer alle älteren Formen der Gattung Homo auf der Erde.
- **Nach Europa** gelangt der anatomisch moderne Mensch vor etwa 40 000 Jahren.
- **Die heutigen Ureinwohner** im südlichen Afrika sind die Nachfahren jener Menschen, die einst auf dem Kontinent zurückblieben.

Martin Paetsch, 39, wohnt in Hongkong und schreibt regelmäßig für GEOkompakt. Der in London lebende Fotograf **Dan Kitwood**, 32, reiste im Jahr 2009 ins südliche Afrika und lebte einige Zeit bei den San in der Kalahari. Wissenschaftliche Beratung: Prof. Dr. Michael Bolus, Universität Tübingen.

Literaturempfehlung: Frederick Coolidge, Thomas Wynn, „The Rise of Homo Sapiens. The Evolution of Modern Thinking", Wiley-Blackwell; kenntnisreiche Darstellung der geistigen Entwicklung des anatomisch modernen Menschen.

Australien

Das Vermächtnis der **Traumzeit**

Sie wandern Tausende von Kilometern an den Küsten Südostasiens entlang – bis sie auf eine scheinbar unüberwindliche Barriere stoßen. Doch dann wagen die Pioniere das Ungeheure: Sie überqueren mit Kanus oder Flößen mehr als 80 Kilometer offenes Meer. So erreichen die ersten Seefahrer vor 55 000 Jahren Australien, einen seltsamen Kontinent mit exotischen Tieren. Mythen, Felszeichnungen und Gesänge helfen ihnen, diese Welt zu deuten und sich darin zu orientieren

Text: Dirk Liesemer
Fotos: Mark Lang

In Australien erobern die Menschen eine Welt voll magischer Phänomene. Am faszinierendsten ist ein Inselberg, den sie »Uluru« nennen – ein massiver, kahler Fels, der in vielen Farbnuancen leuchtet und mit Licht und Schatten spielt. Die Briten geben dem 348 Meter hohen Massiv später einen neuen Namen: »Ayers Rock«

Das Ritual beginnt mit einer Wanderung. Hunderte Kilometer marschieren die Aborigines, die Ureinwohner Australiens, über rostrote Sandebenen und suchen nach Farbpigmenten: In Minen des Landes graben sie nach Ockererde, in Bergen nach bunten Quarzen und Kristallen, die sie zu Pulver zermalen. So wertvoll sind manche Stoffe, dass die Männer wohl sogar ihre schärfsten Schneidwerkzeuge dafür eintauschen.

Die Aborigines zerstoßen das Mineral Glaukonit zu grünblauem Steinmehl, gebrannten Gips und die Porzellanerde Kaolin zu weißen Körnchen. Um schwarzes Pulver zu erhalten, zerstampfen sie die korkartige Rinde eines Silberbaumgewächses oder die Holzkohle eines Lagerfeuers. Sie zerbröckeln die seltene gelbe Tonerde und den aus eisenhaltigem Limonitkiesel gebrannten hellroten Ocker.

Dann träufeln sie Wasser in die Pulverhäufchen. Mischen Wachs und Honig der wilden Biene dazu und binden so die Pigmente zu einer Paste. Zuweilen nehmen sie auch das Dotterweiß aus dem Ei einer Wasserschildkröte. Oder den gelatineartigen Saft eines Orchideenbaumes.

So erhalten sie jene Farben, von denen sie sich erzählen, dass die Erschaffer

Wohl getrieben von Neugier, gelangt *Homo sapiens* an die Gestade des australischen Kontinents (hier am Port-Campbell-Nationalpark). Einen Weg zurück gibt es für ihn nicht: An der fremden Küste wachsen zu wenige Bäume, die er zu neuen Kanus aushöhlen könnte

Für die Aborigines ist die **NATUR** voller Signale aus der Geisterwelt

der Welt sie ihnen hinterlassen haben: Gelb, Rot, Schwarz und Weiß; die Farben der Sterne, des Blutes, der Erde.

Mit diesen Pigmenten übermalen sie frühere Kunstwerke oder frischen immer wieder ihre jahrzehntausendealten Felsbilder auf. Auf diese Weise bewahren sie viele der darin enthaltenen Mythen und das Denken ihrer Vorfahren über alle Zeiten hinweg.

Die Menschen breiten die angerührten Farbpasten auf einer Steinfläche aus. Tauchen mal einzelne Finger, mal die ganze Handfläche hinein. Strich für Strich bringen sie die verwitterten Felsbilder zum Leuchten. Für feine Linien greifen sie zu einem Pinsel, der aus den Fasern eines Palmblattes gebunden ist. Breitere Striche malen sie mit einem Stift aus Eukalyptusrinde, dessen Spitze sie zerkaut haben.

Es ist ein spirituelles Ritual. Die uralten Bilder erzählen von der Tjukurpa, der Schöpfungszeit, als mächtige Ahnenwesen auf ihrem Weg über das Land die Berge und Täler geformt haben.

Und indem sie die Bilder mit Farbe versehen, schauen sie zurück in jene früheste Epoche. Sie ist in der Vorstellung der Ureinwohner zwar vorbei, nicht aber vergangen; die Mythen gelten für immer, bergen ein ewiges Wissen über das Sein. Die europäischen Eroberer werden die Tjukurpa später als „Traumzeit“ bezeichnen und das Sichversenken darin als „Träumen“.

In diesem Sinne malen die Aborigines träumend – bis sich gewaltige Riesenschlangen wieder an den Felsen entlangwinden. Und mehr als zwei Meter große Kängurus auf Höhlenwänden umherspringen: seltsame Tiere, deren Herz, Lungen und Knochen sichtbar sind, als wären sie von Röntgenstrahlen durchleuchtet. Anderswo erscheinen an Felswänden mundlose, blasse Geister mit einer Art Heiligenschein um den Kopf.

Es sind unheimliche Wesen wie aus einer anderen Welt – und uralte Spuren

> Die Felszeichnungen sind ein **FREILUFTARCHIV** der Erinnerungen

mythischen Denkens auf dem abgeschiedenen Fünften Kontinent.

Vielleicht schon vor 43 000 Jahren haben die Aborigines erstmals ihre rätselhaften Zeichen aus Ockererde auf Felsen aufgetragen und so ihr Weltverständnis verewigt. Mit den Zeiten erschufen sie ein fossiles Gedächtnis von Tausenden Exponaten.

Der verborgene Sinn dieser Bilderwelten erschließt sich erst in Erzählungen, Liedern, Tänzen und tagelangen Ritualen. Sie offenbaren eine mythische Welt, die den Aborigines noch heute hilft, sich an die Zeit ihrer Ahnen zu erinnern, die Verbindung zwischen den weit verstreut lebenden Gruppen zu stärken, Konflikte zu schlichten, Recht zu sprechen und das Überleben zu meistern.

Die Zeichnungen sind ein Freiluftarchiv von Reflexionen über die Entstehung der Welt, das Land, das Menschsein – und über die Geschichte der Besiedlung Australiens.

DIESE GESCHICHTE beginnt vor rund 60 000 Jahren. Damals herrscht eine Kaltzeit auf dem Planeten, und das als Schnee niedergegangene Wasser kristallisiert an den Polen zu riesigen Eisschilden. Der Meeresspiegel sinkt Dutzende von Metern, und an den Rändern der Kontinente trocknen mächtige Schelfe unter der Sonne. Lichte Wälder oder Sümpfe könnten sich darauf ausgebreitet haben.

Von Afrika aus bricht der *Homo sapiens* um diese Zeit zu einem langen Marsch über den Planeten auf, kommt im Durchschnitt aber wohl nur einen bis vier Kilometer im Jahr voran. Vermutlich trifft er dabei auf ältere Menschenformen der Art *Homo erectus* (siehe Seite 86), womöglich vermischen sich beide sogar gelegentlich.

Nur langsam dringen die modernen Menschen in die Tiefebenen des südostasiatischen Archipels vor, der aufgrund des niedrigen Wasserpegels eine zusammenhängende, mit dem Festland verbundene Masse bildet, und gelangen schließlich zu den südöstlichsten Küsten – einer Gegend, die man später Java nennen wird. Von den Ufern aus erkennen sie am Horizont ein paar Inseln. Sie gehören zum Indonesischen Archipel und liegen weniger als 30 Kilometer entfernt, jenseits strömungsreicher, tief ausgekerbter Meeresengen.

Möglicherweise sind es die Ausbrüche eines Vulkans, die die Menschen erstmals zu einem wagemutigen Schritt über das Wasser treiben. Vielleicht steigt zwischenzeitlich auch das Meer an und überflutet weite Schelfregionen, sodass sich die Menschen in Sicherheit bringen müssen. Vermutlich klammern sie sich an Baumstämme oder vertäuen Bambushölzer zu Flößen.

Insel um Insel des Indonesischen Archipels erobern sie und erreichen womöglich das spätere Timor, von des-

Die Welt der Mythen

Seit Jahrtausenden ritzen die Ureinwohner Australiens Figuren in Stein, malen Bilder auf Höhlenwände oder schnitzen sie in Objekte aus Holz. Es sind Symbole ihres Glaubens und die ältesten Anzeichen spirituellen Denkens. Meist erzählen sie Geschichten aus der „Traumzeit“ – als mächtige Ahnenwesen auf ihrem Weg über das Land die Berge und Täler geformt haben. Jeder Aborigine-Stamm kennt seine eigenen, einzigartigen Erzählungen, welche die Älteren an die Jüngeren weitergeben. So vermitteln sie die Mythen ihres Volkes – und bewahren ein ewiges Wissen über das Sein.

Vermutlich ist die Regenbogenschlange das älteste religiöse Symbol der Menschheit: Der Legende nach schuf das Ungetüm einst die Erde aus einer dunklen, formlosen Masse

Vor wahrscheinlich rund 43 000 Jahren tragen die Aborigines erstmals Zeichen aus Ockererde auf Felsen auf und veranschaulichen so ihr Weltverständnis: Sie malen unheimliche Wesen wie die Blitzgeister (oben) oder den mit einem Strahlenkranz geschmückten Wandjina-Geist (unten), den Herrscher des Regens in der Monsunzeit

sen äußerstem Schelfufer der Fünfte Kontinent nur noch 87 Kilometer in Richtung Osten entfernt liegt.

Die Menschen könnten die Küsten Australiens von den Bergen Timors aus erblickt haben. Oder sie haben den Zug der Vögel gedeutet und so das neue Land erahnt. Möglicherweise sahen sie auch die Rauchsäule eines Buschbrandes, den ein Blitz in der fernen, trockenen Savanne entzündet hatte.

Wie die ersten Siedler auf den neuen Kontinent gelangen, ist nicht bekannt. Vielleicht stechen sie in voller Absicht mit Flößen oder Kanus in See, getrieben von Abenteuerlust und Neugier. Nutzen Monsunwinde, Meeresströmungen und Tidenhub, reisen mit jenem unerschrockenen Selbstvertrauen, das Menschen einmal die höchsten Gipfel und den Mond betreten lassen wird.

Der *Homo sapiens* wird zum Seefahrer, zu einem Pionier, der sich aufmacht ins Unbekannte, ins Nichts. Zu einem todesmutigen Hasardeur, der nicht wissen kann, ob er je lebend ein Ziel erreichen wird. Und womöglich kommen zahllose Abenteurer bei einer solchen Reise um.

Doch irgendwann, vermutlich vor 55 000 bis 50 000 Jahren, landen erste Menschen an den Küsten Australiens. Denn zu jener Zeit ist der Wasserstand am niedrigsten, sind die Meeresengen so schmal wie nie zuvor.

Und schon kurze Zeit später, so werden Archäologen später mithilfe komplizierter Datierungstechniken nachweisen, hinterlassen sie erste Besiedlungsspuren. Nie zuvor hat ein Wesen der Gattung Homo den Fünften Kontinent betreten, nicht einmal Affen haben dort gelebt.

Einen Weg zurück gibt es für sie nicht: An der neuen Küste stehen zu wenige mächtige Bäume, die sich zu Kanus aushöhlen ließen.

So nehmen die Menschen den Weg ins Innere. Sie wandern durch weite, grüne Regionen und gelangen über Landbrücken bis nach Neuguinea und Tasmanien.

Sie entdecken unterschiedlichste Landschaften: In Küstennähe breiten sich zu jener Zeit tropische Wälder aus, im Zentrum erstrecken sich ausgedehnte Gewässer, und das Hochland des Südens ist von Gletschern überwölbt.

DIE ERSTEN AUSTRALIER durchstreifen eine Welt, die von unbekannten Riesen bevölkert ist. Sie entdecken drei Meter große Kängurus, sieben Meter lange Echsen und 50 Kilogramm schwere Schlangen.

Sie beobachten den Riesenvogel Genyornis, der nicht fliegen kann, und das nashorngroße Wombat Diprotodon,

Die Ureinwohner Australiens entwickeln eine effiziente Jagdmethode: Sie legen auf breiter Front Feuerschneisen und scheuchen so Beutetiere aus Nestern, Verstecken und Erdlöchern

Die präzise kontrollierten Flächenbrände der Aborigines zerstören zeitweilig die Vegetation, doch sie schaffen den Nährboden für frisches Gras, das zahlreiche Tierarten anlockt

einen pflanzenfressenden Koloss von mehr als zwei Tonnen Gewicht. Allein 19 Arten von Beuteltieren, mit zwei Zentnern schwerer als der *Homo sapiens*, existieren auf dem Erdteil.

Australien liegt seit Urzeiten wie eine Arche im Meer. Vor mehr als 55 Millionen Jahren begann sich der Kontinent von der Antarktis abzuspalten und treibt seither nordwärts – ohne dabei je wieder andere Landmassen berührt zu haben. Fabelhafte Wesen konnten in diesem einsamen, abgeschnittenen Refugium entstehen: Kängurus, Wombats, Warane. Über Äonen wuchsen sie zu Riesen heran.

Nun aber kommen Wildbeuter übers Meer, die mit Speeren, Bumerangs und scharfen Messern bewaffnet sind. Intelligente Wesen, die rasch eine effiziente Jagdmethode für den unberührten Erdteil entdecken: Sie legen auf breiter Front Feuerschneisen und scheuchen damit ihre Beute aus Nestern und Verstecken. Frauen wandern hinter den Flammen her und stochern mit Grabstöcken in ausgebrannten Erdlöchern nach fetten, angesengten Waranen. Sie packen die Reptilien am Schwanz, ziehen sie aus den Löchern und brechen ihnen mit einem Griff das Genick.

Die Menschen fackeln weite Landstriche ab. Über die Jahrtausende verändert sich die Landschaft des gesamten Kontinents: Wo einst Regenwälder emporragten, breiten sich nun Graswiesen aus, auf denen Beerensträucher und essbare Farne gedeihen.

Der neue Lebensraum wird von Wallabys, Possums, Nasenbeutlern, Mäusen und Vögeln bevölkert – bis auch sie von den regelmäßigen Feuerschneisen der Wildbeuter zu Tode gehetzt werden.

Während die Menschen vor 35 000 Jahren in die entlegensten Regionen Australiens vordringen, sterben die Riesentiere langsam aus – doch vermutlich nicht deshalb, weil sie gejagt werden.

Denn die Megafauna ist den Wildbeutern allem Anschein nach zu groß und liefert zudem weitaus mehr Fleisch, als die Nomaden auf ihren Wanderungen transportieren können.

Vielleicht fallen die Großtiere weniger den Speeren der Menschen als eher zufällig den Flammen zum Opfer – oder sie verschwinden, weil die Brände ihren Lebensraum verändern. Die Ausrottung der Riesenfauna ist womöglich der erste große Kollateralschaden, den der *Homo sapiens* auf der Erde anrichtet.

Vielleicht verehren die Aborigines die Riesen sogar: Auf eine Felswand im Norden Australiens malen sie das Konterfei des pony- bis pferdegroßen Beuteltieres Palorchestes, das wie ein Tapir gerüsselt ist. Die Art stirbt vor 18 000 Jahren aus.

Hinter einer großen menschlichen Figur malt ein Aborigine vor rund 13 000 Jahren einen Emu, einen flugunfähigen Laufvogel. Nach Überzeugung der australischen Ureinwohner hat jeder Mensch einen spirituellen Begleiter – ein »Totem«. Dieses kann ein Tier sein, aber auch eine Pflanze, eine Felsformation oder eine Windböe

Die spirituellen Begleiter

Die Aborigines bleiben über Jahrtausende Wildbeuter. Sie kultivieren weder Pflanzen, noch züchten sie Nutzvieh. Tiere sehen sie als Gefährten oder spirituelle Wesen an, die ebenso wie sie selbst fühlen und wie sie mit der Geisterwelt verbunden sind. Sie glauben, dass etwa ein Tier, das sich in der Nähe einer Schwangeren aufhält, das ungeborene Kind auswählen und so zu dessen Totem werden kann. Alle Lebewesen, Geister, Landschaften und selbst Gegenstände sind für die Aborigines miteinander verwoben. So stammen auch sie selbst von Tieren, Pflanzen oder einem Fels ab. Deshalb trachten die Ureinwohner nicht danach, die Natur zu kontrollieren.

In Australien begegnen den Menschen seltsame Kreaturen, darunter drei Meter große Kängurus. Die Urzeitkünstler verewigen diese Beuteltiere auf Felsen wie hier im Kakadu-Nationalpark

Zu dieser Zeit beginnen im Zentrum die großen Seen endgültig auszutrocknen. Nach und nach verwandelt sich die Savanne in eine staubige Wüste, weil weltweit die Temperaturen wieder ansteigen.

6000 Jahre später schmelzen, am Ende der letzten Kaltzeit, die riesigen Eisschilde an den Polen: Der Meeresspiegel steigt, und der Pazifik überschwemmt riesige Schelfregionen. Schließlich überspült der Ozean auch die Landbrücken nach Neuguinea und Tasmanien.

Die Aborigines weichen zurück ins Innere. Sie leben in Gruppen, weit verteilt über das Land. Jede wandert durch ein riesiges Territorium, dem sie sich oft über viele Generationen zugehörig fühlt.

So sehr sind die Menschen über Australien verstreut, dass sie Hunderte von Sprachen entwickeln – bei einer Bevölkerung von 300 000 bis 900 000 Aborigines (Forscher haben zwischen 200 und 300 Sprachen gezählt, einige gehen gar von 650 Idiomen aus). Obwohl manche der Sprachen so verschieden sind wie Russisch und Deutsch, beherrschen viele Ureinwohner drei oder vier davon und verstehen noch etliche mehr. Sie können sich zudem durch einen allgemein gültigen Code von Handzeichen verständigen, der mehrere Hundert Begriffe umfasst.

Noch lange Zeit bleiben die einstigen Einwanderer großartige Pioniere. Archäologen werden später auf dem Fünften Kontinent die weltweit ältesten Steinäxte, Wasserfahrzeuge und Werkzeuge mit geschliffenen Kanten finden.

Ebenso das älteste Beispiel einer Feuerbestattung: Sie werden Knochen sichten, die offenbar nach einem Ritual verbrannt, zertrümmert, zu einem Haufen gekehrt und in einer Mulde zusammengelegt wurden.

Und die Forscher werden am Ufer eines ausgetrockneten Sees im Südosten Australiens ein Skelett ausgraben, das bereits vor 30 000 Jahren wie eine Mumie bestattet wurde, früher als irgendwo sonst auf der Welt: Der Leichnam wurde mit Ockererde gesalbt und in ein flaches Grab gelegt, die Hände über dem Becken gefaltet.

Doch so erfindungsreich die Aborigines auf vielen Gebieten auch sind: Sie bleiben stets Wildbeuter. Sie kultivieren keine Nutzpflanzen, züchten keine Tiere. Ihr Leben lang wandern sie, Jahr für Jahr.

Tiere wie Emu oder Känguru sehen sie als Gefährten, sogar als spirituelle Wesen, die ebenso wie sie selbst leben und leiden, sich paaren und sterben. Die Menschen akzeptieren die Natur in ihrer Vielfalt und trachten nicht danach, sie zu kontrollieren – wie es etwa die Ackerbauern auf Neuguinea bereits tun.

Die Aborigines wandern in kleinen Gruppen von allenfalls 50 Mitgliedern durch eine Landschaft voller staunenswerter Ausformungen.

Die faszinierendste ragt in der Mitte ihrer Welt auf: ein massiver, im Sonnenlicht glühender Fels, dessen Farbe in allen Nuancen von Rosa über Blau und gegen Abend in Anthrazit leuchtet.

Wie vom Himmel gefallen ruht dieser Inselberg, den sie „Uluru" nennen, seit Ewigkeiten im rostroten Nichts.

Nur Eingeweihte können die **BOTSCHAFTEN** des Uluru-Felsens deuten

Es ist ein magischer Felskörper, der mit Licht und Schatten spielt. Der sich mal als Raupe, mal als Walross oder gar als Echsenschädel offenbart.

Aufmerksam beobachten die Menschen, wie dieser 348 Meter hohe Monolith den ganzen Tag über Zeichen sendet: Immer wieder leuchten Ritzen,

Die australischen Wildbeuter durchwandern eine spirituelle Welt. Denn überall gibt es Orte, an denen sich ein Ahnenwesen verwandelt hat – etwa in einen Felsen oder in einen Wasserlauf

Die abgerundeten »Karlu Karlu«-Felsen im Northern Territory gelten bei den Aborigines als Eier der Regenbogenschlange, die zu den wichtigsten Schöpferwesen zählt

Die geheimen Symbole

Die heiligen Zeichen und Muster, welche die Aborigine-Maler seit Jahrtausenden verwenden, gehören stets einem Clan allein. Und sie bestimmen mit über den sozialen Rang der Künstler. Denn der bemisst sich bei den australischen Ureinwohnern nicht nach materiellem Besitz. Sondern nach den Kenntnissen, die ein Mensch im Laufe seines Lebens erwirbt. Manche der Darstellungen sind geheim – auch heute noch. Nur bestimmte Stammesmitglieder können ihre Bedeutung vollständig entschlüsseln. In vielen Zeremonien haben sie sich als würdig und als Kenner der »Traumzeit«-Erzählungen erwiesen.

Kerben, Kanäle und Höhlen im Licht auf, um rasch wieder zu verschatten. Nur Eingeweihte können seine Botschaften lesen, seinen Geheimcode aus Strichen und Punkten entziffern.

Vielleicht entwickeln die Aborigines deshalb auch keine Schrift, weil ihre Welt bereits voller Zeichen ist. Überall nehmen sie Signale der Natur wahr: in überkrusteten Bergzügen, erstarrten Steinsäulen oder der Schraffur einer Felswand. Selbst in einer markanten Schlucht erkennen sie eine abstrakte Skulptur, ein heiliges Kunstwerk aus der Schöpfungszeit Tjukurpa.

Trotz aller kulturellen Unterschiede zwischen den einzelnen Gruppen beschwören alle Aborigines in ihren mythischen Erzählungen jene frühe Zeit und bewahren in ihnen die großen Ereignisse der Geschichte auf: wie ihre Vorfahren etwa einst in einem Kanu aufs Meer hinausfuhren, sich am Morgenstern orientierten und schließlich die Nordküste Australiens erreichten.

> Einst waren alle **MENSCHEN** Ameisen oder Eulen, Wind oder Wasser

Oder sie erzählen von Riesenkängurus, die einst die Menschen angegriffen haben, und wissen auch noch, dass der Pegel der Meere am Ende der letzten Kaltzeit anstieg.

In der Vorstellung der Ureinwohner war die Welt einst eine dunkle, formund namenlose Masse – bis in der Tjukurpa die mächtige Regenbogenschlange in ihrem Inneren erwachte und zur Erdoberfläche durchstieß. Sie schlängelte sich über das Land, türmte dabei Berge auf, kerbte Täler ein, furchte Mulden für Seen aus und kratzte Flussbetten in die Erde. Dann verschwand sie wieder – etwa in einem Wasserloch nördlich des Uluru.

So bedeutend sind die Werke dieser Schlange, dass sie in fast allen Regionen Australiens als Schöpferin gilt. Das Wissen über dieses Wesen eint die Menschen des Kontinents zu einer Gemeinschaft.

Vermutlich ist die Regenbogenschlange das älteste religiöse Symbol überhaupt: Vor 9000 bis 7000 Jahren schon verewigten die Menschen ihr Abbild mit roter Eisenerzfarbe auf wettergeschützten Felsen.

Der gemeinsame Glaubensschatz der Aborigines umfasst einen riesigen Kosmos von weiteren Schöpferheroen. Manche dieser Wesen besaßen in der Tjukurpa menschliche Züge, so der Kängurumann und die Mulgasamenfrau. Sie begründeten eine Erblinie, mit der alle Tiere und Pflanzen verbunden sind, die in der Welt der Aborigines vorkommen.

Selbst der Ursprung der Menschheit, da sind sich die ersten Australier einig, verliert sich im Ungefähren der Traumzeit: Einst waren sie alle Yamswurzeln, Ameisen, Eulen, Fische, Wasserlilien, Emus, Kängurus und Hühnervögel. Sie waren eine Windböe oder ein Wasserloch. Von diesem „Traum“, diesem „Totem“, stammt jeder Mensch ab. Und so innig ist die Beziehung der Aborigines zu ihrem Totem, dass sie es ihr „Fleisch“ nennen.

Das Totem sucht sich den Menschen aus, nicht umgekehrt: Wenn eine Mutter etwa die erste Regung eines Kindes in ihrem Körper wahrnimmt, dann entscheidet sich, unter welchem Totem das Kind ein Leben lang stehen wird: Es kann eine Windböe sein, die in jenem ersten Moment weht, ein Skorpion, der den Weg kreuzt, ein Gedanke an ein Wasserloch oder ein Känguru am Horizont. Der Ort dieser frühen Tuchfühlung ist im Leben der Aborigines daher bedeutungsvoller als der Ort ihrer späteren Geburt.

Das Totem ist tabu. Ein Mensch darf sein Totemtier nicht berühren, nicht verzehren – dies ist ein absolutes Gesetz. Denn der Mensch steht seinem Totem gegenüber in der Pflicht. Er stammt ja von ihm ab. Ein Verstoß gegen dieses Gesetz verletzt den Bund mit der Natur, und nur in äußerster Not wird eine Ausnahme gewährt.

Frauen, die sich nicht daran halten, sind der Vergewaltigung freigegeben; Männer haben Glück, wenn nur ihre Beine von Speeren durchbohrt werden. So schützt das Gesetz ein Totemtier vor übermäßiger Jagd und Ausrottung.

Das Totem schafft zudem spirituelle Verwandtschaft. Alle Menschen, die einem Totem angehören, ganz gleich, wo im Land sie leben, bilden einen Bund über alle Regionen und Sprachen hinweg. Auf den Wanderungen zu den Wirkungsstätten ihres Totems sind

Die geschwungenen Linien symbolisieren möglicherweise Wasserquellen, über denen Wolken oder Regenbogen schweben. Die meisten Farben solcher Felsmalereien stellen die Aborigine-Künstler aus zermahlenen Ockerpigmenten her

sich die Träger verwandtschaftlich verpflichtet: Sie helfen und schützen einander. Der Totemkult verbindet alle Aborigines und ist wie geschaffen für ihre nomadische Lebensweise.

DAS GILT AUCH für einen weiteren Brauch: Vielerorts nennen die Kinder ihre Mutter und Tanten gleichermaßen „Mutter"; ferner bezeichnen sie sowohl ihren Vater als auch ihre Onkel allesamt als „Vater". Auf diese Weise bilden die Menschen über viele biologische Verwandtschaftsverbindungen und Hunderte Kilometer hinweg riesige Familienbande. Ein Netz aus Verpflichtungen spinnt sich weit über den Kontinent der Nomaden.

So stärkt das Geflecht aus Mythen und Bräuchen den Zusammenhalt. Doch die Erzählungen der Menschen haben noch eine weitere praktische Bedeutung: Indem sie Mythen und Orte zu einer Art Landkarte verbinden, helfen sie bei der Orientierung in den riesigen Weiten des Landes.

Denn die Aborigines durchmessen auf ihren Wanderungen nicht nur eine physische Welt, sondern auch eine spirituelle: Überall gibt es Orte, an denen ein Totemtier in der Vorstellungswelt weiterlebt oder an dem sich ein Ahnenwesen in Materie verwandelt hat: in einen Fels oder ein Wasserloch, in eine Bodenspalte oder die Musterung eines Berges.

Es sind mythische, energiegeladene Orte, für die die Menschen von weit her kommen. Manchmal ritzen sie dann tiefe Kerben in die heiligen Felsen – etwa, um die Lebenskraft eines Ahnen freizusetzen. Oder um eine Beziehung zur Natur herzustellen, die lebt, fühlt und leidet. Und die man verletzen muss, um den jährlichen Kreislauf des Lebens, das Werden und Vergehen, in Gang zu setzen.

Die Aborigines ahmen die Schöpfungsreisen der Ahnen nach. Sie wandern auf „Traumpfaden" durch das Land. Diese winden sich oft über Hunderte Kilometer und nehmen selten den direkten Weg. Manche führen durch mehrere Sprachgebiete. Alle zusammen bilden ein dichtes Netz, das sich tief in jegliche Region des Kontinents webt – bis sich die einzelnen Fäden wieder an heiligen Orten wie dem Uluru treffen.

Nicht zuletzt sichern die Traumpfade das Überleben der Nomaden in der kargen Wüste: Denn die Heroen, so wird es von den Alten erzählt, wanderten einst von Wasserloch zu Wasserloch, und sie wussten auch, wo nahrhafte Wurzeln wachsen und wie man an bestimmten Orten ein Tier erlegt.

UM SOLCHES WISSEN über alle Zeiten zu bewahren, haben die ersten Australier – jene Pioniere also, die auch Steinäxte und Wasserfahrzeuge erfanden – erstaunliche Methoden der Archivierung ersonnen: Sie tradierten es in Gesängen, Tänzen, in abstrakten Felsbildern und jenen Mythen, die ihre Gesetze und Gebräuche noch heute von Generation zu Generation weitergeben.

In der Vorstellung der Aborigines wurde das Land von den Ahnen einst ins Dasein „gesungen". Die Lieder selbst sind Zeugen der Schöpfung: Sie heiligen besondere Orte, die entlang der Traumpfade liegen. Jedem Ort ist ein eigenes Lied gewidmet.

Und so gibt es Traumpfade mit derart vielen Kultstätten, dass deren Liederzyklen 129 Gesänge umfassen, andere sogar 264. Vermutlich orientieren sich die Sänger an speziellen Rhythmen, um die genaue Reihenfolge aller Lieder und deren Strophen einzuhalten.

An jedem Ort eines Traumpfades, an dem einst ein Ahnenwesen gehandelt hat, wacht noch heute ein Hüter über das jeweilige Lied, das ein Sänger dort aufführen muss, und damit über den gesamten Zyklus. Denn sollte auch nur ein Lied ausgelassen oder vergessen werden, wäre ein Loch in den Traumpfad gerissen – und das Wissen um die Tjukurpa drohte zu zerfallen.

Die Menschen wandern weit, um gemeinsam in einer großen Gruppe ihre Tänze, Gesänge und Riten abzuhalten. Die Zeremonien führen die nomadisch lebenden Gruppen zusammen, damit sie sich in der Weite der Wüste nicht verlieren.

An den heiligen Orten werden oft tagelange Riten zelebriert. Die Erkennt-

Als die Menschen vor etwa 55 000 Jahren von Norden her Insel für Insel weiter nach Süden vordringen, verbinden noch viele Landbrücken die Eilande des Indonesischen Archipels. Wohl von Timor oder Sulawesi aus erreicht *Homo sapiens* die australische Landmasse. Diese hat sich vor spätestens 55 Millionen Jahren von der Antarktis getrennt

nisse, die dann gelehrt werden, geben auch Alltagswissen weiter: wie ein Feuer eingesetzt oder Kochgeräte hergestellt werden. Wie mit Freude und Trauer umzugehen ist, mit Kummer und Leid, Sexualität und dem Altern, wie eine Heirat geregelt ist oder eine Bestattung.

In einem jedenfalls ähneln sich Menschen und Ahnen: Schon in der Tjukurpa wurde geliebt, gejagt und getötet. Die Heroen aßen und tanzten, hatten Sex, waren eifersüchtig, übertraten Gesetze, und manche starben sogar.

So schaffen Mythen und Zeremonien ein Bewusstsein, dass alles Leben eine ewige Geschichte besitzt, die in der Tjukurpa wurzelt. Und dass alles mit allem verbunden ist: Tiere, Geister, Menschen, Mythenwesen, Landschaft und sogar Gegenstände – alles gehört in die Arche des Daseins.

In der Gedankenwelt der Aborigines stützen sich Beobachtungen und Erkenntnisse wechselseitig: Ein Wassereimer, der mit einer Schlange bemalt ist, steht für die Lebenskraft, die dem Wasser innewohnt; diese Kraft wird durch die Regenbogenschlange symbolisiert. Und die Vorstellung an eine solche Schlange wurde wiederum einst vom Regenbogen inspiriert. Dessen Farben brechen sich in den Farben der Schuppen einer echten Schlange.

In den Mythen ordnen sich all diese Assoziationen zu Geschichten. Sie wollen die Welt keineswegs abstrakt erklären, sondern sie als ein Produkt aller Wesen deuten, die überall ihre Spuren hinterlassen.

Diese Ordnung, dieses friedliche Gefüge aller Lebewesen sollen die Zeremonien bewahren. Selbst Konflikte werden deshalb während der Rituale ausgelebt.

Die Männer beschimpfen sich dann, vollführen groteske Tanzbewegungen und rufen, was sonst verboten ist, die Frauen bei ihren persönlichen Namen – es ist ein kalkulierter Karneval, eine kurzzeitige Umkehrung aller Sitten und des Anstandes. Auch Konflikte zwischen Einzelnen, Gruppen und um Territorien werden mithilfe von Zeremonien beigelegt.

Nur ein Gedanke ist den Aborigines offenbar unbekannt: andere Völker niederzuwerfen, um deren Land zu erobern. Auch das ist wohl den Mythen zu verdanken. Schon weil sich manche ihrer Zyklen über mehrere Stammesgebiete ausdehnen, sind alle Gruppen voneinander abhängig.

Denn jede Gruppe pflegt einen Teil des Mythos, der so geheim ist, dass die anderen Gruppen ihn kaum kennen. Wer immer erobern wollte, er müsste die Mythologie der vertriebenen Hüter übernehmen – sonst würde die Verbindung zu den Ahnenwesen der Traumzeit, ihren spirituellen Kraftquellen, reißen.

Nicht die Menschen besitzen daher das Land, so sehen es die Aborigines. Vielmehr gehören die Menschen ihrem Land an.

EIN SOLCHES DENKEN aber ist jenen hellhäutigen Menschen völlig fremd, die im 18. Jahrhundert mit riesigen Schiffen an den Küsten Australiens landen. Sie ziehen, ungeachtet aller Traumpfade, schnurgerade Grenzen über Hunderte Kilometer und erklären das Land zur „terra nullius“, zu einem geschichtslosen Niemandsland, das aufgeteilt und annektiert werden darf.

Es ist eine Eroberung, die die Ureinwohner mit Wucht überrollt. Doch sie reagieren darauf auf ihre Weise: Auch die Ankunft des britischen Seefahrers James Cook wird in die Mythenwelt der Aborigines als eine Katastrophe aufgenommen.

Seine Schiffe malen die Aborigines seither auf Felswände. □

Memo: **DIE EROBERUNG AUSTRALIENS**

- **Mit Kanus oder Flößen** gelangt *Homo sapiens* über das Meer nach Australien.
- **Er erfindet** dort die Feuerbestattung und mumifiziert als Erster Verstorbene.
- **Die australischen Ureinwohner** hinterlassen mit ihren Felszeichnungen die ältesten religiösen Symbole überhaupt.
- **Ahnen und Geister** aus der »Traumzeit« beleben für die Aborigines noch heute die Natur.
- **Ein »Totem«,** ein Tier etwa, erwählt einen Menschen und begleitet ihn als spiritueller Gefährte in der mythischen Welt.

Dirk Liesemer, 33, ist Wissenschaftsjournalist in Münster. Der Künstler **Mark Lang** hat sieben Jahre lang die Heimat der Aborigines fotografiert. Wissenschaftliche Beratung: Dr. Martin Porr, Archäologe an der University of Western Australia.

Literaturempfehlung: Corinna Erckenbrecht, „Traumzeit“, Herder; detailreiche Einführung in die Mythologie der Aborigines.

Autorenporträt

Warum singt ein Vogel?

Von der Kunst, die einfachen Fragen zu stellen

Korallenriffe und homosexuelle Tiere. Supervulkane und Geschwisterbeziehungen. Die Geburt des Sonnensystems und Ärzte, die versuchen, das Temperament von Menschen anhand der Beulen auf ihrem Schädel abzulesen: Die Themen, die Ute Eberle in den vergangenen fünf Jahren für GEOkompakt aufbereitet hat, spiegeln die ganze Bandbreite der Naturwissenschaften wider.

Ute Eberle, 39, lebt im niederländischen Leiden

Freunde wundern sich schon längst nicht mehr, wenn sie zum Treffen im Café mit Fachbüchern auftaucht – einem 1000-Seiten-Wälzer zur Entwicklung des Moralempfindens bei Kindern etwa. Meist ist so ein Brocken dann nur der Bruchteil eines meterhohen Stapels an wissenschaftlichen Büchern und Aufsätzen, durch den sich die Autorin in der Regel wühlt, um sich in ein Thema einzuarbeiten. Oft ist es aber gerade diese anfängliche Fachfremdheit, die ihr hilft, jene Fragen zu stellen, die auch der Leser hat.

Ein besonderer Reiz ist es für die 39-Jährige, Wissenschaftler zu treffen, die ihr Leben einem lieb gewonnenen Aspekt dieser Welt widmen – etwa der genauen Form des Kehlkopfs bei Neandertalern oder dem Prozess, durch den Singvögel das Trällern lernen.

Dass sich die studierte Geisteswissenschaftlerin für die Natur begeistert, hat sicher auch mit ihrem familiären Umfeld zu tun: die Mutter Chemikerin, der Vater Kernphysiker, die Schwester Medizintechnikerin und der Mann Astronom. Es macht Ute Eberle einfach Freude, immer wieder Neues über die Welt zu lernen. An keinem Ort ist die Autorin dabei dauerhaft zu Hause: Nach sieben Jahren USA und sieben Jahren Niederlande zeichnet sich der nächste Umzug schon ab – vermutlich zurück in die Vereinigten Staaten.

BILDNACHWEIS/COPYRIGHT-VERMERKE

Anordnung im Layout: l. = links, r. = rechts, o. = oben, m. = Mitte, u. = unten

Titel: Dan Kitwood/Getty Images
Editorial: Katrin Trautner für GEOkompakt: 3 o.; Roman Pawlowski f. GEOkompakt: 3 u.
Inhalt: Kennis&Kennis/Madrid Scientific Films, Berthold Steinhilber f. GEOkompakt, Kennis&Kennis, Jochen Stuhrmann f. GEOkompakt, Christian Schneider f. GEOkompakt, Dan Kitwood/Getty Images: 4 von l. o. n. r. u.; dpa: 5 o.; Tim Wehrmann f. GEOkompakt: 5 m.; George Steinmetz//Ag. Focus: 5 u.
Zeitleiste: Stefanie Peters f. GEOkompakt (Karten): 6/7
Von einem, der auszog, die Erde zu erobern: Kennis&Kennis: 8/9, 12/13 + 20/21; Kennis&Kennis/Madrid Scientific Films: 10/11, 14/15, 16/17, 18/19 + 22/23; Christian Schneider f. GEOkompakt: 11 u.
Der lange Weg zum Menschen: Kennis&Kennis: 24–34; Eric Tscherne f. GEOkompakt: 33; Stefanie Peters f. GEOkompakt: 34
Der Erste, der Afrika verlässt: Christian Schneider f. GEOkompakt: 36–47
Die Geburt der Sprache: nach Jefrey Laitman + La Recherche: 49
Das Archiv im Stein: Berthold Steinhilber f. GEOkompakt: 52–63; grupoedelweiss.com (Karte): 54/55; Rainer Droste f. GEOkompakt (Karte): 58; Ho New/Reuters: 63
Vom Leben in der Kältesteppe: Jochen Stuhrmann f. GEOkompakt: 64–75; Philippe Plailly/SPL/Ag. Focus: 70
Die Insel der Zwerge: Lionel Bret/Eurelios/SPL/Ag. Focus: 78; Djuna Ivereigh: 79–82; Stefanie Peters f. GEOkompakt: 83
Die Gewissheit des Todes: Tomsich/Photo Researchers/Ag. Focus: 85
Aufbruch zu neuen Kontinenten: Dan Kitwood/Getty Images: 86–99
Das Vermächtnis der Traumzeit: Mark Lang/Wildlight/Visum: 102–105, 108/109 + 112/113; Philip Quirk/Wildlight/Visum: 106; imagebroker/Vario images: 107 o.; Vario images: 107 u. + 115; dpa: 110; Harald Lange/Mauritius: 111; Rainer Droste f. GEOkompakt: 116
Die Macht der Gruppe: AISA/Ullstein-Bild: 119; akg: 120
Wer entdeckte Amerika? Nasa (Satellitenbild) + arcticphoto/laif (Hintergrund): 122/123; Emmanuel Laurent/ LookatSciences/Photo Reserachers: 124/125; Chip Clark/Museum of Natural History/Smithsonian Institution: 126; Rainer Droste f. GEOkompakt: 127; Kenneth Garrett: 128/129
Vom Jäger zum Bauern: Tim Wehrmann f. GEOkompakt: 130–137; Rainer Droste f. GEOkompakt: 135; Dieter Johannes/BLM: 138
Auf der Suche nach den Inseln im Nichts: George Steinmetz/Ag. Focus: 140/141; DPPI/picture-alliance: 142/143; David Hiser/Getty Images: 144/145; stern infografik: Cyprian Lothringer, Quelle: Klaus Hympendahl, www.lapita-voyage.org: 146/147; Danny Torckler/Getty Images: 148/149; Eric Tscherne f. GEOkompakt: 150/151; Rainer Droste f. GEOkompakt: 152/153
Vorschau: Sebastião Salgado/Ag. Focus: 154; James Nachtwey: 155

GEOkompakt

Gruner + Jahr AG & Co KG, Druck- und Verlagshaus, Am Baumwall 11, 20459 Hamburg. Postanschrift der Redaktion: Brieffach 24, 20444 Hamburg, Telefon 040/37 03-0, Telefax 040/37 03 56 47, Telex 21 95 20. Internet: www.GEOkompakt.de

CHEFREDAKTEUR
Michael Schaper
KONZEPT DIESER AUSGABE
Dr. Henning Engeln
ART DIRECTOR
Torsten Laaker
TEXTREDAKTION
Jörn Auf dem Kampe, Rainer Harf
BILDREDAKTION
Lars Lindemann,
Freie Mitarbeit: Katrin Kaldenberg, Katrin Trautner
VERIFIKATION
Susanne Gilges, Bettina Süssemilch
Freie Mitarbeit: Dr. Eva Danulat, Regina Franke
TEXTE
Cay Rademacher
Freie Mitarbeit: Jörg-Uwe Albig, Nicole Basel, Dr. Ralf Berhorst, Ute Eberle, Katharina Kramer, Dirk Liesemer, Martin Paetsch, Alexandra Rigos, Johannes Schneider, Bertram Weiß, Sebastian Witte
ILLUSTRATIONEN
Freie Mitarbeit: Christian Schneider, Jochen Stuhrmann, Eric Tscherne, Tim Wehrmann
KARTOGRAPHIE
Rainer Droste, Stefanie Peters
CHEFS VOM DIENST
Dirk Krömer
Rainer Droste (Technik)
SCHLUSSREDAKTION
Ralf Schulte
GESCHÄFTSFÜHRENDE REDAKTEURE
Martin Meister, Claus Peter Simon
REDAKTIONSASSISTENZ: Ursula Arens
HONORARE: Angelika Györffy
Verantwortlich für den redaktionellen Inhalt: Michael Schaper
HERAUSGEBER: Peter-Matthias Gaede
VERLAGSLEITUNG: Dr. Gerd Brüne, Thomas Lindner
GESAMTANZEIGENLEITUNG: Heiko Hager, G + J Media Sales
VERTRIEBSLEITUNG: Ulrike Klemmer, Deutscher Pressevertrieb
MARKETING: Antje Schlünder (Ltg.), Patricia Korrell
HERSTELLUNG: Oliver Fehling
ANZEIGENABTEILUNG: Anzeigenverkauf: G + J Media Sales/Direct Sales: Sabine Plath, Tel. 040 / 37 03 38 89, Fax: 040 / 37 03 53 02; Anzeigendisposition: Anja Mordhorst, Tel. 040 / 37 03 23 38, Fax: 040 / 37 03 58 87
Es gilt die GEO-Sonderhefte-Anzeigenpreisliste Nr. 6/2010

Der Export der Zeitschrift GEOkompakt und deren Vertrieb im Ausland sind nur mit Genehmigung des Verlages statthaft. GEOkompakt darf nur mit Genehmigung des Verlages in Lesezirkeln geführt werden.

Bankverbindung: Deutsche Bank AG Hamburg, Konto 0322800, BLZ 200 700 00
Heft-Preis: 8,50 Euro (mit DVD: 15,90 Euro)
ISBN 978-3-570-19927-5 (978-3-652-00008-6)
© 2010 Gruner + Jahr Hamburg
ISSN 1614-6913
Litho: 4mat Media, Hamburg
Druck: Mohn Media Mohndruck GmbH, Gütersloh
Printed in Germany

GEO-LESERSERVICE

FRAGEN AN DIE REDAKTION
Tel.: 040/37 03 20 73 Fax: 040/37 03 56 48, E-Mail: briefe@geo.de

ABONNEMENT- UND EINZELHEFTBESTELLUNG

KUNDENSERVICE UND BESTELLUNGEN
Anschrift:
GEO-Kundenservice
20080 Hamburg

pers. erreichbar:
Mo.–Fr. 7.30 bis 20.00 Uhr
Sa. 9.00 bis 14.00 Uhr

E-Mail: geo-service@guj.de
Tel. innerhalb Deutschlands: 01805/861 80 00*
Tel. außerhalb Deutschlands: +49/1805/861 00 00
Telefax: +49/1805/861 80 02
24-Std.-Online-Kundenservice: www.meinabo.de/service
Preis Jahresabonnement 31,00 € (D) / 35,80 € (A) / 64,00 CHF (CH)
Preise für weitere Länder auf Anfrage erhältlich

BESTELLADRESSE FÜR GEO-BÜCHER, GEO-KALENDER, SCHUBER ETC.

KUNDENSERVICE UND BESTELLUNGEN
Anschrift: GEO-Versand-Service, Werner-Haas-Straße 5, 74172 Neckarsulm
Tel.: +49/1805/06 20 00*
Fax: +49/1805/08 20 00*
E-Mail: service@guj.com

*14 Cent/Min. aus dem deutschen Festnetz, Mobilfunkpreis max. 42 Cent/Min.

Text: Nicole Basel

Die Macht der Gruppe

Sehr früh schon entwickelten die Vorfahren des Menschen Eigenschaften, die ihn erfolgreicher machten als alle Tiere: die Fähigkeit, im Team zu arbeiten und gerecht zu teilen

Als Charles Darwin 1859 seine Evolutionstheorie veröffentlichte, prägte er auch den Begriff vom „Kampf ums Dasein". Jeder Organismus, so spitzte es der Biologe Richard Dawkins in den 1970er Jahren in seinem Buch „Das egoistische Gen" zu, sei nur eine Art Vehikel, um die eigenen Erbeinheiten zu verbreiten. Doch *Homo sapiens* – jenes Lebewesen, das die Erde so erfolgreich besiedelt hat wie keine Art zuvor – scheint nicht in dieses Schema zu passen.

Denn nicht allein sein Egoismus oder seine Aggressivität haben es ihm ermöglicht, die Erde von Alaska bis zur Arktis zu bevölkern, sondern vor allem seine Bereitschaft, im Team zu arbeiten. Während es Tieren schwerfällt, etwas abzugeben, ist es für den *Homo sapiens* selbstverständlich, zu teilen.

Die menschliche Neigung zur Kooperation ist nicht anerzogen, sondern angeboren und von Genen geprägt – das jedenfalls nehmen Forscher an. Schon Kleinkinder versuchen, anderen zu helfen, ohne dazu aufgefordert zu werden. Und gibt man einem einjährigen Kind ein paar Apfelstücke, wird es die meist schon nach kurzer Zeit mit anderen Menschen teilen. Oft gibt es sogar Fremden ab, ohne eine Gegenleistung dafür zu erwarten. Einjährige sind geradezu versessen darauf, zu schenken, zu trösten, Essen zu verteilen oder etwas mit anderen gemeinsam zu tun, wie Psychologen nachgewiesen haben.

Pure Selbstlosigkeit ist das allerdings nicht. Wenn ein Mensch einem anderen hilft, werden Regionen im Gehirn aktiviert, die Belohnungen verarbeiten. Freundlich zu sein macht also zufrieden – selbst dann, wenn es etwa für ein Geschenk keine direkte Gegenleistung gibt: Schon Kleinkinder machen die Erfahrung, dass es sich immer lohnt, anderen zu helfen. Und sie registrieren sehr genau, wer ihnen Essen abgibt oder hilfsbereit ist – und wer nicht. Mit etwa drei Jahren beginnen Kinder dann jene Personen zu bevorzugen, die vorher hilfsbereit waren.

Die Neigung des Menschen, andere zu unterstützen, ist zudem von der Situation abhängig: Jemand, der hungert, wird nicht generös teilen. Vergleicht man aber das Verhalten des *Homo sapiens* etwa mit dem von Menschenaffen, dann wird deutlich, was beide unterscheidet: Affen geben nur dann etwas ab, wenn ein anderes Tier intensiv bettelt oder sie bedroht (oder wenn ein Männchen von einem Weibchen Sex erhofft).

Menschen dagegen schützen sich durch ihre Kooperationsbereitschaft, etwa vor Nahrungsengpässen. Das lässt sich noch heute an den traditionellen Jäger- und Sammler-Gemeinschaften Südamerikas sehen. Dort gelingt es einem Jäger nur gelegentlich, ein besonders großes Tier zu erbeuten, das dann für kurze Zeit reichlich Kalorien liefert; in der Zeit dazwischen aber wird die Nahrung knapp. Bekäme er von den Fängen der anderen nichts ab, würde seine Familie durchschnittlich an einem von vier Tagen Hunger leiden. Da aber die gesamte Gruppe ihre Beute teilt, tritt dieser Fall kaum je ein.

Könnte der Mensch nicht so gut mit anderen teilen, hätte er wohl auch nie erfolgreich Mammuts gejagt. Denn nur wenn die Beute hinterher gerecht aufgestückelt wird, lohnt sich die Gruppenjagd für jeden. Allein der Mensch ist in der Lage, gemeinschaftlich auf Beutefang zu gehen und dazu Strategien abzustimmen. Dabei hilft ihm seine Fähigkeit zu sprechen, und so entstand die Sprache womöglich nur deshalb, glauben manche Anthropologen, weil sie es den Menschen erleichtert, gemeinsames Handeln zu koordinieren.

Ohne seine Teamfähigkeit hätte der *Homo sapiens* auch keine Werkzeuge und Waffen erfunden. Denn dazu ist eine weiterentwickelte Form der Zusammenarbeit vonnöten, die unter Tieren unbekannt ist: Der Mensch gibt seine Erfahrungen und Fähigkeiten weiter. Er wird zum Lehrer. So kann er Wissen sammeln und Erfindungen verbessern.

WENN ES ABER die Kooperation ist, die den Menschen so erfolgreich gemacht hat, warum arbeiten dann nicht auch seine nächsten Verwandten, die Menschenaffen, enger zusammen?

Offenbar sind sie dazu nicht in der Lage. Das zumindest ergaben Experimente von Forschern des Max-Planck-Instituts für evolutionäre Anthropologie in Leipzig.

Bei den Versuchen sollten zwei Schimpansen kooperieren, um mithilfe eines Seils eine Portion Obst auf einem Brett zu sich heranzuziehen. Das Seil verlief durch zwei Ösen im Brett, und jeder der Affen musste an einem Ende ziehen, damit sich das Brett zu ihnen hinbewegte und das Seil nicht hinausflutschte.

Technisch waren die Tiere dazu durchaus fähig, doch zur Zusammenarbeit kam es zumeist nicht, weil das rangniedere Tier – zu Recht – ahnte, dass ihm das ranghöhere hinterher nichts abgeben würde. Es war den Affen nicht möglich, gerecht zu teilen. Auch zu anderen Formen der Kooperation, etwa gemeinsam einen schweren Gegenstand zu schleppen, sind Schimpansen unfähig.

Die Erklärung: Den Tieren fehlt die „shared intentionality“, wie Forscher es nennen: die Fähigkeit, zu verstehen, was der andere will, und einen gemeinsamen Plan zu erstellen. Doch nur wer ein gemeinsames Ziel hat, kann auch zusammenarbeiten. Der *Homo sapiens* ist darauf spezialisiert, zu erkennen, was in den Köpfen anderer vorgeht.

Und es interessiert ihn nicht nur, was andere denken – sondern auch, was sie über ihn denken.

Daher ist der Mensch wie kein anderes Lebewesen um sein Image bemüht, um sein Bild in den Augen der anderen. Er möchte zur Gruppe gehören und zumeist der Norm entsprechen – so sehr, dass er sich den Individuen in seiner Umgebung anpasst, auch optisch.

Das konnten Forscher in Versuchen nachweisen, in denen Probanden anhand von Fotos von Menschen mutmaßen sollten, wer mit welchem Partner verheiratet ist. Wurden ihnen die Bilder frisch Vermählter gezeigt, gelang ihnen das mit geringerer Treffsicherheit als mit Fotos derselben Personen nach vielen Ehejahren. Offenbar hatten sich die älteren, schon lange zusammenlebenden optisch einander angeglichen.

Und erfüllt ein Mensch einmal nicht die Erwartungen der anderen, wenn er etwa versehentlich jemanden verletzt, kann er meist darauf vertrauen, dass auch die anderen Einfühlungsvermögen besitzen: Sofern er sich offensichtlich schämt und Reue zeigt, sind die anderen – wie Experimente belegen – geneigt, ihm zu verzeihen.

Die Empathiefähigkeit – also die Fähigkeit, sich in andere hineinzuversetzen – wird durch eine Besonderheit des menschlichen Körpers sogar verbessert: Der sichtbare Teil des Weißen im Auge ist beim Menschen dreimal größer als bei Menschenaffen. Daher kann er viel besser erkennen, wohin sein Gegenüber blickt, und so besser einschätzen, was der andere denkt, fühlt und worauf seine Aufmerksamkeit gerichtet ist.

Die gemeinsame Jagd – hier eine Szene aus der Cova dels Cavalls (Höhle der Pferde) in Spanien – lohnt sich für jedes Gruppenmitglied, weil die Beute hinterher gerecht aufgeteilt wird

ZU ALL DIESEN ANPASSUNGEN muss es im Verlauf der menschlichen Evolution gekommen sein. Doch wie und wann haben sie sich entwickelt?

Möglicherweise war die Nahrungssuche dabei ein wichtiger Faktor. Da die frühen Menschen stark mit Tieren um die gleichen Nahrungsressourcen konkurrieren mussten, haben sich im Laufe der Evolution wohl jene Individuen durchgesetzt, denen es gelang, neue Futterquellen zu erschließen, etwa durch die gemeinsame Jagd. Diejenigen, die teilen und sich gut in andere einfühlen konnten, waren dann im Vorteil.

Vielleicht verbündeten sich auch unsere Vorfahren, um gegen Artgenossen zu kämpfen. Kooperation innerhalb eines Clans war hilfreich, so die Evolutionsbiologen, um sich gegen menschliche Feinde und Konkurrenten durchzusetzen. Allerdings begannen menschliche Populationen erst vor etwa 80 000 Jahren stärker zu wachsen. In der zuvor dünn besiedelten Welt war es dagegen weniger sinnvoll, seine Energie im Kampf gegen benachbarte Gruppen zu verschwenden, als einfach weiterzuziehen.

Darüber, wie sich eine solch intensive Kooperation unter Menschen mit der Vorstellung vom egoistischen Gen vereinbaren lassen, haben Forscher lange nachgedacht. Ihre These: Offenbar gab es im Verlauf der menschlichen Evolution Mutationen in den Erbanlagen, die selbstloses, kooperatives Verhalten auslösten. Und als dies bei mehreren Individuen dazu führte, dass sie zusammenarbeiteten und so als Gruppe ihren Überlebenserfolg steigerten, setzten sich die entsprechenden Mutationen nach der Darwin'schen Regel vom „survival of the fittest" durch.

DER WAHRE GRUND für das Aufkommen der Kooperation aber, davon ist zumindest die US-Primatenforscherin Sarah Blaffer Hrdy überzeugt, liegt in der Art, wie sich der Mensch um seinen Nachwuchs kümmert. Bislang habe die Forschung etwas Wichtiges übersehen: Fast kein Lebewesen auf der Erde wachse so langsam heran wie ein Menschenkind. Bis zur Geschlechtsreife brauche es rund 13 Millionen Kalorien. Das könne keine Mutter alleine schaffen, so Hrdy.

Verwandte und Gruppenmitglieder müssten also den Frauen unserer Vorfahren geholfen haben, ihre Kinder aufzuziehen.

Tatsächlich sind Menschen die einzigen Primaten, die Kinder gemeinsam versorgen. Schimpansenfrauen dagegen tragen ihre Jungtiere monatelang Tag und Nacht an ihrem Körper. Und der Orang-Utan-Nachwuchs saugt manchmal noch mit sieben Jahren an der Brust der Affenmutter.

Irgendwann in der Evolution der Gattung Homo – möglicherweise beim Übergang vom Leben im Regenwald zu dem in der offenen, gefährlicheren Savanne – muss es für die Mütter vorteilhaft gewesen sein, andere Mitglieder der Gruppe mehr und mehr in die Versorgung ihrer Kinder einzubinden. Die Mütter erhöhten die Überlebenschancen ihrer Kinder, wenn sie zuließen, dass andere es betreuten, mit ihm spielten und ihm Nahrung beschafften.

Die Entwicklung eines Kindes – und das ist noch heute so – hing daher davon ab, wie viele Helfer die Mutter hatte. Ein Baby unserer Ahnen musste also nicht nur die Liebe seiner Mutter auf sich lenken, um zu überleben, sondern auch die Zuneigung anderer.

Und tatsächlich: Versuche haben gezeigt, dass bereits acht Monate alte Säuglinge sich dafür interessieren, was andere über sie denken. Und sich genau merken, wer ihnen hilft und wer nicht.

Landwirtschaft ist nur gemeinsam möglich: Diese Kopie einer rund 4000 Jahre alten Felsmalerei aus der Sahara zeigt Frauen bei der Feldarbeit

Über einen langen Zeitraum der Evolution hatten diejenigen Babys die besten Überlebenschancen, die es verstanden, die Absichten anderer gut einzuschätzen. So lernten die Kinder unserer Vorfahren, die Stimmungen der anderen Gruppenmitglieder zu beurteilen – schon lange bevor es den anatomisch modernen Menschen gab.

Ohne dieses Einfühlungsvermögen hätte der *Homo sapiens* nie so viel Teamgeist entwickeln und so erfolgreich werden können.

UND WOMÖGLICH besäßen wir noch heute ein kleines Affenhirn, hätten unsere Vorfahren nicht irgendwann beschlossen, sich in der Gruppe um ihre Kinder zu kümmern: Denn nur die gemeinsame Aufzucht des Nachwuchses ermöglichte eine so lange Betreuungsphase. Weil die Kopfgröße bei der Geburt durch die Enge des weiblichen Beckens begrenzt ist, braucht ein Menschenkind nach der Geburt eine besonders lange Zeit, um sein Gehirn reifen zu lassen.

Erst durch die ausgedehnte Kindheit konnte das Denkorgan des *Homo sapiens* daher im Lauf der Evolution dreimal so groß werden wie das der anderen Menschenaffen.

„Wir mussten erst die freundlichsten Affen werden", sagt Sarah Blaffer Hrdy, „ehe wir eine Chance hatten, auch die klügsten Affen zu sein." □

Nicole Basel, 29, ist Wissenschaftsjournalistin in Hamburg und Kopenhagen.

Literaturempfehlung: Sarah Blaffer Hrdy, „Mütter und andere. Wie die Evolution uns zu sozialen Wesen gemacht hat", Berlin Verlag; umfassender, gut verständlicher Überblick zur Entwicklung des Mitgefühls des Menschen.

Neue Welt

Wer entdeckte Amerika?

Text: Alexandra Rigos

Lange glaubten Forscher, der *Homo sapiens* sei vor rund 13 000 Jahren über eine Landbrücke von Sibirien nach Amerika eingewandert. Doch inzwischen weisen zahlreiche Indizien darauf hin, dass es ganz anders gewesen sein könnte: Womöglich reisten die frühen Pioniere in kleinen Booten über die Ozeane

Die letzte und womöglich größte Herausforderung, die der *Homo sapiens* auf seiner Eroberung der Welt bewältigen musste, war der amerikanische Doppelkontinent. Gewaltige Gletscher und tiefe Meere erschwerten den Weg. Dennoch gelang es den Menschen, die Neue Welt zu besiedeln. Viele Jahre stritten Forscher darüber, woher diese ersten Amerikaner kamen, welchen Weg sie nahmen und wann sie das Land erreichten. Noch immer gibt es mehrere Hypothesen

Ende der 1990er Jahre kommt es im US-Bundesstaat Washington zu einem denkwürdigen juristischen Streit. Es geht um ein prähistorisches Skelett. Während die Angehörigen von fünf ortsansässigen Indianerstämmen darin die Relikte eines ihrer Vorfahren sehen, den sie nach ihren Riten bestatten möchten, ist es für Wissenschaftler ein wertvolles, zu bewahrendes Forschungsobjekt. Denn ihrer Einschätzung nach könnte es unsere Vorstellung davon revolutionieren, wer die ersten Bewohner Amerikas waren.

Auf den Schädel stoßen am 28. Juli 1996 zwei junge Männer aus der Stadt Kennewick, als sie auf dem Weg zu einem Bootsrennen am Ufer des Columbia durch knietiefes Wasser waten. Ein herbeigerufener Polizist erkennt, dass das Relikt uralt ist, und informiert den Archäologen James C. Chatters. Gemeinsam mit der Polizei birgt der Wissenschaftler aus dem Uferschlamm ein fast vollständig erhaltenes Skelett.

Wegen seiner typisch europäischen Gesichts- und Schädelform hält Chatters den Toten zunächst für einen Pionier, der vielleicht beim Fischen ertrunken ist – bis er in der Hüfte einen grauen Steinsplitter entdeckt, über dem der Knochen zum Teil wieder zusammengewachsen ist. Im Computertomographen lässt sich der Fremdkörper als fünf Zentimeter langes Bruchstück einer Speerspitze identifizieren. War der Mann in ein Scharmützel mit rückständigen Indianern geraten, die noch steinzeitliche Waffen benutzten?

Eine Radiokarbon-Analyse widerlegt diese Vermutung: Der „Kennewick Man“ hat nicht zur Zeit der weißen Siedler gelebt, sondern viel früher: vor etwa 9500 Jahren. Sein Skelett ist nicht nur eines der ältesten Nordamerikas, sondern auch das geheimnisvollste.

Denn mit seinem schmalen Gesicht, der ausgeprägten Nase und dem markanten Kinn ähnelt dieser Uramerikaner nicht im Geringsten der heutigen indianischen Bevölkerung. Trotzdem fordern die in der Fundregion ansässigen Indianerstämme die Gebeine zurück.

Für sie fällt das Skelett unter ein US-Gesetz, das 1990 erlassen wurde und den indigenen Völkern zubilligt, aufgefundene sterbliche Überreste ihrer Ahnen zu bestatten.

Wissenschaftler haben dafür kein Verständnis: Wie kann dieser europäisch anmutende Tote ein Vorfahr der heutigen Indianer sein? Oder waren deren Ahnen womöglich gar nicht die ersten Siedler in der Neuen Welt?

In den USA sind solche Fragen nach wie vor politisch brisant. Und tatsächlich wird der Kennewick Man – gemeinsam mit anderen überraschenden archäologischen Funden – die bisherige Auffassung darüber erschüttern, welche Menschen als Erste den amerikanischen Kontinent betraten.

> Genanalysen zeigen: Das Erbgut aller heutigen **Indianer** ähnelt dem asiatischer Völker

GEDANKEN ÜBER die Urbevölkerung Amerikas macht sich bereits 1590 der spanische Jesuit José de Acosta. Er nimmt an, dass die Indianer von den äußerlich ähnlichen Völkern Asiens abstammen. Acostas Ansicht nach können die ersten Siedler kaum zu Schiff die neue Welt erreicht haben. Daher vermutet er eine noch unbekannte Landverbindung, die es einst zwischen dem Nordwesten Amerikas und dem Nordosten Asiens gegeben haben müsse.

Damit formuliert der Pater jene zentrale Theorie über die Besiedlung Amerikas, der lange Zeit die meisten Experten folgen. Während der letzten Kaltzeit, so besagt das Szenario, ziehen Jäger und Sammler aus Sibirien nach Osten. In dieser Zeit liegt der Meeresspiegel viel tiefer als heute, und es erstreckt sich eine Landbrücke entlang der heutigen Alëuten-Inseln bis nach Nordamerika.

Vielleicht auf der Spur ihrer Jagdbeute erreichen die Steinzeitmenschen schließlich Alaska. Dort allerdings geraten sie in eine Sackgasse: Ein gewaltiger Eispanzer bedeckt Kanada und versperrt ihnen den Weg nach Süden.

Trotz der harschen Lebensbedingungen gelingt es den Nomaden aber, in der äußersten Ecke des Kontinents Fuß zu fassen. Schließlich, gegen Ende der Kaltzeit vor etwa 13 000 Jahren, öffnet sich ein Korridor vom Yukon-Gebiet bis in den heutigen US-Bundesstaat Montana. Zunächst zieht er sich wohl wie ein Canyon zwischen schwindelerregend hohen Eiswänden entlang, sein Grund ist sumpfig und unpassierbar.

Doch allmählich weitet sich der Durchlass, und einzelne Sippen folgen ihm in die milderen Regionen südlich des Eisschilds.

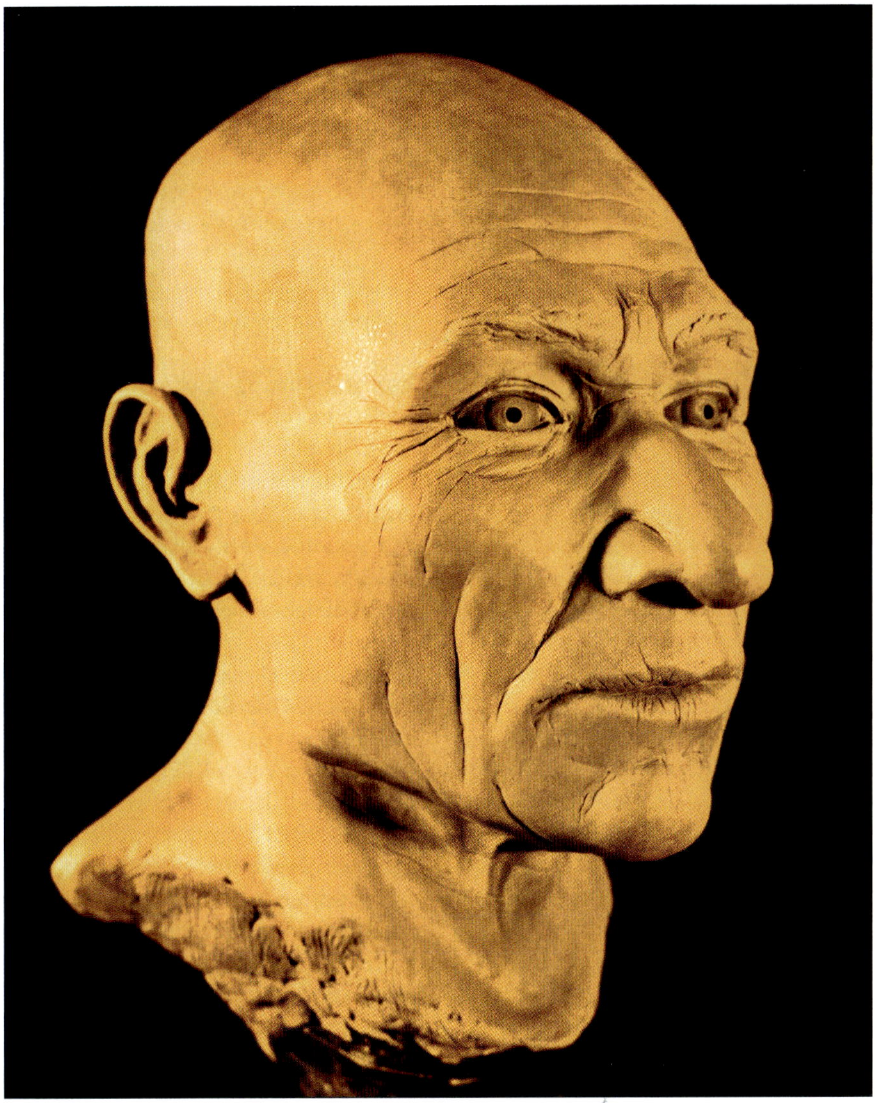

Der »Kennewick Man«, hier eine Rekonstruktion, lebte vor 9500 Jahren in Nordamerika. Bis heute ist seine Abstammung nicht geklärt. Nur eines scheint sicher: Ein Nachfahr sibirischer Nomaden war er nicht

Dieses menschenleere Grasland muss den Steinzeitleuten wie ein Paradies erscheinen: Gewaltige Säugetiere ziehen umher, vor allem Mammuts, Riesenbisons und Urzeitelefanten. Vielleicht begegnen die Einwanderer sogar den letzten Riesenfaultieren, amerikanischen Kamelen und Wildpferden. Die Herden werden zur leichten Beute der Neuankömmlinge, denn die sind virtuose Großwildjäger. Mit ihren Steinspitzen und Speerschleudern erlegen sie die Kolosse; aus den Knochen ihrer Beute fertigen sie Schäfte und anderes Gerät.

Schlagartig erblüht so vor etwa 13 000 Jahren im gesamten eisfreien Nordamerika eine Kultur, deren Erkennungszeichen die blattförmigen, an der Basis konkav gewölbten Speerspitzen sind. In fast allen Teilen der USA werden Archäologen später auf Waffen, Werkzeuge und Siedlungsreste aus dieser Zeit stoßen. Nach einem Fundort im Bundesstaat New Mexico heißt diese vermutlich erste Kultur Amerikas „Clovis“.

Die Nachfahren der Clovis-Jäger ziehen weiter nach Süden, über die Landenge von Panama bis nach Patagonien. Die großen Säugetiere aber verschwinden – möglicherweise, weil die Jäger ihren Herden, die ohnehin durch die Erwärmung der ausklingenden Kaltzeit geschwächt sind, den Rest geben.

WAR ES SO? Viele Befunde sprechen für die These, dass die ersten Amerikaner über die Beringstraße und den eisfreien Korridor nach Süden vorgestoßen sind. Erbgutanalysen zufolge stehen alle heutigen Indianer zentral- und südostasiatischen Völkern genetisch nahe.

Doch was die genaue Herkunft der Indianer sowie den Zeitpunkt ihres Aufbruchs aus Asien angeht, liefern die unterschiedlichen molekularbiologischen Methoden widersprüchliche Ergebnisse. Aus der Verteilung der Erbgutvarianten schließen die Forscher: Die Besiedlung der Neuen Welt muss in mehreren Wellen erfolgt sein.

Dazu passen die Erkenntnisse der Linguisten. Alle zur Zeit der europäischen Kolonisation in Amerika benutzten Sprachen gehören nur drei Familien an: Amerind, Na-Dené und

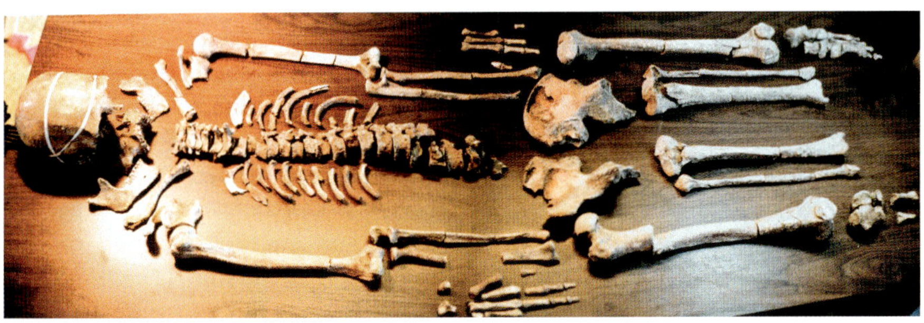

Das nahezu vollständige Skelett des Kennewick Man barg ein Forscher 1996 aus dem Uferschlamm eines Flusses im US-Bundesstaat Washington. Die Gebeine zählen zu den ältesten Relikten der amerikanischen Ureinwohner – und zu den geheimnisvollsten

In Nevada entdeckten Forscher diesen 9400 Jahre alten Schädel des »Spirit Cave Man« und rekonstruierten dessen Gesichtszüge. Er ähnelt, ebenso wie der Kennewick Man, den Ainu, den Ureinwohnern der heutigen japanischen Insel Hokkaido, Sachalins und der Kurilen

Eskimo-Aléut. Zur Na-Dené-Gruppe gehören etwa 40 Sprachen, darunter Navajo und Apache, die wie Eskimo-Aléut ausschließlich in Nordamerika vorkommen. Die übrigen etwa 1000 indianischen Sprachen gehören allesamt zur Amerind-Familie.

Aus diesem Muster schließen die Forscher, dass die Ureinwohner Amerikas in drei Wellen aus Asien einwanderten. Die ersten Siedler sprachen Proto-Amerind, begründeten die Clovis-Kultur und verbreiteten sich über den Doppelkontinent. Die späteren zwei Einwanderungswellen blieben auf Teile Nordamerikas beschränkt, und ihre Sprachen differenzierten sich weniger.

Doch wie fügt sich der Kennewick Man in dieses Puzzle? Und wenn die ersten Bewohner der Neuen Welt durch den eisfreien Korridor kamen, wieso liegen die ältesten Clovis-Fundstätten nicht im Herzen der USA, sondern an der Ostküste?

Merkwürdig auch, dass Archäologen nirgendwo in Asien Steinklingen entdeckt haben, die den meisterhaft gefertigten Clovis-Speerspitzen ähneln – wohl aber in Europa. Manche Forscher sind daher davon überzeugt, dass die ersten Amerikaner Europäer waren.

WÄHREND eines Kälte-Tiefpunkts der letzten Kaltzeit, vor rund 23 500 bis 19 000 Jahren, leben in Frankreich, Spanien und Portugal Menschen, die kunstvolle Speerspitzen etwa aus Feuerstein fertigen: die Angehörigen der Solutréen-Kultur. Wie die Bearbeitungsspuren verraten, gehen sie dabei ganz ähnlich vor wie die Clovis-Menschen ein paar Tausend Jahre später.

Einigen Wissenschaftlern zufolge pflegen die Solutréen-Menschen an den Küsten Spaniens und Portugals einen ähnlichen Lebensstil wie die heutigen Inuit. Dem Szenario der Forscher nach ist es damals in Europa so kalt, dass im Winter das Meereis bis in den Golf von Biskaya vordringt. Ihrer Ansicht nach muss der Saum des Eises ein ungeheuer fruchtbares Ökosystem mit Unmengen von Plankton sein. Davon ernähren sich Schwärme von Fischen, von diesen wiederum leben unzählige Seevögel, Robben und Wale. Warum sollten die Solutréen-Menschen diese reichhaltige Nahrungsquelle nicht nutzen? Vielleicht gehen sie wie die modernen Inuit in Kajaks auf Robbenjagd, und wenn sich das Meereis im Sommer zurückzieht, folgen sie ihrer Beute.

Die **Besiedlung** Amerikas verlief komplizierter, als Forscher es sich vorgestellt haben

Dann aber erwärmt sich das Klima, das Eis weicht immer weiter zurück, die Jagdzüge werden zu mehrwöchigen Expeditionen, an denen ganze Sippen teilnehmen. Und früher oder später, so spekulieren die Forscher, geraten die eiszeitlichen Robbenfänger in einen ozeanischen Wirbel, der sie vor die Küste Nordamerikas trägt.

Gut 2500 Kilometer müssen sie bis zum grönländischen Eisschild zurücklegen, eine unvorstellbar weite Strecke für Kajaks. Andererseits reisen die Inuit Jahrtausende später auf ihrem Weg von Alaska nach Grönland unter ähnlichen Bedingungen noch viel weiter.

Doch nicht nur wegen der großen Entfernung bleibt die Fachwelt gegenüber diesen Thesen skeptisch. Einerseits sprechen die genetischen Befunde eher gegen eine Besiedlung aus Europa, obgleich eine bestimmte indianische Genvariante auch auf unserem Kontinent auftritt. Der größte Schwachpunkt der Theorie ist aber, dass zwischen dem Ende des Solutréen in Europa und den ersten Clovis-Funden in Amerika mehrere Jahrtausende liegen.

Ist es vorstellbar, dass die Einwanderer lange Zeit derart wenige Köpfe zählen, dass Wissenschaftler bislang auf keinerlei Spuren von ihnen gestoßen sind?

INZWISCHEN mehren sich jedoch die Anzeichen, dass die Clovis-Menschen gar nicht die ersten Bewohner der Neuen Welt waren. In den vergangenen Jahren sind Archäologen auf Fundstätten gestoßen, die wohl älter als 13 000 Jahre sind. Lange Zeit wollte die Mehr-

Fünf Wege zum Doppelkontinent

1. Nach der **Beringstraßen-These** stammen alle amerikanischen Ureinwohner von Menschen ab, die vor 13000 Jahren aus Sibirien über eine Landbrücke nach Alaska gelangten und später immer weiter nach Süden vordrangen.

2. Der – sehr umstrittenen – **Europa-These** zufolge fuhren die ersten Siedler vor rund 20000 Jahren, vermutlich von Spanien aus, in Booten an weit in den Süden reichenden Eisschilden entlang über den Atlantik.

3. Die Vertreter der **Sibirien-These** mutmaßen, dass sich *Homo sapiens* vor 15000 Jahren in Booten über den nördlichen Pazifik nach Amerika vorkämpfte und dort entlang der Küste immer weiter nach Süden fuhr. Diese Theorie gilt vielen Forschern als die plausibelste.

4. Die – ebenfalls sehr strittige – **Ozeanien-These** besagt: Der Mensch besiedelte vor mehr als 11000 Jahren von der südpazifischen Inselwelt aus den amerikanischen Doppelkontinent – über den Stillen Ozean im Süden.

5. Nach der **Nordostasien-These** könnten Menschen, die den heutigen Aborigines ähneln, vor mehr als 11000 Jahren von Nordostasien aus quer über den Nordpazifik Amerika erreicht haben.

Möglicherweise eroberte der Mensch den Doppelkontinent von Süden her. Diese 7000 Jahre alten Harpunenspitzen fanden Forscher in Feuerland – im äußersten Süden des heutigen Chile

zahl der Forscher von derlei Entdeckungen nichts wissen, doch mittlerweile lassen sich manche Befunde nicht mehr wegdiskutieren.

Eine der frühesten menschlichen Siedlungen Amerikas heißt Monte Verde und liegt am anderen Ende des Kontinents: in Chile. Bereits vor rund 14 700 Jahren leben hier offenbar Menschen – lange vor den Clovis-Angehörigen und lange bevor sich der Korridor im kanadischen Eisschild öffnet.

Wie kamen sie dorthin?

Sicher ist, dass die Einwanderer nicht Tausende Kilometer über das Eis gezogen sein können. Ein Fund auf der kalifornischen Insel Santa Rosa liefert einen Hinweis, wie sie trotzdem schon so früh nach Süden vordringen konnten.

Dort entdeckt ein Anthropologe 1959 bei Bauarbeiten ein paar Knochen, die jahrzehntelang im örtlichen Museum lagern. 1999 unterziehen Wissenschaftler den Oberschenkelknochen des „Arlington Man" einer Radiokarbon-Datierung – und stellen fest, dass sie eines der bislang ältesten menschlichen Relikte Nordamerikas vor sich haben. Vor 13 000 Jahren lebten demnach bereits Menschen auf den Los Angeles vorgelagerten Channel Islands. Diese Inselgruppe konnten sie nur zu Schiff erreichen.

Wenn die Eiszeitmenschen aber auf Booten in Küstennähe navigieren konnten, dann stand ihnen auch ein passierbarer Weg von der Beringstraße nach Süden offen. Denn schon lange bevor sich der Gletscherkorridor im Hinterland auftat, muss es am Pazifiksaum vielerorts eisfreie Anlaufstellen gegeben haben – das ergibt die Untersuchung von Pollen im kaltzeitlichen Sediment.

Führende US-Anthropologen gehen deshalb inzwischen davon aus, dass die ersten Amerikaner bereits vor etwa 15 000 Jahren auf Booten von Sibirien oder Alaska aus die Neue Welt besiedelten. Noch heute ist der Pazifik entlang der Westküste Amerikas enorm fruchtbar und fischreich; vermutlich bot er auch den Eiszeitmenschen mehr als genug Nahrung.

Mit ihren Kajaks paddelten sie an riesigen Gletschern vorbei, stießen aber immer wieder auf zugängliche Buchten. Dort gingen sie an Land, richteten Camps ein und überwinterten. Manche blieben vielleicht für immer, andere reisten weiter. Im Laufe der Zeit erreichten dem Szenario zufolge die Bootsfahrer nicht nur den Südrand des kanadischen Eispanzers und begannen, das Landesinnere zu besiedeln, sondern drangen bis nach Chile vor.

Während dort Zeugnisse einer ihrer Siedlungen, Monte Verde, bis heute erhalten blieben, verwischte das Meer die meisten ihrer anderen Spuren. Denn mit dem Abschmelzen der Gletscher versank die eiszeitliche Küste im Ozean, und mit ihr gingen auch Lager und Dörfer der ersten Amerikaner unter.

Diese Hypothese ist zwar plausibel, aber schwer zu beweisen. Doch wenn sie zutrifft: Wer waren dann diese Menschen? Wo genau kamen sie her? Nicht allein der europäisch anmutende Kennewick Man weckt Zweifel, dass die eiszeitlichen Küstenschiffer aus dem Herzen Asiens stammen. Denn auch in Südamerika haben Archäologen Skelette von Menschen entdeckt, die überhaupt nicht asiatisch wirkten.

So starb vor etwa 11 500 bis 11 000 Jahren in der brasilianischen Region Lagoa Santa eine kaum mehr als 20 Jahre alte Frau. Möglicherweise gehörte sie zu einer Gruppe durchziehender Nomaden, die keine Zeit für ein aufwendiges Bestattungsritual hatte. Jedenfalls begruben diese Menschen die Tote nicht, sondern deponierten sie in einer Felsspalte. Als ihr Körper verwest war, rutschten die Gebeine tief hinab in die Erde. Dort überdauerten sie die Zeiten, bis Archäologen sie ausgruben.

1999 machte sich der britische Forensik-Experte Richard Neave daran, der Toten wieder ein Gesicht zu geben. Anhand der Computerdaten des Schädels gelang es ihm, zu rekonstruieren, wie die Frau einst ausgesehen haben muss.

Memo: **AMERIKAS BESIEDLUNG**

- **Die heutigen Indianer** stammen vermutlich von asiatischen Völkern ab, sind aber nicht die Nachfahren der ersten Bewohner der Neuen Welt.
- **Vor rund 15 000 Jahren** gab es im Süden des Doppelkontinents bereits Siedler.
- **Manche frühen Siedler** ähnelten japanischen, andere australischen Ureinwohnern.
- **Linguisten vermuten,** dass es später drei große Einwanderungswellen aus Asien gab.

Steinzeitliche Jäger und Sammler hinterließen an der Ostküste der heutigen USA vor 17 000 bis 15 000 Jahren diese Werkzeuge. Sie zählen heute zu den ältesten Hinweisen auf die Besiedlung Amerikas

Und dieses Porträt verblüfft jeden Betrachter: Die Büste der jungen Frau ähnelt überhaupt nicht heutigen Indianern – aber auch nicht den rekonstruierten Zügen des Kennewick Man.

Sie gleicht vielmehr den Aborigines, den Ureinwohnern Australiens. Und nicht sie allein: Anthropologen untersuchten 81 Schädel aus der Frühzeit Südamerikas – und viele gehören zum australo-melanesischen Typ.

War es also ganz anders? Kamen die ersten Amerikaner aus Australien oder der Inselwelt Ozeaniens nach Südamerika? Besiedelten sie den Kontinent womöglich nicht von Nord nach Süd, sondern umgekehrt?

Aber wie hätten sie Tausende Seemeilen über den offenen Ozean zurücklegen sollen? Nichts deutet darauf hin, dass die Menschen der Kaltzeit hochseetüchtige Schiffe bauen oder fernab der Küsten navigieren konnten.

Der brasilianische Anthropologe Walter Neves sieht in einer Kombination von Hypothesen die mögliche Lösung des Rätsels: Menschen, die äußerlich den heutigen Aborigines ähneln, könnten durchaus zu Schiff nach Amerika gekommen sein – aber nicht aus Australien, sondern aus Nordostasien.

Sie verlassen Asien zu einer Zeit, als dort der mongolische Typus noch gar nicht dominiert. Die Entdecker Amerikas gehören demnach dem gleichen Menschenschlag an wie die Vorfahren der Aborigines, die aus Asien nach Australien vordringen. Die ersten Bewohner der Neuen Welt könnten demnach ganz anders gewesen sein, als wir sie uns vorstellen: Sie bringen wohl nicht Speere schwingend Mammuts zur Strecke, sondern angeln Fische und sammeln Muscheln am Strand. Sie ziehen nicht zu Fuß durch die Weiten der Tundra, sondern fahren mit primitiven Booten über das Meer. Und sie haben keine Mandelaugen und hohen Wangenknochen wie heutige Asiaten, sondern breite Nasen und wulstige Lippen.

Erst später kommen diesem Szenario zufolge Jäger mit mongolischem Aussehen in die Neue Welt – entweder durch den eisfreien Korridor oder ebenfalls zu Schiff. Diese Einwanderer bringen die Clovis-Kultur mit ihren unverwechselbaren Steinklingen hervor.

Doch was geschah mit den allerersten Ureinwohnern? Erbgutanalysen zufolge scheint die frühe Einwanderungswelle in den Genen der heutigen Indianer keine Spuren hinterlassen zu haben. Und bei seinen Schädeluntersuchungen fand der Anthropologe Neves heraus, dass das Volk aus der Region Lagoa Santa vor rund 8000 Jahren ziemlich abrupt Menschen mit mongolischen Zügen wich.

Starben die ersten Amerikaner also aus? Wurden sie von den späteren Neuankömmlingen verdrängt?

Noch lässt sich diese Frage nicht beantworten. Doch sicher ist jetzt schon, dass die Besiedlungsgeschichte Amerikas weitaus komplizierter ist, als Forscher lange angenommen haben. Offenbar waren die frühen Bewohner der Neuen Welt genetisch vielfältiger als die heutigen Indianer.

Diese Überlegung bewog auch das Gericht in Portland im US-Bundesstaat Oregon, die Rückgabe des Kennewick Man an die Indianervölker zu verweigern. Es gebe keinen Hinweis, dass der Tote mit den heutigen Ureinwohnern verwandt sei, argumentierte der Richter, vielmehr sei seine Kultur vermutlich schon vor Jahrtausenden ausgestorben. Heute ruhen die Knochen des Kennewick Man im Burke-Museum in Seattle, wo Wissenschaftler sie weiter erforschen.

Vorläufige Ergebnisse deuten darauf hin, dass der geheimnisvolle Tote ebenfalls asiatischer Herkunft gewesen sein könnte. Denn noch heute finden sich im Nordosten Asiens Menschen, die mit ihrer hellen Haut, den runden Augen und relativ ausgeprägter Körperbehaarung eher europäisch wirken: japanische Ureinwohner vom Volk der Ainu. Mit ihnen hat der Kennewick Man offenbar große Ähnlichkeit.

So hat es vermutlich neben den Vorfahren der Frau in Brasilien und den Ahnen der heutigen indianischen Völker weitere Einwanderungswellen gegeben, und mit einer von ihnen erreichten die Verwandten des Kennewick Man den amerikanischen Kontinent.

Offenbar hat die Neue Welt immer wieder Volksgruppen angeregt, hier ihr Glück zu versuchen. □

Alexandra Rigos, 42, ist Wissenschaftsjournalistin in Berlin.
Wissenschaftliche Beratung: Prof. Dr. Mark Hubbe, Universidad Católica del Norte, San Pedro de Atacama, Chile.

Literaturempfehlung: Joseph F. Powell, „The First Americans", Cambridge University Press; umfangreiche Darstellung der wissenschaftlichen Spurensuche nach den ersten Amerikanern.

Neolithische Revolution

Vom Jäger zum **Bauern**

Text: Bertram Weiß
Illustrationen: Tim Wehrmann

In der fruchtbaren Landschaft des Vorderen Orients bahnt sich gegen Ende der letzten Eiszeit ein dramatischer Umbruch an: Ab 9000 v. Chr. lassen sich dort Menschen erstmals dauerhaft in Siedlungen nieder, kultivieren Wildgräser und zähmen Schafe und Ziegen. Auch an anderen Orten erkundet *Homo sapiens* bald darauf die Vorteile der neuen Lebensweise – und aus einfachen Gemeinschaften werden allmählich komplexe Staaten

Mit Sicheln aus Feuerstein schneiden die ersten Bauern Getreidehalme auf ihren Feldern. Im Laufe der Zeit züchten die Pioniere Pflanzen mit immer größeren Körnern – und schaffen so die Nahrungsgrundlage für eine wachsende Bevölkerung

Der Landbau **FÜHRT DEN MENSCHEN** aus der Urzeit in die Moderne

Die niedrigen, runden Hütten fügen sich unauffällig in die spärlich bewaldete, hügelige Landschaft. Sie umringen einen Platz von kaum 15 Meter Durchmesser. Aufgetürmte Sandsteine bilden die Hüttenwände, Holzpfeiler tragen die Dächer aus Pflanzenfasern und Lehm.

Die Bewohner des Dorfes suchen einen Großteil des Tages in der Umgebung nach Nahrung – so ähnlich, wie es ihre Vorfahren seit Urzeiten getan haben. Und doch wird sich bald etwas ändern. Sie werden eine Umwälzung erfahren, wie es sie seit den Tagen der Menschwerdung nicht gegeben hat.

Sie werden eine neue Lebensweise erlernen, die sie unabhängig macht von Jagderfolg und Sammlerglück und endgültig zu Beherrschern des Planeten erheben wird.

Noch aber suchen diese Menschen auf ausgedehnten Jagdausflügen nach Wild, erlegen es mit Pfeilen und Speeren – darunter sogar mannshohe Auerochsen, an denen sich die ganze Sippe tagelang satt essen kann.

Leichtere Beute sind die Ziegen und Mufflons mit den ausladend geschwungenen Hörnern. Die Tiere weiden rings um das Dorf, als seien sie das Leben bei den Menschen schon lange gewohnt. Auch einige Schweine stöbern in der kleinen Kolonie nach Fressen – vielleicht von den Vorräten angelockt, die die Menschen in ihren Lehmkammern für kargere Zeiten horten.

In den nahen Wäldern pflücken die Siedler Mandeln und Pistazien, Eicheln und essbare Beeren. Wo der Wald lichter ist, sammeln sie Lattich oder graben nach Knollen und Zwiebeln.

Besonders schätzen sie die nahrhaften Samen von Wildgräsern: Die Körner lassen sich monatelang aufbewahren und stillen den Hunger, wenn im Winter die Vorräte an Fleisch und frischen Früchten aufgebraucht sind. Mit Messern aus Feuerstein schneiden sie die Halme ab, klopfen die Körner aus den Ähren und drücken sie auf flachen Steinen aus den ungenießbaren Spelzen.

Nur wenige Menschen leben zu dieser Zeit, vor rund 12 000 Jahren, hier im Quellland der Flüsse Euphrat und Tigris. Zwar hat *Homo sapiens* längst alle Kontinente bis auf die Antarktis erreicht, behauptet sich nun in Afrika und Eurasien, in Australien und Amerika gegen die Natur. Doch noch immer streifen die Clans der Menschen in kleinen Gruppen unstetig umher, kampieren höchstens einige Monate in Höhlen.

Eine dauerhafte Heimat hat die Gattung Homo auch nach 1,9 Millionen Jahren Wanderschaft noch nicht gefunden, seit sich *Homo ergaster* einst aufmachte, den afrikanischen Kontinent zu verlassen.

Doch in den fruchtbaren Landschaften des Vorderen Orients zeichnet sich nun eine radikale Wende ab: Die Menschen beginnen, ihre Lebensweise grundlegend zu verändern. Jahr um Jahr verweilen die zuvor stets von einem Jagdrevier zum anderen wandernden Wildbeuter am gleichen Ort – möglicherweise, weil das Angebot vor allem an Pflanzenkost jetzt gegen Ende der Kaltzeit besonders vielfältig ist.

Und im Verlauf der folgenden Jahrtausende werden sie sich in Ackerbauern und Viehzüchter verwandeln: in Menschen, die gezielt Kulturpflanzen züchten, um auf Feldern alljährlich zu ernten, und die Wildtiere zähmen, um sie fortan zu ihrem Nutzen einzusetzen und kontrolliert zu vermehren.

Als Landwirte sind sie nicht mehr ausschließlich darauf angewiesen, zu nehmen, was die Natur ihnen bietet: Sie werden zu aktiven Produzenten, die ihren Lebensraum selbst gestalten.

Forscher werden diesen Umbruch später „Neolithische Revolution" nennen. Er wird das Leben der Menschen, ja den ganzen Planeten, stärker verändern als irgendein anderer Vorgang der Weltgeschichte.

Diese Umwälzung erfasst mit der Zeit nahezu jede Menschengruppe auf der Erde. Und stößt stets eine ähnliche Entwicklung an: Ackerbau, Viehzucht und Sesshaftigkeit lassen die Bevölkerungszahlen anwachsen, aus Dörfern werden Städte, aus kleinen Gruppen große Völker, aus einfachen Gemeinschaften komplizierte Staaten.

Kurzum: Es bahnt sich ein fundamentaler Wandel an, der den Menschen

In acht Regionen entdecken Menschen unabhängig voneinander die Vorteile von Ackerbau oder Viehzucht: im Vorderen Orient (1), in China (2), Indien (3), der Sahelzone (4), in Mittelamerika (5), den Anden (6), Kasachstan (7) und Zentralafrika (8)

aus der Urzeit in die Moderne führen wird. An einigen Orten wird er schleppend verlaufen, an anderen hingegen rasend schnell. Denn auch auf dem Weg vom vagabundierenden Jäger zum sesshaften Bauern gibt es Pioniere und Nachzügler.

DEN ERSTEN, folgenreichen Schritt wagen die Menschen in der Landschaft des „Fruchtbaren Halbmonds". Diese Region erstreckt sich wie eine Sichel vom Mittelmeer bis zum Persischen Golf – von Palästina über Jordanien, den Libanon, das westliche Syrien und die südliche Türkei bis in den nördlichen Irak und den Westen des Iran.

Als sich das Klima am Ende des letzten Eiszeitalters erwärmt, bietet dieses Gebiet günstige Lebensbedingungen. Denn die Niederschläge nehmen dort zu. Selbst in dem vom Meer entfernt gelegenen, ausgedörrten Hinterland fällt nun von Zeit zu Zeit Regen.

Die dürren Steppen verwandeln sich in Graslandschaften und Wälder, in denen sich viele unterschiedliche Tiere und Pflanzen ansiedeln. Hirsche und Rehe durchstreifen die Gehölze, Auerochsen stapfen durch feuchte Flusstäler. Gazellen und Wildpferde, Schafe, Ziegen und eselähnliche Onager bevölkern offene Grasflächen, auf denen wilde Getreide wie Gerste, Roggen, Einkorn oder Emmer gedeihen.

All diese Grasarten haben vier besondere Eigenschaften: Ihre Samenkörner sind außergewöhnlich groß und reich an Eiweißen; zerkaut man sie, entfalten sie einen süßlichen Geschmack – und selbst nach langer Lagerung sind sie noch bekömmlich. So können sie auch dann noch als Notration dienen, wenn das viel leichter verderbliche Fleisch oder Früchte bereits knapp werden.

Im Sommer und Frühherbst sammeln die Menschen die reifen Körner aus den Grasrispen und ergänzen so im kargen Winter ihren Speiseplan.

Die meisten und dicksten Körner finden sie dort, wo kaum andere Pflanzen den Wuchs der Ähren stören. Deshalb rupfen sie fremde Gewächse aus und säen (vermutlich, nachdem sie beobachtet haben, dass aus aufbewahrten Körnern neue Wildgräser sprießen) selbst Samen aus. So erschaffen sie allmählich reine Bestände der wertvollen Pflanzen.

Vor etwa 11 000 Jahren gelingt es den ersten Bauern auf diesen kleinen Feldern, die Gräser auch zu züchten: Indem sie die nützlichsten Pflanzen erneut aussäen, verbessern sie deren genetische Eigenschaften ständig weiter.

Unter anderem ist für die Menschen ein Merkmal der Ähren günstig, das für die Pflanzen in der Natur ein Nachteil ist: Bei manchen Exemplaren sind die Ähren besonders fest, sodass die Samen bei einem leichten Windstoß nicht abbrechen und zu Boden fallen.

Je fester die Ähren sind, desto mehr Körner vertrocknen unter natürlichen Bedingungen an der Pflanze, statt im Erdreich Wurzeln auszuschlagen – evolutionär ein klares Handicap. Doch für die Farmer ein großer Vorteil: Sie können die festen Ähren, in denen alle Körner haften bleiben, leichter ernten. Deshalb geben sie auf den Feldern diesen Pflanzen den Vorzug.

Die Folge: Allmählich entwickelt sich eine Zuchtform, deren Ähren fester sind als die der wilden Variante.

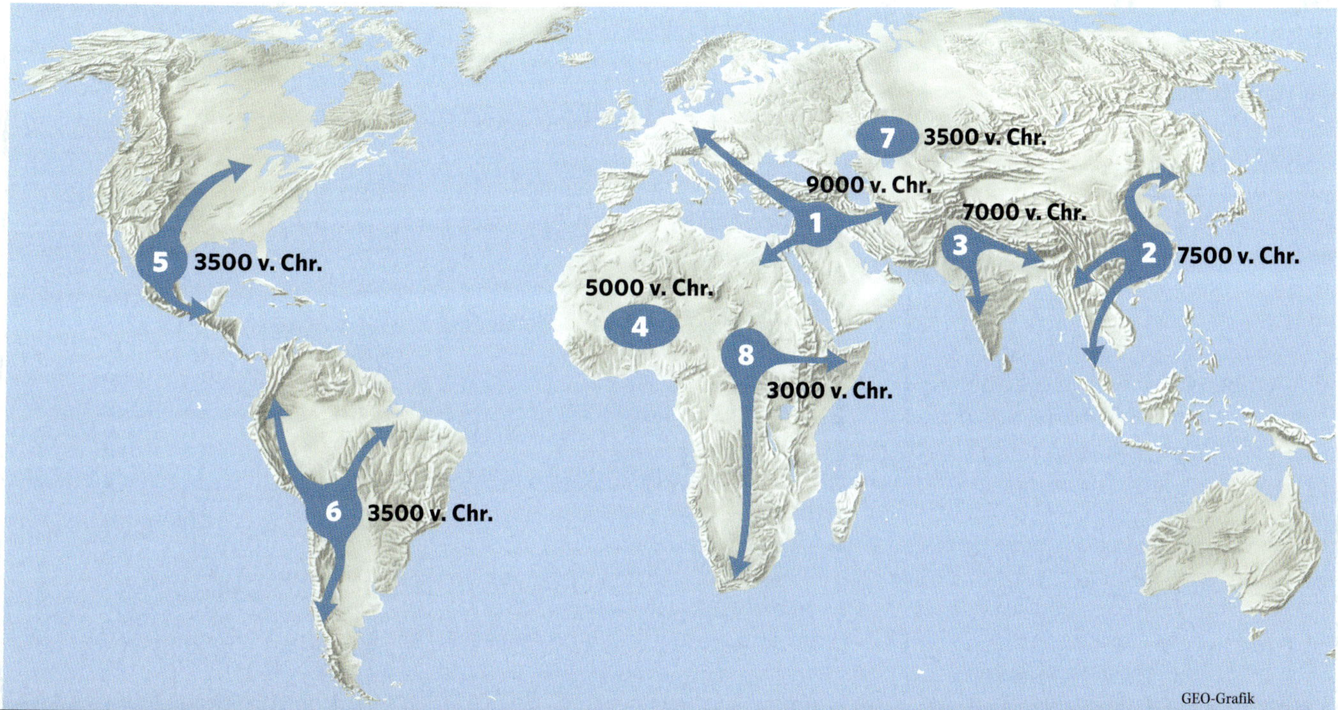

GEO-Grafik

Anfangs beeinflussen die Menschen solche Eigenschaften der Pflanzen vermutlich unbewusst. Doch im Laufe vieler Jahrhunderte verstehen sie die Prinzipien der Züchtung immer besser und wählen mit Absicht einzelne Pflanzen zur Vermehrung aus.

Noch etwas fällt den frühen Ackerbauern auf: Mit Geduld und Geschick lassen sich auch manche Wildtiere zähmen und so zu nützlichen Begleitern machen. Wohl schon vor 14 000 Jahren haben Jäger und Sammler junge Wölfe in ihre mobilen Gemeinschaften aufgenommen. Von Generation zu Generation sind die Tiere zutraulicher geworden und haben sich allmählich zu Hunden entwickelt.

Die Vierbeiner bieten Gesellschaft, sind wachsam und vielleicht sogar bei der Jagd nützlich. Als Fleischlieferanten taugen die Hunde indes nicht, da sie selbst vor allem Fleisch vertilgen.

Doch es gelingt den Bewohnern des Fruchtbaren Halbmonds, auch Pflanzenfresser zu zähmen; angelockt von den zarten Schösslingen keimender Getreide, nähern sich wilde Schafe und Ziegen den Menschen. Manchmal finden die Bauern verletzte oder verwaiste Jungtiere und nehmen sie zu sich.

Schafe und Ziegen sind gerade so groß, dass Menschen sie bändigen können – bei den mächtigen Auerochsen oder Hirschen wäre das weitaus schwieriger.

Die friedfertigen Huftiere erweisen sich als ideale Partner des *Homo sapiens*: Sie begnügen sich selbst über längere Zeiträume mit wenig Wasser und ernähren sich von Gräsern und Wildkräutern, die im Überfluss vorhanden sind. Zugleich bieten die Wiederkäuer nahr-

Mufflons und Ziegen gehören zu den ersten Nutztieren des Menschen. Vermutlich wählen die frühen Züchter für die Fortpflanzung der Weidetiere jene Exemplare aus, deren Hörner besonders klein und damit weniger gefährlich sind

haftes Fleisch, wärmende Wolle und vielseitig verwendbares Leder. Darüber hinaus gebären sie meist mehrere Jungtiere. Wenn der Mensch alle bis auf eines von der Mutter entfernt, kann er für seinen Bedarf nun auch Milch aus deren Zitzen melken.

Zudem leben Schafe und Ziegen dicht beieinander, fühlen sich heimisch in der Nähe belebter Siedlungen und können sich auf kleinstem Raum fortpflanzen – anders als etwa Gazellen, die weite Flächen für ihre Paarungsrituale benötigen. Vermutlich pferchen die Siedler sie zwischen Dornbüschen ein, oder ihre Hunde helfen ihnen, die Herden zusammenzuhalten.

Bald beginnen die Menschen, aggressive, gefährliche Exemplare auszusortieren und zu schlachten, während sie zahmere oder solche mit ungefährlicheren, kleineren Hörnern für die Fortpflanzung auswählen. So züchten sie im Verlauf etlicher Generationen Vieh heran, das mit den wilden Urformen nicht mehr viel gemein hat.

DIE PFLEGE von Herden und Feldern verändert das Verhältnis des Menschen zu seiner Umwelt radikal. Enger als je zuvor bindet sich *Homo sapiens* an seine unmittelbare Umgebung. Zum ersten Mal ist die Natur für ihn nicht mehr nur eine mehr oder weniger gut gefüllte Vorratskammer – sondern eine Welt, die sich noch vielfältiger nutzen und gezielt verändern lässt.

Die frühen Bauern achten nun darauf, stets in der Nähe von Gewässern zu bleiben, damit ihre Tiere nicht verdursten. Auch die Lage fruchtbarer Böden, auf denen Wildgräser besonders gut gedeihen, behalten sie im Auge; sie verjagen gefräßige Vögel, schützen die Felder mit Mauern oder Zäunen vor Wildtieren – und womöglich vor Diebstahl.

Denn mit dem Übergang zum Sesshaften entsteht noch etwas Neues: persönlicher Landbesitz sowie Eigentum. Bei den Jägern und Sammlern war es zuvor kaum von Bedeutung, was der Einzelne besaß. Fast alles gehörte den Mitgliedern der wandernden Gruppe gleichermaßen. Die Urzeitbauern dagegen ziehen erstmals eine Grenze zwischen privat und öffentlich, Besitz und Gemeingut – mein und dein.

Bei den frühen Bauern entwickelt sich etwas Neues: **EIGENTUM**

Sie entwickeln eine Vorstellung von Reichtum und Armut, vererben ihre Besitztümer nun bevorzugt im eigenen Clan. So werden aus Nomaden nach und nach Landherren, die ihre Vorräte und Territorien bewachen und verteidigen.

Auf ihrem Grund und Boden errichten die Menschen nun einfache, aber dauerhafte Behausungen. Darin beherbergen sie ihre Familien und verwahren ihre Güter. Manche Gebäude sind größer und stabiler als die übrigen. Dort versammeln sich die Dorfbewohner, wenn sie Streitigkeiten klären müssen, eine Großwildjagd vorbereiten oder gemeinsam Feste feiern.

Anfangs bevorzugen die Menschen runde oder ovale Bauten. Mitunter lassen sie die in Gruben ein, deren Wände sie mit Steinen befestigen. So umgehen sie das Problem, frei stehende Wände in die Höhe zu ziehen, die mannshoch und dennoch stabil sein müssen.

Doch in der Zeit vor rund 10 000 Jahren treten an die Stelle der Hütten rechteckige, solide Häuser. Auf steinernen Plattformen schichten die Siedler im Fruchtbaren Halbmond sorgfältig Sandsteine auf, die sie mit Lehm aneinanderfügen. Mit Pfeilern im Inneren und an den Außenwänden stützen sie die flachen Dachkonstruktionen aus Holz, Pflanzenfasern und Lehm.

Dabei stehen die urzeitlichen Baumeister vor einer besonderen Herausforderung: Sie müssen frei stehende Mauern an den Ecken so fest miteinander verbinden, dass sie sich gegenseitig stützen und nicht umstürzen.

Auch für dieses Problem finden die Siedler eine Lösung. Sie ersinnen ein neues Baumaterial: Lehmziegel. Dafür vermengen sie Wasser, Sand und faserige Stoffe wie Stroh. Aus dem Gemisch formen sie Quader, die sie nach dem Trocknen an der Sonne als Verbindungselemente in den Mauerecken zwischen den Wänden einsetzen.

Mit diesen Ziegeln lassen sich nun unterschiedliche, sogar zweigeschossige Haustypen bauen: Auf Stein- oder Lehmmauern legen die frühen Architekten Holzbalken, über die sie weitere Mauern aufschichten. Zu den Wohnbereichen oben führen Treppen an den Außenwänden. Die Untergeschosse sind meist niedriger und dienen der Vorratshaltung. Denn eine weitere Erfindung erleichtert es den Menschen, ihre Ernte aufzubewahren, und beschleunigt die Revolution noch mehr: die Keramik.

Bis zu zehn Meter lang und vier Meter breit sind diese Häuser, die die Menschen im Vorderen Orient vor etwa 10 000 Jahren aus Lehmziegeln errichten. Sie verfügen über eine Feuerstelle, Schlafplätze und Vorratsbereiche im Untergeschoss

In Japan, China, Sibirien und Teilen Afrikas experimentieren manche Jäger und Sammler bereits vor mindestens 11 000 Jahren mit gebrannten Tonbehältern, um darin Nahrung frisch zu halten. Einige Jahrtausende später werden die Gefäße für die sesshaft Gewordenen im Nahen Osten unentbehrlich: In den Häusern spielt es ja

keine Rolle mehr, dass die Tonbehälter schwer und zerbrechlich sind. Die Menschen horten darin Getreidekörner, getrocknete Früchte, später auch Milch in Töpfen. So können sie mit Vorräten weitaus besser haushalten.

Die Tongefäße erleichtern es ihnen zudem, Speisen über dem Feuer zuzubereiten. Zwar hat der Homo schon lange zuvor gelernt, Fleisch in einer Flamme zu garen. Doch nun gelingt es ihm, erstmals vielfältiges und robustes Kochgeschirr zu produzieren.

So wird das Garen von Lebensmitteln alltäglich. Die Hitze beim Kochen macht die Inhaltsstoffe vieler Pflanzen verdaulicher und zersetzt Gifte. In rohem Zustand ungenießbare Gewächse wie Kichererbsen und Linsen werden nun zu Grundnahrungsmitteln.

Am bedeutsamsten für die Ernährung in Vorderasien wird neben dem Fleisch das Getreide. Aus Wasser und zerstoßenen Körnern mischen die Urzeitbauern eine Grütze, die sie zu Fladen formen und am Feuer rösten.

Verarbeiten sie den einfachen Teig nicht sofort, sondern lassen ihn liegen, siedeln sich darin Bakterien an. Die Mikroben scheiden Kohlendioxid aus, und das bläht das Gemisch leicht auf. Vermutlich entdecken die Menschen schnell, dass der Teig dadurch etwas luftiger und das Gebackene besonders schmackhaft wird.

Wann genau die Siedler die Vorteile dieser natürlichen Gärung erkennen, ist ungewiss. Doch eines ist sicher: Mit dem säuerlichen Brot gewinnen sie

Anfangs dienen Tongefäße – die abgebildeten sind etwa 9000 Jahre alt – in Vorderasien zur Aufbewahrung von Vorräten. Später dekorieren die Siedler die Behältnisse auch – und stellen so ihren Status in den wachsenden Gemeinschaften zur Schau

Um ihre **GEMEINSCHAFT ZU ORGANISIEREN**, geben sich die Menschen neue Regeln

ein äußerst stärkendes, lange haltbares Lebensmittel.

Die neue Lebensweise erfordert Vorausschau und langfristige Planung. Von der Aussaat bis zu dem Moment, in dem die Menschen endlich das Brot in den Händen halten, dauert es Monate: Sie müssen den Boden mit Grabstöcken lockern, die Schösslinge pflegen, warten, bis das Korn endlich reif ist, die Halme schneiden, die Ähren dreschen und die Körner mahlen.

Kaum weniger aufwendig ist das Halten des Viehs. Und so beginnt der Mensch zum ersten Mal in der Geschichte, für die Zukunft vorzusorgen. Er muss überlegen, wie viel Arbeit er zu investieren hat, um einen bestimmten Ernteertrag zu erzielen.

Die Mühsal der frühen Bauern bietet einen entscheidenden Vorteil: Fortan sind die Menschen nicht mehr allein vom Glück beim Jagen und Sammeln abhängig, sondern können sich verlässlicher selbst versorgen und für Notzeiten Vorräte anlegen. Die Lebenserwartung steigt.

Vor allem aber lassen sich mit dieser Produktionsweise mehr Individuen ernähren als jemals zuvor.

Anders als in den Sippen der Jäger und Sammler ist in den Gemeinschaften der Urbauern nun auch Platz für Menschen, die gar nicht direkt dazu beitragen, die Vorratskammern zu füllen.

Das aber verändert die soziale Struktur der Gemeinschaften.

Anfangs hat sich noch jedes Gruppenmitglied selbst versorgt und alle Arbeiten verrichtet. In jeder Hütte wurde gemahlen und gekocht, gemeißelt und getöpfert, genäht und geflickt. Doch nach und nach entdecken die Menschen die Vorteile des Spezialistentums: Erste Handwerker verfeinern ihre Kunst, während die anderen die Felder bestellen und die Herden hüten.

In regelrechter Massenproduktion fertigen diese frühen Handwerker nun unter anderem aus Feuersteinen Rohlinge, die sie zu Speerspitzen, Messern oder Schabgeräten weiterverarbeiten. Schließlich versorgen auch Töpfer oder Schmiede die wachsenden Gemeinschaften mit ihren Waren.

Erstmals in der Geschichte des *Homo sapiens* gibt es Berufe.

Zudem gelingt es den Menschen bereits vor mehr als 5000 Jahren, große Tiere zu zähmen, die ihnen völlig neue Möglichkeiten eröffnen. Pferde etwa ziehen Pflüge, machen so den Feldbau noch effektiver. Sie transportieren Lasten oder tragen den Menschen schnell über weite Strecken und erlauben somit, weiträumig Handel zu treiben und Gemeinschaften zu organisieren.

Schweine und Rinder liefern nun mehr Fleisch als andere Nutztiere – und bieten so eiweißreiche Nahrung für eine noch größere Bevölkerung.

Ein Wachstumsprozess beginnt, der sich selbst immer schneller vorantreibt: Mehr Nahrung bedeutet mehr Kinder; mehr Kinder bedeuten mehr Arbeitskräfte – und mehr Arbeitskräfte wiederum eine höhere Produktivität.

Wo in früheren Zeiten nur wenige Menschen pro Quadratkilometer leben konnten, ernähren Ackerbau und Viehzucht bald die zehnfache Menge und noch mehr. Die Bevölkerungszahlen nehmen drastisch zu: Konnten Frauen auf den beschwerlichen Wanderungen der Nomaden zuvor nur ein Kind tragen, versorgen sie in der häuslichen Gemeinschaft Großfamilien.

Um das Leben in den wachsenden Siedlungen friedlich zu ordnen, geben sich die Menschen neue Regeln. So gibt es nun Versammlungen, auf denen die Clans Konflikte lösen – oder einzelne Personen, die besondere Rechte zur Entscheidung erhalten. Dies sind die ersten Vorboten der komplizierten sozialen Gefüge von Hochkulturen, in denen eine straffe Organisation und klare Rollenverteilung bis dahin unerreichbare Leistungen ermöglichen.

Doch nicht überall auf der Erde sind die Chancen für die Menschen gleich verteilt. Von den Hunderttausenden Wildpflanzenarten auf der Erde haben sich nur ein paar Hundert dauerhaft als Nahrungslieferanten für den Menschen etabliert. Und die Urformen dieser Pflanzen sind nicht in allen Weltgegenden heimisch.

Die besten Möglichkeiten, die Vorteile von Ackerbau und Viehzucht für sich zu entdecken, haben die Einwohner des Fruchtbaren Halbmonds. Denn die

Natur bietet ihnen besonders viele taugliche Pflanzen und Tiere. Allein 32 Arten von Wildgräsern mit besonders großen, nährstoffreichen Samen gedeihen dort. Und von den 13 wichtigsten Nutztieren leben allein in Vorderasien sieben Wildformen, darunter die wichtigsten: wilde Schafe, Ziegen und Auerochsen.

Keine Weltregion bietet eine bessere Ausgangssituation. Die Geschichte Zentralafrikas etwa wäre womöglich ganz anders verlaufen, wenn es den Menschen dort zur gleichen Zeit gelungen wäre, Zebras zu hüten und zu melken.

Doch diese Huftiere lassen sich nur schwer einfangen, sind bissig und haben ein so widerspenstiges Temperament, dass sie sich nicht zu Zuchtvieh domestizieren lassen. Auch europäische Bären oder afrikanische Kaffernbüffel – für den Menschen potenziell durchaus als Nutztiere interessant – können nur als Jungtiere problemlos gehalten werden.

Andere Tiere sind zwar leicht zu zähmen, pflanzen sich jedoch nicht in Gefangenschaft fort: Antilopen etwa lassen sich nicht wie Schafe oder Ziegen zusammenpferchen, denn sie sind nervös, schnell und bei jeder Gefahr auf Flucht programmiert.

Dennoch bleiben die Bewohner des Fruchtbaren Halbmonds um 9000 v. Chr. nicht die einzigen Pioniere der Neolithischen Revolution: In mindestens acht Regionen der Welt entdecken die Menschen im Laufe weniger Jahrtausende unabhängig voneinander die Vorteile des Landbaus.

In China ziehen Landwirte ab 7500 v. Chr. Reis, Hirse und Schweine heran. In Indien gelingt Siedlern um 7000 v. Chr. die Züchtung von Sesam und Buckelrindern. In der afrikanischen Sahelzone werden um 5000 v. Chr. die Sorghumhirse und das Perlhuhn domestiziert. In Mittelamerika glückt um 3500 v. Chr. die Zucht von Mais, Bohnen und Truthähnen, in den Anden bauen Menschen Kartoffeln und Maniok an, zähmen Lamas, in den eurasischen Steppen Pferde. Und im tropischen Zentralafrika kultivieren sie um 3000 v. Chr. Yamswurzeln und Ölpalmen.

Es scheint, als sei der Mensch nach dem Ende der Kaltzeit bereit, eine neue Lebensform zu entdecken – als warte er nur darauf, die Welt auf ganz neue Weise zu sehen und zu erobern.

Über die Gründe, weshalb es gerade dann dazu kam und nicht früher (oder später), streiten Forscher bis heute. Noch hat keine Erklärung die gesamte Zunft der Archäologen und Anthropologen überzeugt – unter anderem deshalb nicht, weil die Lebensbedingungen in den verschiedenen Teilen der Welt sehr unterschiedlich waren.

Vor allem zwei Denkrichtungen herrschen unter den Forschern vor:

- Die eine geht davon aus, dass der Mensch unter den sich stark verändernden klimatischen Bedingungen neue Wege finden musste, um sich zu ernähren – einerseits, weil das jagdbare Großwild immer seltener wurde; andererseits, weil sich eine Vielfalt neuer Nahrungspflanzen ausbildete;
- die andere sieht *Homo sapiens* als intelligenten und kreativen Draufgänger, der die veränderten äußeren Bedingungen nutzte, neue Möglichkeiten für sich zu entdecken.

Gewiss ist nur: Das Bauerntum breitet sich im Verlauf weniger Tausend Jahre über die gesamte Erde aus. Vermutlich bringen Wanderer die neuen Ideen und Arbeitstechniken, Saatgut und Jungtiere von Ort zu Ort – und so die Verhältnisse auf den Kontinenten allmählich aus dem Gleichgewicht.

Denn die Revolution setzt sich nicht überall mit gleicher Geschwindigkeit durch. Sie schafft erstmals in der Geschichte große Unterschiede zwischen den Menschen auf der Erde: Während in manchen Regionen die Entwicklung rasant voranschreitet, verharren die Bewohner andernorts noch Jahrtausende als nomadische Jäger und Sammler.

Das, so eine These, hat weitreichende Folgen – bis heute. Denn es könnte die ungleiche Verteilung von Armut und Reichtum auf der Erde erklären.

Aus dem Fruchtbaren Halbmond gelangt die neue Lebensweise nach Europa: Auswanderer bringen ihre Ziegen, Schafe und Rinder sowie Saatgut dort bis dahin unbekannter Pflanzen um 6500 v. Chr. nach Griechenland, dann nach Ost- und Mitteleuropa. Um 4000 v. Chr. erreichen diese Errungenschaften schließlich die Britischen Inseln.

Und während die Europäer noch dabei sind, sich an den Umgang mit Gerste und Weizen zu gewöhnen, erblühen im Orient, in China und Südamerika bereits Hochkulturen – mächtige Gemeinschaften mit komplexen sozialen Strukturen und großen Reichtümern. Längst bestimmt dort nicht mehr die Natur allein das Geschick der Bevölkerung, sondern auch Wohlstand und Bildung, Wissenschaft und Technik sowie politische und religiöse Macht.

Denn wo die Neolithische Revolution den Menschen erfasst, überschreitet er die Schwelle zu einem neuen Zeitalter: Nach Jahrmillionen der Wanderung befreit er sich von den Zwängen der ursprünglichen Natur.

Und beginnt sie zu beherrschen. □

Memo: **NEOLITHISCHE REVOLUTION**

▶ **Im Vorderen Orient** kultivieren Menschen vor rund 11 000 Jahren aus Wildgräsern Getreide und zähmen Schafe und Ziegen.

▶ **Die Gemeinschaften** der Ackerbauern und Viehzüchter wachsen rasch an und lassen sich dauerhaft in Dörfern nieder.

▶ **Anfangs errichtet *Homo sapiens*** runde Hütten aus Steinen, später rechteckige Gebäude mit Wänden aus Ziegeln.

▶ **Vor mehr als 5000 Jahren** domestiziert der Mensch Rinder, Pferde und Schweine.

▶ **In den frühen Bauerngesellschaften** entwickeln sich unterschiedliche Berufe.

Bertram Weiß, 27, schreibt regelmäßig für GEOkompakt.
Tim Wehrmann, 35, ist Illustrator in Hamburg.

Literaturempfehlung: Graeme Barker, „The Agricultural Revolution in Prehistory", Oxford University Press; detailreiche Beschreibung der Neolithischen Revolution in verschiedenen Weltregionen.

Auf der Suche nach den Inseln im Nichts

Mehr als 10 000 oft winzige Eilande liegen in der Weite des Stillen Ozeans. Lange Zeit war es für Menschen unmöglich, das offene Meer zu überqueren, um diese Inselwelt zu erkunden. Doch vor etwa 3500 Jahren wagten Pioniere das Abenteuer: In kleinen Booten stachen sie in See, auf der Suche nach Land, das sich am Horizont nicht einmal erahnen ließ. Mit Wagemut, einfachster Technik, genauer Beobachtungsgabe und exzellenten nautischen Kenntnissen gelang es ihnen, im Verlauf vieler Jahrhunderte die polynesische Inselwelt zu besiedeln

Text: Cay Rademacher

So verloren in der Weite des Meeres wie dieses Auslegerboot vor einer Insel des Kiribati-Archipels mögen einst die Schiffe der frühen Entdecker Polynesiens gewirkt haben. Doch der Zug der Vögel, spezielle Wolkenformationen über Inseln sowie die Form und Richtung von Wellen gaben ihnen Hinweise darauf, wo Land ist

Z

Zwei Segel ragen aus den Wellen des Pazifiks wie zum Gebet geöffnete Hände. Dünne Masten, Spiere und geflochtene Seile verbinden die Pandanusmatten mit der Plattform zwischen den Katamaranrümpfen: hölzernen Gerippen aus Kiel und Spanten, über die dünne, mit Kokosfasern vernähte Holzplanken gezogen sind. Wasser leckt durch die Nahtstellen.

Seit Wochen sind zwei Dutzend Menschen auf dem Schiff unterwegs. Frauen und Kinder hocken auf der Plattform in einer Hütte aus Palmblättern – dort, wo im Schutz eines Rings aus Korallensteinen trockene Kokosnussschalen in einem Feuer knacken. In kleinen Verschlägen stecken Schweine, Hühner und Hunde. In den Rümpfen lagern die Vorräte: Kokosnüsse, Wasser in ausgehöhlten Bambusröhren, vorgekochter Brei aus Brotfruchtmark, gebackener Fisch, Bananen- und Taropaste in Kokosnussöl, getrocknete Brotfruchtscheiben, Nüsse. Und, kostbarer noch, die Setzlinge: Taro, Kawa, Yamswurzel, Bananen und andere Nutzpflanzen.

Die Männer schaufeln mit halben Kokosnussschalen Wasser aus den Rümpfen und springen bei Böen auf seitlich hinausragende Spiere, um durch ihr Gewicht den Winddruck auszugleichen.

Der Katamaran, geschaffen mit der Technik der Steinzeit, wird nach einem der umfassendsten Wissenssysteme gesteuert, die je von einer Kultur ersonnen worden sind. Kaivai, „Wasseresser", heißt der einzige Mann an Bord, der es beherrscht. Nur er weiß, wohin sie steuern und wo Land sein mag in der Unendlichkeit des Pazifiks.

Sein Wissen ist geheim, sein Tun rätselhaft. Stundenlang starrt er in den nächtlichen Sternenhimmel oder auf die Wellen und führt Wasser an die Lippen. Er weiß die Wolken zu lesen und die Unterwasserblitze, die in mondlosen Nächten kilometerweit im Meer zu sehen sind.

Und irgendwann, nach Wochen auf See, gibt er den Befehl, den Kurs um eine Winzigkeit zu ändern. Dann verkündet er: Wir werden Land sehen! Und tatsächlich – nach einigen Stunden taucht ein Schatten am Horizont auf: eine Insel, welche die Menschen auf dem Schiff nie zuvor gesehen haben.

Die Ahnen der ersten polynesischen Siedler kamen aus Taiwan

Wie mag die erste Nacht an Land sein? An einem Strand, hinter einem Korallenriff? Haben die Seefahrer, die irgendwann um das Jahr 500 n. Chr. auf einer noch namenlosen Insel irgendwo im Südpazifik gelandet sind, in jener Nacht Angst? Vielleicht vor unbekannten Tieren, wie sie die Geschichten der Vorväter überliefern, die ebenfalls neue Inseln entdeckt hatten? Vor Krokodilen, vor giftigen Schlangen? Fürchten sie sich vor Geistern und Dämonen?

Niemand weiß, mit welchen Ritualen die Seefahrer die Insel in Besitz nahmen. Eines nur ist sicher: Vor anderen müssen sie keine Angst haben. Denn es gibt außer ihnen niemanden.

Heutige Nachbauten traditioneller polynesischer Katamarane zeigen, wie leistungsfähig diese Schiffe sind. Sie legen bis zu 13 Kilometer pro Stunde zurück und können dank der v-förmigen Rümpfe auch gegen den Wind segeln

Die namenlosen Entdecker am Strand gehören zu den geschicktesten und erfolgreichsten Seefahrern der Geschichte: den Polynesiern. Dieses Volk erkundete und besiedelte viele der weit mehr als 10 000 Inseln des Pazifiks, darunter Tahiti und Neuseeland, Hawaii und die Osterinsel. Es war das letzte Habitat auf dem Planeten Erde, das sich *Homo sapiens* eroberte.

Und das größte.

Doch schon lange vor den Polynesiern, vor einigen Jahrzehntausenden, hatte irgendwo in der südwestlichen Inselwelt dieses Ozeans ein unbekannter Entdecker jenen ersten Schritt vollzogen, der wagemutiger war als später der Flug zum Mond: Er stieß ein Boot vom Strand ab und stach in See.

Am Anfang der pazifischen Besiedlung stand ein „namenloser Kolumbus des Pleistozäns" (so der australische Archäologe Matthew Spriggs), der sein Gefährt Richtung Horizont steuerte, ohne zu wissen, wo, wann, ja ob seine Reise je enden würde.

Die Geschichte dieser Eroberung gehört zu den großen Dramen der Menschheit – eines Dramas, das Archäologen, Genetiker, Ethnologen und Linguisten erst nach jahrzehntelanger Forschung zu lesen gelernt haben und in dem es um Fragen geht wie: Wo kamen die Menschen her, die sich auf den Pazifik hinauswagten? Wann segelten sie los? Und wie gelang es ihnen, mit der Technik des Neolithikums den größten Ozean der Erde zu bezwingen?

Die Inseln des Pazifiks wurden, so viel steht inzwischen fest, im Laufe von Jahrtausenden von West nach Ost besiedelt – und zwar von drei unterschiedlichen Kulturen zu drei verschiedenen Zeiten:

- von den Vorfahren der Papua, die aus Asien kamen und zwischen 55 000 und 35 000 v. Chr. Australien, Neuguinea und weitere vorgelagerte Eilande erreichten. Sie bevölkerten den Westen Ozeaniens (siehe Karte Seite 152);
- von den Menschen der Lapita-Kultur, die um 3000 v. Chr. von Taiwan aus nach Süden aufbrachen und um 1500 v. Chr. in den Lebensraum der Papua eindrangen. Von dort zogen sie bis 900 v. Chr. weiter nach Fidschi, Tonga und Samoa – ins Zentrum Ozeaniens;
- und von den Polynesiern, die von den Lapita abstammen und sich von Tonga und Samoa aus aufmachten, zwischen 400 n. Chr. und dem Jahr 1250 den Osten, Norden und Süden Ozeaniens zu entdecken.

Dies ist ihre Geschichte.

Die Papua

Irgendwann ab 55 000 v. Chr. dringt *Homo sapiens* aus Südostasien bis ins heutige Australien vor. Der Fünfte Kontinent ist zu jener Zeit, da der Meeresspiegel zeitweilig mehr als 50 Meter niedriger liegt, noch mit Neuguinea verbunden. Die Pioniere können den indonesischen Archipel nur auf Flößen oder Kanus überwinden. Dabei wagen sie sich bis zu 90 Kilometer über das Wasser.

Der Amerikaner Patrick V. Kirch, der Doyen der ozeanischen Archäologie, nennt diesen Vorstoß die wahrscheinlich „älteste absichtliche Reise in der Geschichte der Menschheit".

Was auch immer das Motiv dafür gewesen ist – Neugier, Furcht vor Verfolgern, Hunger –, es ist eine Reise ins Nichts. Eine Fahrt, bei der jener „Kolumbus des Pleistozäns" nach Tagen auf See überhaupt kein Land mehr sieht, er verloren ist zwischen dem hinter dem Horizont versunkenen Aufbruchsort und seinem unsichtbaren Ziel.

Irgendwann zwischen der Zeitenwende und 950 n. Chr. entdeckten Seefahrer die Gesellschaftsinseln – zu denen Moorea (vorn) und Tahiti (im Hintergrund) gehören

Nie zuvor mag sich ein Mensch so einsam gefühlt haben – und nie zuvor mag er auch tatsächlich so abgeschnitten gewesen sein von der Welt. Doch das Wagnis gelingt: Er entdeckt Land.

Mehr noch: Andere Menschen müssen ihm gefolgt sein. Wohl kaum einer von ihnen ist je zurückgekehrt, denn in dem neuen Land gibt es kein geeignetes Material für Boote.

Diese ersten Seefahrer der Geschichte sind die Vorfahren der australischen Aborigines und der Papua Neuguineas (siehe Seite 102). Manche der Siedler werden Fischer, doch wagen sie sich nach der mutigen Überquerung des großen Wassers nur noch selten weit auf das Meer hinaus. Erst viele Generationen später – vor rund 35 000 Jahren – erreichen sie den Neuguinea vorgelagerten Bismarck-Archipel.

Das ist die Endstation: Dahinter liegt ein Ozean, der in den Tropen und Subtropen von gewaltigen Wind- und Strömungssystemen dominiert wird, die größtenteils von Ost nach West verlaufen. Wer immer also diese Küsten verlassen will, muss gegen Wind und Wellen segeln.

Die Papua siedeln in kleinen Gruppen; die meisten ziehen ins Binnenland und leben fortan von der Landwirtschaft. Aus den Nachkommen der ersten Entdecker werden Jäger und Bauern.

Das Meer überlassen sie anderen.

Die Lapita

Der kanadische Archäologe David Burley erforscht seit mehr als zehn Jahren eine seltsame Landschaft, wie es sie in der Inselwelt des Pazifiks kein zweites Mal gibt: die Sigatoka Sand Dunes an der Südküste von Viti Levu, der Hauptinsel von Fidschi.

Bis zu 60 Meter ragen diese Wellen aus graubraunem Sand auf – einem Sand so fein, dass Burley barfuß geht, weil er ohnehin in jeden noch so fest geschnürten Schuh eindringen würde. Die Dünen bedecken gut fünf Kilometer Küstensaum und reichen einige Hundert Meter tief ins Land.

Gegen manche Dünenflanken schlagen die Wellen, waschen den puderigen Sand aus und geben dabei rote, braune, schwarze Artefakte frei, daumennagel- bis handtellergroß: Tonscherben.

Burley hebt einige Scherben auf. Eine zeigt noch die Fingerabdrücke des prähistorischen Töpfers, eine andere den Abdruck einer gewebten Bastmatte, die den feuchten Ton einst stabilisiert hatte, bis sie beim Brennen verging.

Und ein Fragment ist verziert: Wellenstreifen aus winzigen, gleichmäßigen Einkerbungen laufen über das, was einmal der Rand einer Schüssel gewesen sein muss.

„Die sind von Lapita hergestellt worden", sagt Burley. „Vor dem Brennen ist Ton weich wie Leder. Die Künstler haben wahrscheinlich kleine Stichel aus Holz oder Schildkrötenpanzer mit eingesetzten Haifischzähnen benutzt, um die Muster vor dem Brennen einzuritzen."

Dekorierte Tonscherben sind für Archäologen ein Glücksfall: Töpferwaren halten sich besser als Relikte aus Holz oder Stoff. Ihre Dekors verraten durch Ähnlichkeiten oder Veränderungen historische Entwicklungen.

Findet man die Scherben zusammen mit organischem, per Radiokarbonmethode datierbarem Material – etwa der Holzkohle eines alten Lagerfeuers –, kann ihr Alter bestimmt werden. Tonscherben sind deshalb so etwas wie Zeitkapseln, die nicht nur Aufschluss darüber geben, wo einst Menschen gelebt haben, sondern auch, wann.

Die Besiedlung der Südsee erfolgte von Neuguinea aus Richtung Osten

Lapita-Waren tauchen um 1500 v. Chr. plötzlich in Neuguinea, Neukaledonien und im Bismarck-Archipel auf – Dokumente einer sich schnell ausbreitenden Kultur. Die Lapita bringen nicht nur die Kunst des Töpferns nach Ozeanien, sie lassen sich auch als Erste in großen Siedlungen nieder, sie fällen mit Obsidian-Äxten Bäume, kultivieren Nutzpflanzen, züchten Schweine, Hunde und Hühner – und jagen Thunfische, was speziell geformte Angelhaken aus Muschelschalen verraten.

Um 1000 v. Chr. erreichen sie Fidschi, rund 1000 Kilometer entfernt von Neukaledonien. Eine Strecke, die nicht mehr gepaddelt, sondern gesegelt worden sein muss – *gegen* die vorherrschenden Wind- und Strömungsrichtungen.

Aber wer sind die Lapita? Und woher kommen sie?

Die Spur der Scherben weist nach Taiwan: Um 3000 v. Chr. wird dort erstmals Ton gebrannt, später breitet sich diese Kunst über die Philippinen bis nach Sulawesi im heutigen Indonesien aus.

In oder bei Taiwan liegt auch der Ursprung der austronesischen Sprachfamilie. Austronesisch sprechende Völker siedeln von Madagaskar bis zur Osterinsel. Aus heutigen Sprachen können Linguisten auf das Proto-Austronesisch zurückschließen – die Sprache der Lapita.

Und während Archäologen Scherben, Angelhaken und die Stützpfähle mancher Siedlungen freilegen, finden Linguisten in den austronesischen Sprachen die Spuren vergänglicherer Dinge. *SadiR*i* muss einst das Pfahlhaus geheißen haben, *wagka* das Auslegerkanu, *layaR* das Segel, *tautasi[k]* der Navigator, der das Kanu über den Ozean steuerte.

Die Steinzeitseefahrer haben möglicherweise von einer gewaltigen Katastrophe in Ozeanien profitiert. Denn die Lapita tauchen kurz nach einem Vulkanausbruch auf: Um 1600 v. Chr. fliegt der Mount Witori auf dem heutigen New Britain im Bismarck-Archipel in die Luft.

New Britain wird verwüstet und unter Asche begraben; Lärm und die Rauchwolke der Eruption müssen über Hunderte von Kilometern wahrnehmbar gewesen sein. Ihre Folgen für die älteren Siedlungen der Papua kann heute niemand mehr einschätzen; womöglich waren sie für viele tödlich.

Kurz nach der Eruption jedenfalls erreichen Lapita die Gewässer vor Neuguinea und können sich dort ungehindert ausbreiten. Dabei vermischen sie sich mit den ansässigen Papua. Eine genetische Spur dieser Expansion konnten Biologen anhand von Blutgruppen und bestimmten Antikörpern ausmachen.

So haben die Papua beispielsweise über Jahrtausende im malariadurchseuchten Neuguinea eine Resistenz gegen eine bestimmte Form dieser Krankheit entwickelt – durch die sogenannte α-Thalassämie, eine Blutkrankheit, die durch Fehler bei der Hämoglobin-Synthese entsteht. Dies ist eine sehr markante Veränderung, die in manchen Fällen nun auch im Erbgut der neu angekommenen Generationen auftaucht.

Nach den Maßstäben der Steinzeit, in der sich Entwicklungen in Jahrtausenden vollziehen, breiten sich die Lapita schnell aus. Von Neuguinea aus wandern sie wahrscheinlich über die heutigen Salomonen und den Vanuatu-Archipel nach Neukaledonien und stoßen von dort um das Jahr 1000 v. Chr. über das offene Meer nach Fidschi vor – möglicherweise mit Auslegerbooten. Mit der Entdeckung von Fidschi haben sie dann das Sprungbrett zum zentralen Pazifik erreicht.

Tatsächlich vergehen nur drei Generationen, bis sie von dort aus die Inseln der Tonga- und der Samoa-Gruppen besiedeln. Der riesige Ozean, so scheint es, steht ihnen offen. Aber dann geschieht mindestens 1000 Jahre lang nichts. Besser gesagt: Es muss sehr viel geschehen sein, denn die explosive maritime Expansion der Lapita ist erst einmal beendet. Weshalb?

Für David Burley liegt die Erklärung dieser „Großen Pause" unter den kilometerlangen Dünen von Sigatoka begraben. „Man muss sich nur die Muschelschalen ansehen", sagt er. „Sie werden immer kleiner, je jünger die Fundstätte ist."

Der Archäologe glaubt, dass die Lapita Küstenfischer waren und von Fischen, Muscheln, Schildkröten und anderen Meerestieren lebten, die in den flachen Lagunen einfach zu erlegen waren. Doch diese empfindlichen Ökosysteme kollabierten rasch: Die Menschen mussten immer kleinere, jüngere Tiere fangen, bis sie vermutlich ganze Arten ausgerottet hatten.

Burley hält, im Gegensatz zu anderen Wissenschaftlern, die Lapita keineswegs für ein von Anfang an hoch entwickeltes, auf Landwirtschaft orientiertes

Kulturvolk. „Zwar kannten sie Nutzpflanzen und -tiere, doch überlebenswichtig wurden sie erst, als das Meer nicht mehr genügend Nahrung hergab." Aus den ungestümen Seefahrern mussten Bauern werden, wenn sie nicht verhungern wollten. Und an Land hörten die Probleme keineswegs auf – Burley glaubt beweisen zu können, dass sich die Lapita keineswegs gut an ihre Umwelt anpassten.

Der Forscher deutet auf die kilometerlangen Sigatoka-Dünen. „Die sind Menschenwerk", behauptet er. Die Dünen bestehen aus feinstem Sediment. Es wird vom Sigatoka River aus dem Inselinneren ins Meer gespült und ist nach Regenfällen als mehrere Hundert Meter langer brauner Strich jenseits der Brandungslinie im Meer gut auszumachen. Starke Passatwinde blasen den Staub bei Niedrigwasser zurück an Land, wo er sich zu Dünen auftürmt.

Burley glaubt, dass Menschen diese Entwicklung ausgelöst haben. Im Jahr 2000 entdeckte er unter einer mehrere Meter dicken Sandschicht die Überreste eines Bauerndorfes, das

Erst Katamarane ermöglichten die Eroberung Polynesiens

eine schleichende Katastrophe ereilt haben muss.

Um 500 n. Chr. verloren dessen Bewohner ihre Gemüsegärten an den Sand. Denn jetzt schoben sich die Dünen unaufhaltsam auf die Häuser zu und begruben sie schließlich unter sich.

Die Ursache für diese Katastrophe: „Das Innere von Fidschi war schon relativ dicht besiedelt", vermutet Burley. „Bauern haben im fruchtbaren Tal des Sigatoka River den Wald gerodet. Erst dadurch gelangten so viele Sedimente in den Fluss, dass sich aus ihnen wiederum Dünen bilden konnten."

Und noch etwas legen Funde des Forschers nahe: Nachdem sich das Dorf nicht mehr halten ließ, wurden regelmäßig „Salzexpeditionen" vom Binnenland an die Küste entsandt, um das lebenswichtige Mineral zu gewinnen. Es waren kleine Gruppen von Menschen, die ihre großen, offenen Tonpfannen auf die Dünen legten und warteten, bis genügend Meerwasser von der Sonne verdunstet und nur noch das Salz übrig geblieben war.

Unzählige Fragmente dieser Pfannen hat Burley gefunden.

Die Besucher aus dem Inselinneren verzehrten winzig kleine Muscheln, außerdem fand der Archäologe die Skelette von kleinen Fischen und Eidechsen, die offensichtlich gekocht worden waren. „Die Menschen müssen Hunger gelitten haben", folgert der Archäologe.

Nachdem die Salzgewinnung aufhörte – weshalb, ist nicht bekannt –, bedeckte der Sand auch diese Spuren menschlicher Aktivitäten.

Doch Fidschi ist groß genug, um ökologische Veränderungen wie jene in Sigatoka zu verkraften. Groß genug auch, um weiterhin ein Ziel für Siedler oder Händler zu sein. Der einmal etablierte Kontakt nach Neuguinea jedenfalls riss niemals ab.

Anders dagegen war die Situation auf Tonga und Samoa, gut 600 Kilometer weiter im Osten. Hier sind die Inseln kleiner und ärmer an Süßwasser, an fruchtbarem Boden, an harten Steinen für Werkzeuge, an essbaren Pflanzen und Tieren. Selbst winzige Siedlergruppen konnten hier womöglich binnen weniger Jahre Tierarten ausrotten und Riffe verwüsten.

Schon bald nach der ersten Besiedlung müssen diese Eilande wieder ziemlich isoliert, vielleicht irgendwann sogar von Fidschi vergessen worden sein, denn für Kolonisatoren oder Händler waren sie nicht attraktiv genug.

All jenen aber, die es dennoch schon nach Samoa oder Tonga verschlagen hatte, fehlten schnell die Ressourcen, die für neue Expeditionen notwendig waren. Sie mussten sich etwas einfallen

Stabil dank zweier Rümpfe

Ein Boot mit nur einem Rumpf (1) kann leicht kentern. Mit einem Ausleger versehen (2), liegt es viel stabiler im Wasser. Eine Konstruktion aus zwei Rümpfen (3) ist noch weitaus sicherer, allerdings weniger wendig. Mit Plattform und Segeln ausgerüstet, wird sie zum hochseetauglichen Katamaran (4)

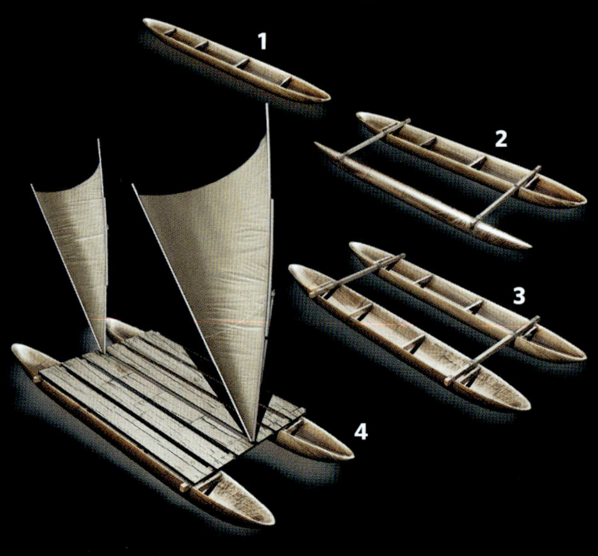

Das Gefährt der Eroberer

Erst dank der Entwicklung hochseetauglicher Doppelrumpfboote vor etwa 2000 Jahren gelang es den frühen Seefahrern, die Inselwelt des Stillen Ozeans zu besiedeln. Wie diese Schiffe ausgesehen und funktioniert haben, zeigt diese im Original zwölf Meter lange und fünf Meter breite Rekonstruktion nach dem Vorbild traditioneller polynesischer Kanus.

Die beiden Rümpfe sind mit einer Holzplattform verbunden, die etlichen Passagieren Platz bietet. In den Rümpfen befinden sich kleine Kojen und Stauraum für Vorräte. Ihre Form läuft nach unten hin v-förmig zu - dadurch treibt das Boot nicht so schnell ab und kann sogar gegen den Wind kreuzen.

Von den zwei Steuerplätzen am Heck lassen sich die Steuerpaddel ins Wasser senken, um den Kurs des Schiffes zu ändern.

Die Segel sind an den beiden mit Tauen gehaltenen Masten befestigt. Sie werden mit speziellen Seilen (Schoten) so ausgerichtet, dass sie die Energie des Windes optimal einfangen.

lassen, um auf den verödeten Inseln nicht zu verhungern.

Die Polynesier

Das Dorf Nukuleka liegt auf Tongas Hauptinsel Tongatapu an der Spitze einer kleinen Halbinsel, die in eine Lagune hineinragt. Ein idealer Platz, um den Zugang zu der von Mangroven, scharfkantigen Korallenklippen und kleinen Stränden gesäumten Bucht zu überwachen.

Nukuleka wird von Fischern und Bauern bewohnt. Der Weg dorthin endet bei Hütten aus Wellblech und Palmblättern. Hühner und Schweine laufen frei herum. Die Spuren der ersten Polynesier sind zwischen Schweinekot und Glassplittern auf einer kaum wahrnehmbaren Anhöhe zu finden, die vielleicht einmal das Grab eines Königs war. Überall auf der rissigen, braunschwarzen Erde liegen rote und schwarze Tonscherben, die meisten kaum größer als ein Fingernagel. Darunter ein Stück mit einigen feinen, sich diagonal kreuzenden Linien: Lapita.

Hier hat David Burley die ältesten Lapita-Scherben Tongas gefunden. Um 900 v. Chr. müssen die ersten Kolonisatoren diesen günstig gelegenen Platz auserkoren haben. Von Tonga brachen viele Jahrhunderte später die Polynesier zu ihrer Entdeckung des Pazifiks auf.

Hier muss also die eine Kultur – die der Polynesier – irgendwie die andere – die der Lapita – abgelöst haben. Und Burleys Funde geben einige Antworten auf die Fragen nach dem Wie und Wann.

Relativ schnell müssen die Lapita-Siedler, die es bis nach Tonga geschafft hatten, gemerkt haben, dass ihre Welt aus dem Gleichgewicht geriet: Die großen Schildkröten und Muscheln waren bald verschwunden; und aus Fidschi strömten keine Siedler oder Handelswaren, etwa Steinäxte, nach. Sie waren auf sich gestellt.

Zwar lernten die Lapita in den folgenden Jahrhunderten auf Tonga, sich ihrer Umwelt besser anzupassen. Langsam besiedelten sie alle Eilande der sich über 750 Kilometer von Süd nach Nord erstreckenden Inselgruppe. Aber der wirklich große Aufbruch stand ihnen noch bevor.

Er wurde möglich, weil ein unbekanntes Genie irgendwann den Katamaran entwarf. Statt mit Schiffen aus einem Rumpf und einem kleinen, stabilisierenden Ausleger in See zu stechen, nutzen die Tonganer nun für längere Reisen ein Fahrzeug aus zwei identischen, durch eine Plattform miteinander verbundenen Rümpfen: den Tongiaki. Der ist bis zu 25 Meter lang, hat aber kaum 60 Zentimeter Tiefgang, ist nicht ganz so wendig wie ein Auslegerboot, aber rund 13 km/h schnell (erst knapp 2000 Jahre später werden die Europäer diesen Wert übertreffen) und kann am Wind segeln (also bis zu 50 Grad gegen die Windrichtung). Problemlos tragen die Katamarane mehr als zwei Dutzend Menschen und deren Vorräte für vier bis sechs Wochen.

Sechs Wochen auf See mit einem schnellen Segler – das bedeutet in der Regel eine Reichweite von rund 5000 Kilometern. Und selbst im Pazifik ist keine Insel weiter als 5000 Kilometer von der nächsten entfernt. Der Tongiaki ist der erste Schiffstyp, der dem Stillen Ozean gewachsen ist.

Auch an Land passen sich die Menschen der ozeanischen Natur an. Die Dörfer liegen am Strand, die Häuser sind luftige Konstruktionen aus einem hölzernen Gestell, über das Dach und Wände aus Pandanusmatten oder Palmwedeln gespannt sind. Noch immer stellen Fischer mit Angeln, Harpunen und Netzen Meerestieren nach. Doch nun sind die Dörfer umgeben von Feldern, deren Erde mit dem Grabstock aufgelockert wird und auf denen die Siedler diverse Nutzpflanzen anbauen.

Palmen und Pandanusbäume werden am Strand oder beim Dorf gesetzt, um Schatten zu spenden und vor dem Wind zu schützen. Handwerker fertigen Äxte aus Basalt, Gemüsemesser aus Schneckengehäusen, Angelhaken aus Muschelschalen, Tätowiernadeln aus Tierknochen, Schleifpapier aus Haifischhaut, Schachteln aus Holz, Matten aus Kokosfasern.

Ethnologen und Linguisten vermuten, dass schon diese frühe Gesellschaft nach Sippen geordnet ist, in denen sich alle Mitglieder auf einen legendären Ahn zurückführen und in der jedes Dorf von einem Häuptling angeführt wird.

Zwischen 900 v. Chr. und der Zeitenwende entsteht auf Tonga und Samoa, deren Bevölkerungen den Kontakt zueinander nicht abreißen ließen, die Keimzelle der Polynesier, die sprachlich und genetisch mit den Lapita verwandt sind, sich aber von ihnen durch ihre sehr viel höher entwickelte Kultur unterscheiden.

Die Entwicklung dieser hoch spezialisierten, den vergleichsweise arten- und bodenschatzarmen kleinen Inseln nahezu perfekt angepassten Gesellschaft erklärt auch die „Große Pause“: Tonganer und Samoaner benötigen viele Generationen, um die entsprechenden Techniken zu entwickeln – und um Dutzende von Eilanden ihrer Inselgruppen zu besiedeln.

Um 400 n. Chr. schließlich geben die Polynesier die Töpferei – eine der größten technischen Errungenschaften der Menschheit – wieder auf: Sie brauchen sie nicht mehr. Sie kochen nun im Erdofen und transportieren Wasser und andere Vorräte in Kokosnussschalen und hölzernen Behältern, die stabiler, leichter und einfacher herzustellen sind als Töpfe.

Und plötzlich fahren sie wieder dem Horizont entgegen.

David Burley geht davon aus, dass der Bevölkerungsdruck die Polynesier wieder auf den Pazifik hinausgetrieben hat: Selbst ihre hoch angepasste Lebensweise habe nicht verhindern können, dass die Inseln übervölkert gewesen

Die winzigen Ha'apai-Inseln sind Teil des heutigen Königreichs Tonga. Etwa 900 v. Chr. erreichten Seefahrer, von den Fidschis kommend, den Inselstaat sowie das weiter nördlich liegende Samoa. Ein Jahrtausend später eroberten sie von hier aus ganz Polynesien

seien. Der Kanadier vermutet, dass diese Besiedlungswelle des Pazifiks um das Jahr 200 n. Chr. einsetzt.

Wann auch immer dieses neue ozeanische Ausschwärmen beginnt – daran, dass es in Tonga und Samoa seinen Ursprung hat, besteht kein Zweifel. Denn Tonga ist der „genetische Flaschenhals" Polynesiens: Alle Polynesier lassen sich verwandtschaftlich auf die kleine Population dieser Inselgruppe zurückführen.

Anhand der DNS heutiger Polynesier lässt sich sogar relativ genau bestimmen, über welche Stationen das pazifische Inselspringen stattfand.

Denn die Tonganer besiedelten keineswegs auf direktem Wege alle Eilande. Eine Besiedlungswelle etwa lief von Tonga zu den Cook-Inseln. Die Bewohner der Cook-Inseln wiederum erreichten Tahiti. Mehrere Generationen später wurde schließlich Hawaii von Tahiti aus besiedelt.

Und so lässt sich die Besiedlung des Pazifiks inzwischen einigermaßen präzise nachvollziehen:

Bereits um 200 n. Chr. segeln einige Tonganer zunächst nach Westen, zu zwölf noch nicht besiedelten Inseln vor der Küste Neuguineas (siehe Seite 153).

Zwei Jahrhunderte später brechen andere Tonganer nach Osten auf, gegen die Strömung und den Wind, bis zu den Cook-Inseln. Von dort aus entdecken sie – wohl irgendwann zwischen 400 und 950 n. Chr. – Tahiti, die Tuamotus, die Marquesas und selbst so entlegene Eilande wie Mangareva und Pitcairn.

Zwischen 900 und 1000 n. Chr. erreichen Seefahrer von den Marquesas aus auch die Osterinsel, den östlichsten Punkt Polynesiens.

Und um 800 n. Chr. sind sie bereits in Hawaii gelandet, das irgendwann danach in einer zweiten Welle von Tahiti aus kolonisiert worden sein muss – denn Legenden und manche sprachlichen Ähnlichkeiten verbinden Hawaii mit Tahiti. Die Ratten auf Hawaii wiederum sind mit denen auf den Marquesas verwandt – ein Indiz für „blinde Passagiere", die von dortigen Schiffen nach Norden gebracht worden sein müssen.

Die letzten Inseln entdeckten tahitianische Siedler nach neuesten Erkenntnissen um das Jahr 1250: Neuseeland.

Zumindest zu den entfernten Eilanden mögen Zugvögel den Menschen den Weg gewiesen haben. Jeden September verlässt beispielsweise der Langschwanzkoel die tropischen polynesischen Inseln Richtung Neuseeland, und der pazifische Goldregenpfeifer fliegt nach Hawaii.

Doch wie haben die Polynesier Inseln gefunden, wenn sie keine Vorausflieger hatten? Die meisten dieser Flecken im Meer sind selbst an klaren Tagen vom Schiff erst aus etwa 16 Kilometer Entfernung zu sehen. Zahlreiche Inseln liegen zudem in solchen Wind- und Strömungssystemen, dass sie, wie Computersimulationen ergaben, unmöglich von abgetriebenen Schiffbrüchigen hätten entdeckt worden sein können – und sind doch nachweislich immer wieder angelaufen worden.

Wie also navigierten die Polynesier?

Die Kunst, sich auf dem Ozean zu orientieren, war einer Elite vorbehalten. Das komplexe Wissenssystem der „Wasseresser" war über Jahrhunderte entstanden. Es basierte auf der genauen Beobachtung der Natur – vom Sternenhimmel bis zur Form eines Wellenkammes – und wurde vom Vater auf den Sohn (oder einen anderen nahen Verwandten) weitergegeben.

Die Routen zu anderen Inseln hatten geheime Namen, die nur geflüstert werden durften; und die rund zwölfjährige Ausbildung begann gewöhnlich im Alter von sechs bis acht Jahren.

Zwar dienten manchmal ein paar Dutzend auf dem Strand ausgelegte Steine als Symbole für Sterne oder Inseln, standen Palmwedelrippen und Stabkarten (siehe Seite 151) für Wellenmuster, doch waren dies wahrscheinlich nur Gedächtnisstützen. Viel wichtiger war es, das mündlich vorgetragene, oft in Form langer Gesänge gekleidete Wissen zu erlernen.

Die polynesischen Navigatoren lasen den Pazifik wie ein Buch. Sie hatten keine Vorstellung von der Erde als Kugel, von Längen- und von Breitengraden, von Seekarten oder dem magnetischen Kompass – doch das war auch nicht notwendig. Ihr System gab ihnen auch so die korrekten Antworten auf drei entscheidende Fragen:

- Wo befindet sich das Schiff?
- Wohin fährt es?
- Wie entdeckt man Land?

Wo befindet sich das Schiff?

In der uns bekannten Seefahrt sind Positionsangaben abstrakt und absolut. Ob ein Kapitän seinen Standort in Längen- und Breitengrad angibt oder ein Autofahrer zum Beispiel mit „Hauptstraße 45", ist gleichgültig – stets haben diese Angaben keinen Bezug zum bisherigen Verlauf der Reise und nützen einem nur, wenn man eine Karte dabeihat. Ohne Karte wäre statt „Hauptstraße 45" folgende Beschreibung sehr viel praktischer: „Hinter der Haustür nach links, 300 Meter die Straße hinuntergehen, rechts abbiegen und dann 200 Meter geradeaus."

> Die Seefahrer der Steinzeit benötigten weder Kompass noch Uhren

Ein solches Orientierungssystem ist auf den Ausgangspunkt einer Reise bezogen, sagt einem also nicht, wo man sich in der Welt aufhält, sondern nur, wo man sich in Bezug zu seinem Startort

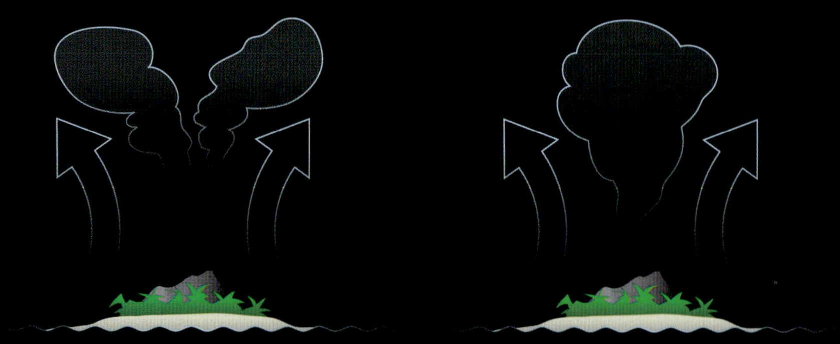

Wolkenzeichen

Weil Landflächen sich bei Sonnenschein stärker erhitzen als das umgebende Wasser, steigen dort erwärmte und deshalb leichtere Luftmassen in die Höhe. Dabei kühlen sie so weit ab, bis die Luftfeuchtigkeit zu Wasserdampf kondensiert. Es bilden sich typische Wolken, die die frühen Seefahrer zu deuten wussten – etwa zwei an Augenbrauen erinnernde Formen (ganz links) oder ein auf dem Kopf stehendes Dreieck (links)

Die Sprache der Wellen

Auch die Wellen verraten dem Kundigen, wo Land liegt. Trifft etwa Dünung auf eine Insel (ganz links), wird sie auf der Vorderseite reflektiert, und es kommt zu Überlagerungen, die sich an einer Höhenänderung erkennen lassen. Auf der Rückseite der Insel gibt es dagegen Verwirbelungen. Läuft eine Wellenfront zwischen zwei Inseln hindurch (links), überlagern sich die dabei entstehenden elliptischen Wellen und bilden ein Muster aus Kreuzseen

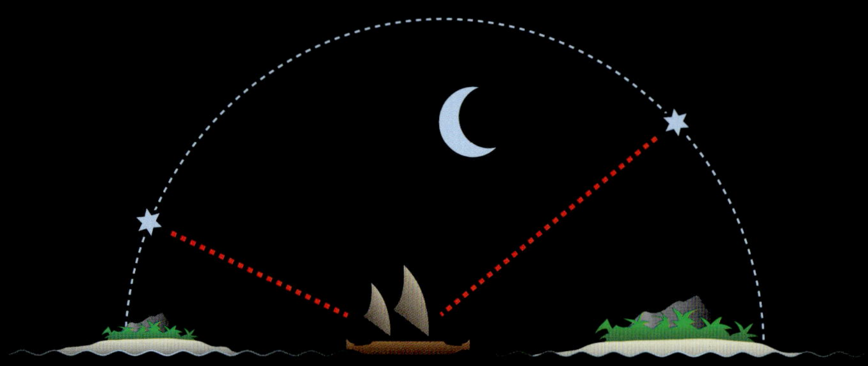

Den Sternen nach

Da bestimmte Sternbilder zur gleichen Jahres- und Uhrzeit immer an der gleichen Stelle stehen, konnten die Seefahrer an ihnen in der Nacht die Himmelsrichtung und ihren Kurs bestimmen. Hielt ein Navigator das Schiff etwa so, dass links neben dem Bug der Stern Antares (Sternbild Skorpion) stand und das Kreuz des Südens rechts neben der Halteleine des Mastes auftauchte, konnte er sicher sein, in Richtung Südost zu segeln

befindet. Das System kommt ohne Karten aus, und vor allem: Es verrät einem auch, wie man wieder zurückkommt. Genau so orientierten sich die Südsee-Navigatoren: Sie sahen ihre Position stets in Relation zur Heimatinsel.

Dies funktionierte allerdings nur, weil sie mit erstaunlichen Gedächtnisleistungen jede Kursänderung im Geist abspeicherten und zudem in jahrelanger Erfahrung gelernt hatten, ohne Uhr, Kompass und andere Hilfsmittel die Geschwindigkeit ihres Schiffes (und damit die zurückgelegte Entfernung) sowie dessen mögliche Abdrift durch Wind und Strömungen allein anhand von Schiffsbewegungen oder Wellenformen zu schätzen.

In Gewässern, die sie bereits kannten, „lasen" Navigatoren noch andere Zeichen im Meer, etwa Strudel über Korallenriffen. Und die „Wasseresser" von Tonga benetzten Finger und Lippen mit Meerwasser: Je wärmer es war, desto weiter nördlich befand sich ihr Schiff.

Wohin fährt das Schiff?

Kaum ein von Menschen gemachtes Instrument zeigt einen Kurs so präzise an wie ein klarer Nachthimmel in den

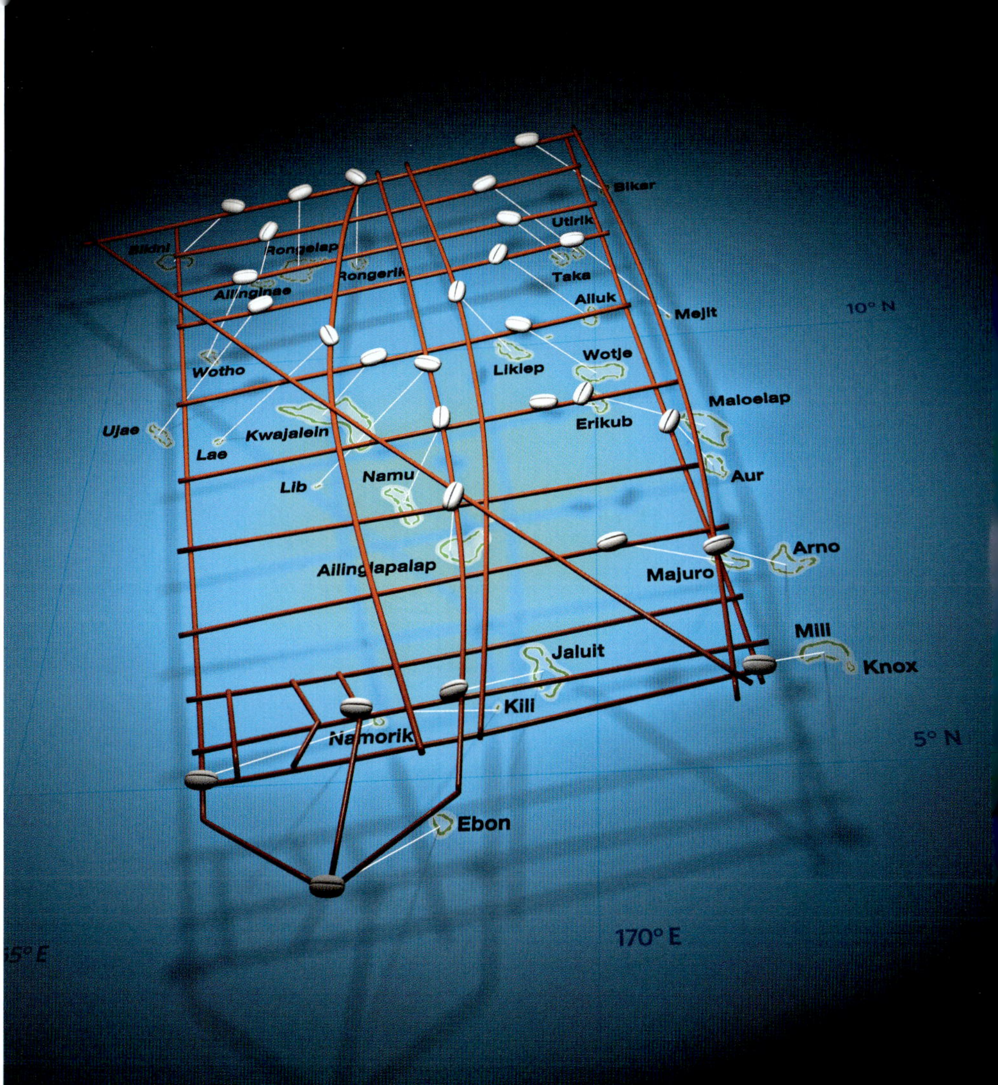

Das Geheimnis der hölzernen Karten

Bei der Orientierung halfen den polynesischen Seefahrern sogenannte Stabkarten. Darin wurden die Inseln durch Muscheln symbolisiert und ihre geographische Lage zueinander durch Holzstäbe festgelegt, an denen die Muscheln befestigt waren – hier eine Karte für die Marshall-Inseln. Allerdings gaben die Stabkarten die Wirklichkeit anders wieder als heutige nautische Karten (deshalb stimmt die Lage der Inseln auf einer Stabkarte nicht exakt mit der entsprechenden geographischen Karte überein). Denn für die polynesischen Navigatoren waren die präzisen Entfernungen und Winkel zwischen den Inseln nicht so wichtig; vielmehr zeigen die Holzstäbe die relative Lage sowie die Abstände der Inseln zueinander an und berücksichtigen dabei Strömungen, Wellengang und Winde. Nur dank seiner Erfahrungen konnte ein Seefahrer daher die Karte richtig lesen und sein Ziel sicher finden

Tropen. Durch die Erdrotation scheint jeder Stern (mit wenigen Ausnahmen, etwa dem Polarstern) irgendwo in der östlichen Himmelshälfte aufzugehen, einen hohen Bogen zu ziehen und in der westlichen unterzugehen. Die Auf- und Untergangszeit eines Sterns verschiebt sich pro Tag um etwa vier Minuten, die Position aber bleibt stets gleich.

Navigatoren mussten sich die Konstellationen des Nachthimmels merken, dann konnten sie auch ohne Kompass die Richtung einhalten. Statt „Kurs Südost“ segelten sie beispielsweise in Richtung des aufgehenden Sterns Antares. Da Antares im Bogen über den Himmel stieg, stand er nach einiger Zeit nicht mehr niedrig genug am Horizont, um noch als „Leitstern“ zu dienen. Dann musste der Navigator wissen, welcher Stern nach Antares an exakt dieser Stelle aufging und welcher danach … und so weiter. Je nach Breite und Kurs musste sich ein Navigator in einer zwölfstündigen Tropennacht an fünf bis zehn Leitsternen orientieren.

Und er kannte jeden Leitstern für jeden Kurs, zu jeder Nachtzeit, zu jeder Zeit des Jahres. In bereits bekannten Gewässern prägte er sich zudem ein, welche Insel vom eigenen Standpunkt aus „unter“ welchem Leitstern stand – also welchem Sternenkurs man zu folgen hatte, um eine bestimmte Insel zu erreichen. Erfahrene Navigatoren hatten Sternenkurse für Dutzende von Inseln im Kopf.

Die Steuerung tagsüber nach der Sonne war weniger präzise, denn sie zeigte lediglich bei Auf- und Untergang sowie im Zenit einigermaßen genau die vier Kardinalrichtungen an.

Deshalb war es umso wichtiger, die Wellensysteme zu kennen.

Den Pazifik durchziehen mehrere große Dünungen, die unabhängig sind von kurzfristig durch Stürme verursachten Wellenbewegungen: In der breiten Passatzone rollen lange Wellen aus östlichen Richtungen an. Zudem drückt die südpazifische Sturmzone um die Antarktis eine Süddünung bis über den Äquator hinaus. Und während der Monsunzeit bauen sich im Westpazifik nordwestliche Dünungen auf.

Die Kunst des Navigators bestand darin, aus den sich scheinbar chaotisch überlagernden Wellenmustern in stundenlanger Beobachtung die Dünungen auszumachen und sie von den kurzfristigen, aus beliebigen Richtungen heranziehenden Unwetterwellen zu unterscheiden. Manchmal verließ er sich dabei nicht allein auf sein Auge, sondern ertastete die Bewegungen des Wassers mit seinen empfindlichsten Körperteilen – den Hoden.

Wie entdeckt man Land?

Die vielleicht genialste Beobachtung der ersten Navigatoren war, dass sich um jede Insel ein „Schirm“ ausbreitet. Viele

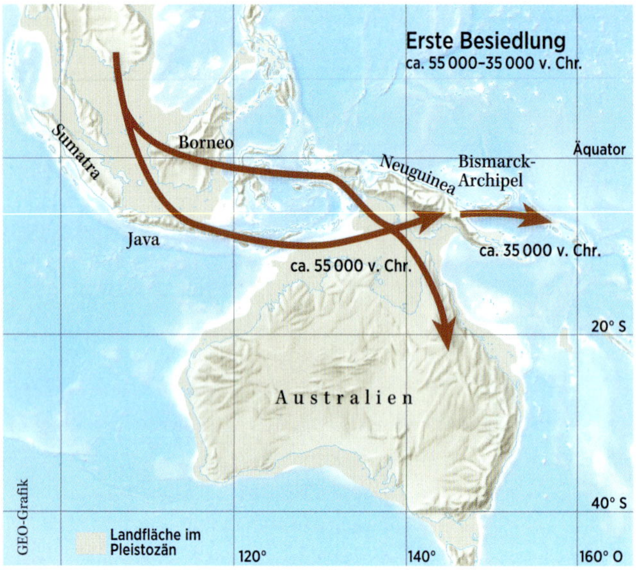

Die Besiedlung der Südsee verlief in drei Wellen. Als Erste erreichten Vorfahren der Papua und Aborigines mit Flößen oder Kanus die einst verbundene Landmasse Australiens und Neuguineas

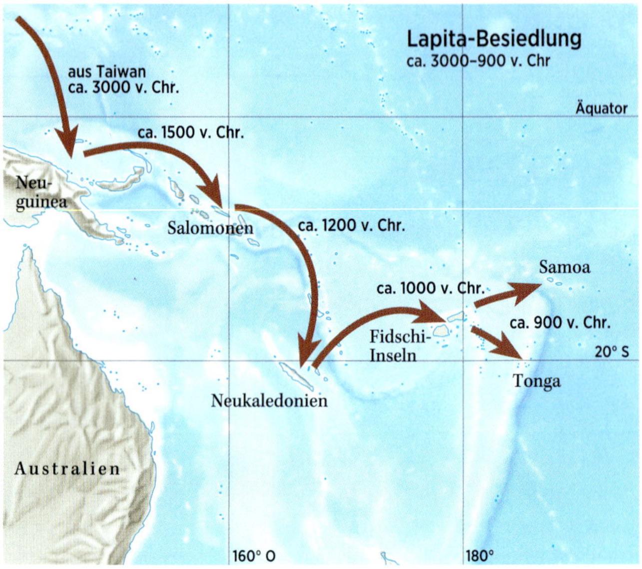

Eine zweite Einwanderungswelle begann ab 3000 v. Chr., als die Lapita von Taiwan aus nach Neuguinea segelten und von dort im Verlauf vieler Jahrhunderte bis nach Samoa und Tonga gelangten

auf den Eilanden nistende Vögel fischen tagsüber auf dem Meer und beenden erst unmittelbar vor Einbruch der Nacht ihre Jagd. Fregattvögel etwa fliegen in direkter Linie auf ihre Nistinsel zurück. Wer diese Tiere in der Dämmerung beobachtet, kann also erfahren, wo jenseits des Horizonts Land sein muss.

Die in der Passatzone häufigen Kumuluswolken verlangsamen ihren Zug über den Horizont, wenn sich unter ihnen Land befindet. Vom Wind verzerrt, bilden sie schließlich ein riesiges „V", dessen Spitze auf eine Insel weist. An wolkenlosen Tagen stehen oft nur über Inseln kleine bogenförmige Wolken, wie menschliche Augenbrauen.

Die großen ozeanischen Dünungen werden von Inseln gestört. Das Land beugt und reflektiert Wellen halbkreisförmig, sie laufen mehr oder weniger frontal gegen die Hauptdünung. Wer sie erspürt, den leiten die Wellen zu einer Insel (siehe Seite 150).

Schließlich leuchtet in mondlosen Nächten oft „das Leuchten des Meeres", wie die Tonganer es nennen: lange, gezackte „Unterwasserblitze" – Leuchterscheinungen, die sich bis in einige Meter Tiefe abspielen. Möglicherweise bewegt dabei eine von Inseln reflektierte Strömung im Wasser lebende biolumineszierende Mikroorganismen. Auf jeden Fall weisen diese „Blitze" stets auf Land hin.

All diese Zeichen waren für den Kundigen auch noch 50 Kilometer von einer Insel entfernt zu erkennen. Das erhöhte für die polynesischen Entdecker die Wahrscheinlichkeit, neues Land zu finden. Und war die Position einer Insel erst einmal bekannt, musste der Navigator auf späteren Fahrten seinen Kurs nur so präzise halten, dass er einen Kreis von 100 Kilometer Durchmesser traf. Dann führten ihn die Zeichen zum Land.

Mehr noch: Da viele Eilande zu Inselgruppen gehören, überlappen sich oft die 50-Kilometer-Radien. Innerhalb der Tonga-Gruppe etwa konnte ein „Wasseresser" auf fast 470 Kilometer in Nord-Süd- und knapp 150 Kilometer in Ost-West-Richtung ununterbrochen Indizien für Land finden – selbst für die Pioniere dürfte es deshalb nicht übermäßig schwer gewesen sein, in ihre Heimat zurückzukehren. Zumal die große Besiedlungs- und Entdeckungswelle gegen Wind und Strömung erfolgte.

Dies war die größte „Sicherheitsreserve" der Steinzeitflotten: Wer wochenlang ins Unbekannte gesegelt war und nichts gefunden hatte, der konnte ziemlich sicher sein, dass ihn Wind und Strömungen schnell an den Startort zurücktrieben.

Mindestens ein Eiland aber ist niemals gezielt angesteuert worden, sondern war wohl nur Rettung und Falle zugleich für eine Bootsladung verirrter Polynesier: die Osterinsel. Sie wurde, wie Analysen ihrer sich isoliert entwickelnden Sprache ergaben, kein zweites Mal angelaufen; die Gestrandeten kamen nie mehr von ihr weg.

Das aber war – zunächst – die Ausnahme. Polynesische Katamarane spannten ein unsichtbares Netz über den Pazifik: Für Hochzeiten, zum Handel mit Steinäxten oder bunten Federn oder in kriegerischer Absicht durchkreuzten die Segler viele Generationen lang den Stillen Ozean. Ein Universum, grandios und weitreichend – und doch dem Untergang geweiht.

Als die europäischen Entdecker vom 16. Jahrhundert an den Pazifik durchmaßen, beschleunigten sie einen Niedergang, der bereits zuvor eingesetzt hatte. Die Tonganer segelten zwar noch immer im westlichen und mittleren Pazifik, zumeist auf Beutezügen gegen Fidschi und Samoa. Doch die Inselwelt weiter östlich war ihnen nicht mehr bekannt.

Auf Tahiti traf James Cook noch Männer, die ihm die Lage von Dutzenden von Eilanden benennen konnten, allerdings hatten sie viele von ihnen

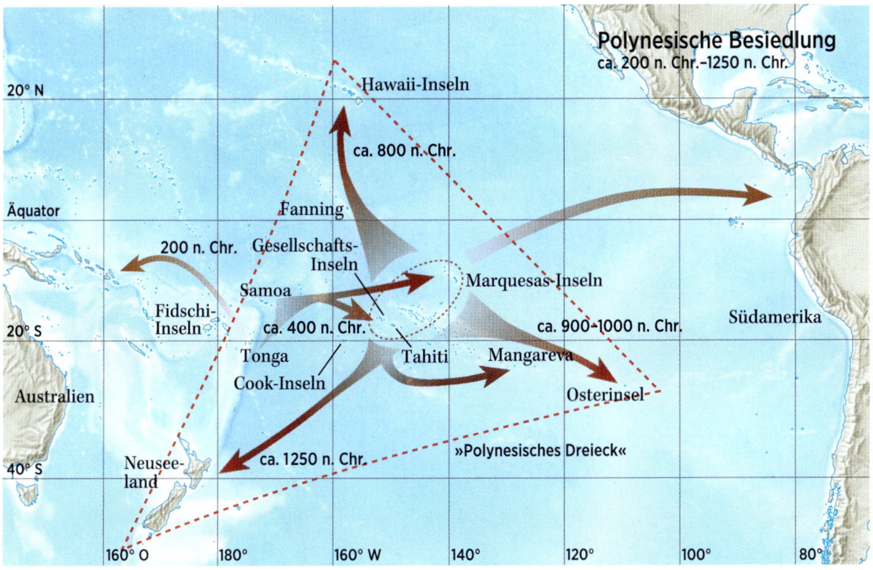

Die ersten Siedler von Tonga und Samoa wurden zu den Ahnen der Polynesier und entdeckten zwischen 200 und 1250 n. Chr. mit hochseetüchtigen Booten die Inselwelt Ozeaniens – darunter Hawaii und die Osterinsel. Selbst Amerika erreichten sie

seit Jahrzehnten nicht mehr besucht; und die Existenz der von ihnen einst kolonisierten Landmassen von Hawaii und Neuseeland hatten sie vergessen. Ebendort waren die Polynesier gar zu paddelnden Küstenfischern geworden.

Woher rührte dieser Niedergang? Es gibt handfeste Theorien: Kriege, so zwischen tonganischen Königen, unterbrachen die Fernrouten, lautet eine These.

Eine andere besagt: Auf den Inseln gewannen jene Bauern langsam die Oberhand, die dem Meer den Rücken kehrten. Je älter eine Siedlung wurde, desto mehr Produkte stellte sie für den eigenen Bedarf her und desto geringer wurde ihr Bedarf an importierten Gütern aus der Ferne.

Doch richtig befriedigend ist keine Theorie.

Vielleicht muss man die Frage umdrehen: Warum überhaupt segelten die Polynesier los?

Tonga und Samoa, die Keimzellen der Kultur, waren vermutlich überbevölkert – andere Inseln aber nicht. Tahiti beispielsweise hätte generationenlang besiedelt werden können, ohne dass Land knapp geworden wäre. Doch tatsächlich machten sich auch von dort schon relativ bald nach der Entdeckung Seefahrer auf, die schließlich Hawaii erreichten: Das war eine Reise von 2500 Seemeilen nach Norden, quer zu allen wichtigen Wind- und Strömungsrichtungen.

Warum dieses Wagnis, obwohl Tahiti doch auf Jahrhunderte reich genug für alle Daheimgebliebenen war?

Memo: **BESIEDLUNG POLYNESIENS**

- **Vor 3500 Jahren** erreichten Vorfahren der Polynesier Neuguinea und Ozeanien.
- **Tonscherben** und genetische Spuren verraten, woher die Ahnen der heutigen Polynesier stammen und wie sie sich ausbreiteten.
- **Erst die Erfindung** von Doppelrumpfbooten ermöglichte es, weite Strecken auf dem Meer zu überwinden.
- **Nutzpflanzen** und -tiere nahmen die Seefahrer auf den Schiffen mit zur nächsten Insel.
- **Wasser und Vorräte** bewahrten die Polynesier ab der Zeitenwende in Kokosnussschalen und Holzbehältern auf – Tontöpfe wurden damit entbehrlich.

Weil, so sagen Ethnologen, in der Sippe der Erstgeborene alles erbte und für die Nachgeborenen nichts blieb. Jüngere Häuptlingssöhne etwa mussten Anhänger um sich scharen und eine neue Insel finden. Und schon in der nächsten Generation würde wiederum der jüngere Sohn losziehen. Doch selbst dieses Motiv, das die Entdecker bei ihrer raschen Durchquerung des Pazifiks sicherlich getrieben hat, verlor um das Jahr 1000 seine Wirkung. Die jüngeren Brüder blieben fortan zu Hause und fügten sich in untergeordnete Rollen.

Vielleicht war den Polynesiern einfach die Abenteuerlust verloren gegangen. Vielleicht war ihnen jene Sucht abhandengekommen, hinter den Horizont zu segeln, hinein in die Grenzenlosigkeit. Denn irgendwann war da eine Grenze.

Selbstverständlich blieb gerade diesen Seefahrern die größte Landmasse am östlichen Pazifik nicht verborgen: Amerika. Zwischen den Jahren 800 und 1000 muss der erste Katamaran den Kontinent erreicht haben, wahrscheinlich irgendwo im tropischen Südamerika. Die Polynesier bedienten sich: Sie nahmen die Süßkartoffel und den Flaschenkürbis mit und bauten sie fortan daheim an. Gesiedelt aber haben sie, soweit wir wissen, in Amerika nie.

Über die Gründe dafür kann man nur spekulieren. Denn dieser Kontinent war nicht nur viel größer, sondern vor allem so ganz anders als ihre insulare Heimat: Er hatte eine vielfältigere Landschaft, ein extremeres Klima, unzählige unbekannte Tiere und Pflanzen. Vor allem aber: Er war bereits bewohnt.

Möglicherweise wurden die Polynesier von den Indianern vertrieben – auch wenn in ihren Traditionen nichts von einem solchen Krieg überliefert ist. Ganz sicher aber ließ sich dieses fremde, beunruhigende Land nirgendwo umsegeln. So mag, Paradox der Geschichte, Amerika, das einige Jahrhunderte darauf zum Ziel der Europäer wurde, den Polynesiern Grenze gewesen sein: nicht „Neue Welt“, sondern „Ende der Welt“; nicht Hoffnung, sondern Enttäuschung; nicht grenzenlose Freiheit, sondern deren Ende.

Und vielleicht war das fatal. □

Cay Rademacher, 45, ist der Geschäftsführende Redakteur von GEO*EPOCHE*, dem Geschichtsmagazin der GEO-Gruppe.

GEOkompakt Nr. 25 erscheint am 1. Dezember 2010

Gut

Die helle und die dunkle Seite des *Homo sapiens*: Weshalb Menschen schenken und stehlen, lieben und lügen, helfen und töten

Kein anderes Wesen ist so unberechenbar und widersprüchlich wie der Mensch: Er vermag tiefes Mitgefühl zu zeigen, tröstet Trauernde, hilft Unbekannten und stiftet Gemeinsinn; doch er betrügt seine Mitmenschen auch ohne jede Scham, neidet seinem Gegenüber den Erfolg, sinnt mitunter auf blutige Vergeltung und zieht mordend in den Krieg. Im Inneren scheint *Homo sapiens* geradezu gespalten in eine helle und eine dunkle, eine gute und eine böse Seite.

Jahrtausendelang deuteten allein Priester und Philosophen den Ursprung dieser Zerrissenheit, doch seit einiger Zeit suchen auch Natur- und Sozialwissenschaftler nach den Wurzeln von Egoismus und Selbstlosigkeit, von Aggression und Empathie. So erkunden Neuroforscher, was im Gehirn von Probanden vor sich geht, die Rachegedanken hegen. Biochemiker untersuchen, welche körpereigenen Botenstoffe Menschen aggressiv oder friedfertig werden lassen. Und Entwicklungspsychologen verfolgen, wie Kinder moralisches Handeln erlernen.

GEOkompakt erklärt, weshalb gerade Lügner besonders einfühlsam sind. Schildert, warum Altruisten oft nur aus Eigennutz handeln. Und wieso Sanftmütige manchmal zu brutalen Verbrechern werden. Die Geschichte eines Wesens im Zwiespalt: in der neuen Ausgabe von GEOkompakt.

Weitere **THEMEN**

- **Selbstlosigkeit:** Auf der Suche nach dem wahren Altruismus.
- **Neid:** Das gelbe Gefühl.
- **Optimismus:** Von der heilsamen Kraft der Zuversicht.
- **Genetik:** Wie stark das Erbgut unser Misstrauen prägt.
- **Evolution:** Die Wurzeln der Gewalt.
- **Lügen:** Von den Vorzügen der List.
- **Empathie:** Die Verbindung zu den anderen.
- **Hirnforschung:** Das Lustzentrum der Rachsucht.

Wie eine Sprache erlernen Kinder, was gut und was böse ist. Eltern und Geschwister, Kirche und Kultur prägen diese individuelle Moralvorstellung – etwa, wenn junge Christen vor der Kommunion (hier in Brasilien) zum ersten Mal ihre Sünden beichten müssen